Corinne Pulver · Lilo meine Schwester

Corinne Pulver

Lilo

meine Schwester

Edition Hans Erpf
Bern · München

Lektorat: Bendicht Arni

Umschlagfotos: Paul Motzko
Gesamtherstellung: Wilhelm Röck · Weinsberg

Bern · München
Postfach 6018 · CH-3001 Bern
ISBN 3-905517-12-4

Zu diesem Buch

«Ich habe ein Buch geschrieben, wie ich es selbst über eine Berühmtheit lesen möchte», antwortete Corinne Pulver auf die immer wiederkehrende Frage, warum sie dieses Buch geschrieben habe. Sie wollte damit sagen, daß nicht das Heile-Welt-Bild interessiert und wert ist, festgehalten zu werden, sondern der dahinter stehende Mensch, auch mit seiner Verletzlichkeit, seinen Ängsten, seiner Ruhelosigkeit und seinen Problemen. Kurz, Corinne Pulver hatte es satt, die wie Pilze aus dem Boden schießenden Memoiren und Lebenserinnerungen von Prominenten, immer nur durch die rosa Brille gesehen, zu lesen. «Kritisch hinter die Kulissen zu schauen erfordert viel mehr wirkliches Interesse und Einfühlungsvermögen und enthält deshalb viel mehr Streicheleinheiten und echte Liebe, als oberflächliche Komplimente», ist dabei der Grundsatz der Autorin dieses Kontrapunkts in der Memoirenliteratur. Und: «Diese sogenannte Diskretion und der angebliche Takt, das Schweigen und Hinweggehen über Probleme ist immer ein wenig verdächtig und nur einen Schritt von der Gleichgültigkeit entfernt.»

Der Erfolg dieses Buches, das vor zehn Jahren zum erstenmal erschienen war und seit Jahren vergriffen ist, hat ihr recht gegeben. Eine überarbeitete und ergänzte Neuausgabe drängte sich deshalb schon einige Zeit auf und nahm 1987 konkrete Gestalt an: Man dachte daran, den Titel als Überraschung zu Liselottes 60. Geburtstag, am 11. Oktober 1989, erscheinen zu lassen. Doch dann bekam alles plötzlich eine ganz andere, neue und tragische Dimension: Lilo Pulvers Tochter Melisande stürzte sich im Frühsommer 1989 von der Berner Münsterplattform in den Tod.

Wochenlang berichteten die Medien darüber, und über allem schwebte die bange Frage: «warum?». Selbst Liselotte Pulver gestand den Journalisten: «Ich weiß nicht, warum meine Tochter das getan hat.» Corinne Pulver meint, daß ihr Buch darauf in gewisser Beziehung eine Antwort gibt, denn «ein solcher Selbstmord ist nicht eine Kurzschlußhandlung, sondern wird über Generationen hinweg in Familien vorprogrammiert». Aber dies soll keine Schuldzuweisung sein: «Schuld hat nicht ein einzelner, sondern Schuld an der Verzweiflung und den Problemen der Jugend – und beileibe nicht nur der heutigen – hat unsere Gesellschaft, haben wir alle, solange wir uns wehren, uns damit ernsthaft und mutig zu befassen.»

So schließt dieses über viele Passagen doch auch sehr fröhliche und humorvolle Buch mit dem Kapitel zum Tod von Melisande, denn «es geht einfach nicht an, daß der Tod von Liselottes Tochter nur zu einem zweitrangigen Thema für Klatsch- und Sensationsblätter degradiert und entsprechend schnell vergessen und ad acta gelegt wird».

«Und die künstlerische Arbeit von Lilo Pulver in den letzten fünfzehn Jahren?» mögen sich die Leserinnen und Leser dieses Buches fragen. Wie viele andere Filmschauspielerinnen fand auch Liselotte ab Ende der sechziger Jahre keine ihr gemäßen Filmrollen mehr. Das hing nicht nur damit zusammen, daß sie älter geworden war, sondern hauptsächlich in der Tatsache, daß sich der Film, vor allem der deutsche, gewandelt hatte: «Man bietet mir nur Drehbücher an, die mir entweder zu politisch, oder dann aber pornographisch sind», pflegte Lilo Pulver zu sagen. Und beides lehnte sie ab. Trotzdem ist es um sie nie «still geworden», wie man im Journalistenjargon etwas unfein zu sagen pflegt. Im Gegenteil: Sie wurde nach wie vor mit Filmangeboten überschüttet, und sie konnte leicht auf Bühne und Fernsehen ausweichen. Allein für die Kinder-Fernsehserie «Sesam-Straße» hat sie in Hamburg 180 Folgen gedreht. Es folgten Vorabendserien für das Deutsche und französische Fernsehen, unzählige Auftritte in Unterhaltungsserien, Diskussionsrunden und Talkshows. Den größten Erfolg aber hatte die Schauspielerin mit ihrem Mann Helmut Schmid auf der Theatertournee mit dem aus dem Englischen übersetzten Stück «Lauf doch nicht immer weg», in welchem ihr Mann nicht nur die männliche Hauptrolle spielte, sondern auch Regie führte. «Das Stück ist wie eine Lebensversicherung», sagte Liselotte. Es mußte über Jahre immer wieder neu in die Spielpläne aufgenommen werden, immer waren die Vorstellungen ausverkauft und mit Liselotte als Star ein Bombenerfolg: «Wir könnten es bis ans Lebensende spielen», konstatierte die Künstlerin, die mit dem Bundesverdienstkreuz ausgezeichnet wurde und, nach den Zahlen einer durch die «Berner Zeitung» durchgeführten Umfrage, die beliebteste Bernerin ist. «Sie wird beruflich wohl auch immer aktiv bleiben», meint ihre Schwester Corinne, und es ist durchaus möglich, daß sie eine zweite Adele Sandrock wird ...

Der Verlag
Edition Hans Erpf

1

Es war eine richtige Traumhochzeit. Das kleine, zauberhafte Kirchlein von Luins, hoch über den paar behäbigen Häusern des Dorfkerns, in die sanften Hügel der Weinberge, der berühmten Côte – das Schweizer Ufer des Genfersees – eingebettet, läutet schon eifrig die Hochzeitsglocken ein.

Herr Uhlmann, ein genialisch-verrückter Gärtner, der auch besser Schauspieler geworden wäre, fühlt sich ganz in seinem Element. Er surrt herum wie eine aufgeregte Fliege, um an seinem Werk, dem Kirchenschmuck, noch letzte Hand anzulegen: Gebinde aus königsblauem Rittersporn, weißen Lilien und glutroten Rosen.

Draußen haben sich bereits einige Zaungäste eingefunden, mit diesem so typischen Ausdruck der ländlichen Bevölkerung, einem Gemisch aus Neugierde und Mißtrauen, die man einem «fremden Fötzel»* nun einmal entgegenbringt, auch wenn er noch so berühmt ist.

Das hölzerne Französisch, das man hier spricht, läßt keinen Zweifel daran, wo man sich befindet: in der Suisse

---

* Fötzel = Fetzen, «fremder Fötzel» = schweizerischer Ausdruck für Ausländer, Zugereister

romande, dem sogenannten Waadtland, das noch bis zum Jahr 1789 unter bernischer Herrschaft stand und bis heute die lästigen Eindringlinge nicht ganz losgeworden ist, «weil die nun halt einmal viel tüchtiger sind», wie Herr Uhlmann in schönstem (breitestem) Berndeutsch ungefragt erläutert. Fast alle Bauern hier tragen deutschweizerische, bernische Namen und «sie haben in die französische Schlamperei-Wirtschaft ja erst Ordnung und das Land zum Florieren gebracht», sagt wiederum der hier seit dreißig Jahren ansässige Herr Uhlmann.

Liselotte, die Braut, hat sich die Gegend nicht von ungefähr für ihren Wohnsitz ausgesucht, es ist ihre eigentliche Heimat, noch die Schweiz, aber nicht mehr deutschsprachig.

Diese, ihre holperig-langsame, gleichzeitig so facettenreiche und doch bäuerisch ungelenke Muttersprache, liebt sie nicht. Sie fürchtet sie eher, flieht sie wie ein Trauma ihrer Kindheit – sie hat sich hier, in fremder Erde, im Schatten des freundlichen Kirchleins, mit Aussicht auf die liebliche, lachende und tröstliche Weite der Landschaft schon ihren Grabplatz reserviert.

Aber soweit ist es noch lange nicht, heute bedeutet das einsame Geläut nicht Tod, sondern Leben und Freude.

Einige Kilometer weiter unten, in der kleinen Villa «Les Pierrettes» direkt am See, die Liselotte von ihren ersten Filmgagen gekauft hat, geht es drunter und drüber. Was da noch ungeduldig und aufgeregt, händeringend und barfüßig über den goldgelben Chinateppich stolpert, das ist nicht ein startbereiter, schöner und fotogener Star, sondern eher ein struppiger, unansehnlicher und mitleiderregender Besen.

Liselotte, die sich selbst gerne Gelübde abnimmt – eines davon, nicht mehr zu rauchen, ein anderes, nie unpünktlich zu sein –, droht, ausgerechnet am wichtigsten Tag ihres Lebens dieses eisern eingehaltene Prinzip brechen zu müssen: ihr Haar, zu fein, zu dünn, von Natur «steckengerade», streikt. Es ist zwar schon seit je ihre Sorge, aber heute läßt es sie und sich selber ganz trost- und hoffnungslos hängen.

Dabei hatte man doch vorgesorgt: früh genug eine Dauerwelle legen lassen, um das Volumen des Haares zu vergrößern, Liselotte hat sie am Vorabend noch einmal gewaschen und auf Lockenwickler aufgedreht, aber gerade das haben sie offensichtlich schlecht vertragen. Halb wie von Mäusen angenagte Fransen, halb drahtige und widerspenstige Negerkrause stehen sie, elektrisch geladen, zu allem Unglück auch noch bei jedem zaghaften Bürstenstrich kerzengerade in die Höhe, und der Gesamteindruck ist schlichtweg eine Katastrophe.

Gleichzeitig klingelt es pausenlos an der Türe, Geschenke werden abgegeben, Telegramme, Briefe und Blumen, die Familienangehörigen treffen ein. Im Schlafzimmer wartet vor einem Spiegel, den grauen, seidenglänzenden Zylinder auf die blonde Lockenpracht auf- und niedersetzend, so schön und elegant wie direkt einem Hollywoodfilm entsprungen, der Bräutigam darauf, daß man ihn endlich befreie und herunterhole, damit er seine Braut bewundern könne.

Ich stürze ans Telefon, um in unserer Not einen Coiffeur zu alarmieren, in Nyon, das ist die nächste kleine Stadt, und dort sind wir gute Kunden.

Aber aufgepaßt, sagt da der gute Eidgenosse, selbst wenn er französischer, das heißt (welt)gewandterer Zunge und Temperamentes ist, auch das verwöhnteste Glückskind oder eben gerade das bildet dann bei uns nicht etwa eine Ausnahme, sondern muß lernen, daß es in der schönen kleinen Schweiz sehr wohl süße Schokolade, berühmten Käse, ein streng gehütetes Bankgeheimnis, aber keine EXTRAWÜRSTE gibt.

Über das strahlende Gesicht der Braut zieht ein Schatten, wie im Garten unserer Kindheit, wenn der eben noch in tröstlicher Abendröte leuchtende Montblanc in grünliche Totenblässe überwechselte und es kalt wurde, von einem Moment zum anderen, und Nacht, vor der wir Angst hatten, im sonnigen Ferienparadies hier ganz in der Nähe, wie vor der strengen Großmutter, der das Paradies gehörte. Erinnerungen sind das, unangenehme, schlagartig auftauchend gerade in glücklichen Momenten, längst überwunden geglaubte, störende Reminiszenzen, die über Liselottes klare Stirne ziehen und zwei senkrechte Falten entstehen lassen, die besagen: Ich habe es ja gewußt, so war es schon immer, immer wenn man meint, es sei am schönsten, bekommt man eins auf den Deckel, das... du... er... es... das Leben ist einfach ekelhaft.

Sie hatte sich gegen solches Ungemach und die Ungerechtigkeit der (Um-)Welt schon als ganz kleines Mädchen und in den Augen der Erwachsenen (auch wenn diese sich oft das Lachen nicht verkneifen konnten) tapfer und recht unverschämt gewehrt: «Ig folge scho – aber d'Mama, die folget nid und tuet geng bös.»*

Ich starrte in den Telefonhörer, der mich unmißverständlich, durch den Mund des Meisters höchstpersönlich belehrte: wir seien nicht angemeldet, er habe deshalb, selbst für Liselotte Pulver, erst übermorgen Zeit.

Ich weiß, daß es in Momenten, in denen Liselotte sich

---

* Ich gehorche stets – aber die Mama gehorcht nie und ist mit mir immer so böse (streng).

aufregt, nur ein Mittel gibt, sie zu besänftigen: sich noch mehr aufregen als sie und ganz gehörig über Gott, die Welt und vor allem die Schweiz mit ihren engstirnigen Friseuren etcetera zu schimpfen – augenblicklich fühlt sie sich dann persönlich angegriffen und dreht den Spieß um, wehrt sich gegen den, der immer alles, besonders ihre liebe Heimat, auf die sie im Herzensgrunde doch so stolz ist, kritisiert und «vernütiget»* – und schon ist sie mit allem, über das sie sich eben noch so ärgerte, wieder versöhnt.

Da ich mich ebenfalls ganz schön aufrege (was unseren Vater wie stets zu seinem händeringenden «eh bis doch nid so bös»* veranlaßt hätte), fällt es mir leicht, Liselotte zuliebe meine Wut noch etwas zu übertreiben, besonders mit Worten, die nicht von mir sind, sondern von einem Landsmann, Adolf Guggenbühl, dessen Buch «Wir Schweizer sind anders» ich einige Tage vorher zufällig gelesen hatte und das mich nicht minder als das eben gehabte Telefongespräch mit dem unliebenswürdigen Coiffeurmeister innerlich bewegt:

«Schon in der alten Schweiz fürchtete man Persönlichkeiten, die sich über das Mittelmaß erhoben, und das ist auch heute noch so», zitiere ich, während ich gleichzeitig fieberhaft im Telefonbuch nach anderen Adressen suche, «bei uns kann nur ein mittelmäßiger Kopf Bundesrat werden, da das Schweizervolk gegen alle überragenden Persönlichkeiten ein tiefes Mißtrauen empfindet, da die genialen Köpfe der Weltgeschichte wahrscheinlich bedeutend mehr Elend gebracht haben als die weniger begabten . . .» – ein weiterer

---

* herabsetzt

---

* heh, sei doch nicht so böse.

Coiffeur sagt mir ab – «das Mittelständische, Biedere, das den Schweizer charakterisiert, geht nicht nur vielen Ausländern, sondern auch manchen Schweizern selbst auf die Nerven . . .»

Liselotte schaut mich unglücklich, mit der Unaufmerksamkeit ihrer wachsenden Ungeduld an. Ist das nun komisch oder ernst?

«Das ist Adolf Guggenbühl. Du weißt doch: ‹Die Sonne scheint für alle Leut›.»

Liselottes Gesicht entkrampft sich ein wenig. Es gibt zwischen uns so Stichworte, die niemand versteht, aber für uns ihre eigene Bedeutung haben.

Sofort begreift sie, was ich meine, und weil sie es begreift, muß sie gegen ihren Willen lachen.

Eine Kindheitserinnerung: der «Schweizerspiegel», unsere damalige einzige abonnierte Hauszeitschrift, als es noch nicht Mode war, Illustrierte zu lesen, ja diese in der heutigen Form noch gar nicht existierten. Auf der ersten Seite war eine lachende Sonne abgebildet als Signet, zusammen mit dem tröstlichen Wahrspruch blieb sie uns eingeprägt als unauslöschliche Erinnerung. Herausgeber: Adolf Guggenbühl.

Ich sage noch einmal mit schulmeisterlicher Betonung: «Ja, ja, die Sonne scheint für alle Leut.»

Liselotte antwortet: «Yes, but what does it mean?»

Es ist ein weiteres Stichwort, das uns viele andere Erklärungen ersetzt und für uns etwa die Wirkung hat, wie wenn auf einer Cocktailparty die Gastgeberin zwei wildfremde Menschen einander mit den Worten vorstellt: Das ist Dr. X., Sie wissen doch, der Bankdirektor, er ist in seiner Freizeit ein begeisterter Schneckenzüchter – und die beiden sich eben noch unbekannt und wortkarg Gegenüberstehenden augenblicklich einen gemeinsamen Nenner, ein Thema für ein angeregtes Gespräch finden.

Liselotte und ich können uns so mit einem einzigen Wort verständigen, das andere nicht verstehen, über das wir aber einmal vor zwanzig Jahren gelacht haben und eben heute, wenn es sein muß, noch immer lachen, wie zum Beispiel durch eine Zeichnung, die unter der Rubrik «Humor» in einer Zeitung abgebildet war: eine moderne Plastik in einer Ausstellung, ein Besucher davor mit seinem Kommentar: «Yes, but what does it mean?»

Ich kann aufatmen, wenn Liselotte «yes, but what does it mean?» sagt, ist sie schon halb versöhnt. Sie begibt sich, als könnte er ihr helfen, wenn sie unter ihren Landsleuten, die er offenbar weit besser kennt als sie, so leidet, getrost unter die Fittiche von Adolf Guggenbühl, wo sie sich sicherer und entsprechend angriffslustig fühlt und jetzt auch zur Wehr setzt:

«Es ist hier scheint's geradezu Ehrensache, die Demokratie falsch zu verstehen und dazu zu mißbrauchen, einfach unhöflich zu sein, Ressentiments abzureagieren, das habe ich schon oft bemerkt», sagt sie, und das ist schon harte Kritik aus ihrem Mund an den tapferen Eid- und Mitgenossen, die sie sonst durch dick und dünn verteidigt und die ihr jetzt zum Dank drohen, den schönsten Tag ihres Lebens zu vergällen.

«Während in seinen Augen alle Leute gleich sind, würde dieser kleine Despot doch wahrhaftig ohne Wimpernzukken akzeptieren und sich nicht einmal wundern, wenn ich seinetwegen meine Hochzeit verschieben würde», sagt sie ziemlich fassungslos. Ich aber sehe nun die Morgenröte aufleuchten und stimme enthusiastisch mit ein, um mit – wie Liselotte sagen würde – «linkem» Engagement ihren Ärger zu zerstreuen. «Was einem hier alles so schwer macht, ist, daß die Leute – im Recht, wie sie sich durch ihren gewohnten Trott und mit ihrem übertriebenen Ordnungsbewußtsein nun einmal fühlen – gar nicht mehr wissen, worum es eigentlich geht, wenn man sich über sie so aufregt und wenn das Napoleon-Wort ‹impossible n'est pas français› für uns eben das Geheimnis des ‹savoir vivre› bedeutet, eben den Versuch, das Unmögliche möglich und damit außergewöhnliche Leistungen, aber vor allem auch außergewöhnliche Freude, das Leben erst lebenswert zu machen – dann haben sie davon noch nie gehört und nicht den Hauch von Verständnis oder einer Ahnung.»

Ich bin während meinen Worten, in die ich mich mit Begeisterung und den Umständen entsprechender Nervosität hineinsteigere, noch unentwegt mit dem Telefonbuch beschäftigt, aber ich brauche Liselotte gar nicht anzusehen, um zu merken, daß ich sie mit ihren Widersachern längst versöhnt habe; spätestens bei den Worten «gewohnter Trott» und «übertriebene Ordnungsliebe» macht sie meine Gedankengänge nicht mehr mit, zu sehr liebt sie selbst Tradition und Ordnung.

«Ach du mit deinem Franzosenfimmel», sagt sie denn auch, «hör mir auf. Die sind doch auch nicht besser, die haben mir dafür mit ihrer Nachlässigkeit die Haare verbrannt.» Das ist auch wieder wahr. Für ihren Film «Arsène Lupin, der Millionendieb» mußte sich Liselotte die Haare bleichen lassen, in einem der besten Pariser Salons. Als sie sich zu Hause auskämmte, blieben ihr die Haare gleich büschelweise im Kamm hängen.

«Erinnerst du dich noch?» fragt sie herausfordernd.

«Und ob ich mich erinnere. So gut wie mit diesem Platinblond hast du nie mehr ausgesehen», maule ich.

Doch während ich noch immer weiter wie eine Verrückte herumtelefoniere, rate ich der vor Aufregung schnaddelnden* Liselotte, sich fertig anzukleiden; die Leute werden ungeduldig, die geschmückten Wagen stehen zur Abfahrt bereit.

Schließlich gelingt es mir, aus dem 22 Kilometer entfernten Genf eine Friseurassistentin herzubestellen, sie soll eine Taxe nehmen, auf unsere Kosten.

Mit wenigen schnellen, geschickten Handgriffen, einer Unmenge Haarspray, welches die Anwesenden einnebelt und zum Husten reizt, mit Klammern, Kämmchen und Klebestreifen versucht sie, das wirre Haargestrüpp zu ordnen und ihm Herr zu werden, aber es ist hoffnungslos. Je mehr sie versucht, es zu zähmen, desto wilder und widerspenstiger – wie verregnet – wird es. Nein, so kann, so will Liselotte nicht vor ihren zukünftigen Mann und mit ihm vor den Traualtar treten. Es gibt nur noch eine Lösung: eine Perükke. Daran mangelt es ihr als Schauspielerin glücklicherweise nicht. Eins, zwei, drei – schon ist eine aufgesetzt, die ganze Aufregung eigentlich umsonst gewesen und entsprechend schnell vergessen. Denn wie man ihr jetzt noch das Krönchen aufsetzt, das den bis zur Taille reichenden, aus demselben Spitzenstoff wie das Kleid kunstvoll gerafften Brautschleier oben zusammenhält, so daß er wie eine leichte Wolke jungfräulich zart das Gesicht umschmeichelt –, wie noch einmal mit dem Stift die Lippen nachgezogen, zum unzähligsten Mal die immer länger und dichter werdenden Wimpern getuscht und die wie ein rosiger Pfirsich geschminkte Haut zum letztenmal überpudert werden, da wird man Zeuge dieser Metamorphose – einer wundersa-

* schnaddeln = mit den Zähnen klappern

men Verwandlung, über die man nur so staunen kann wie über das Wunder, wenn aus einer unscheinbaren, grauen Raupe ein wunderschöner Schmetterling wird.

Und das ist nun keineswegs einfach das Resultat von raffiniertem oder gar zuviel Make-up, sondern das Geheimnis von Liselottes Fotogenität, besser sollte man sagen Fotogenialität, einer verborgenen Schönheit, wie nur die Kamera, wie ein Maler, der einer toten Leinwand Leben einhaucht, sie hervorzaubern.

Die Filmkamera, die knapp hundertjährige Erfindung des Kintopps und damit einer «siebenten Kunst», hat da ganz neue, eigene Gesetze und Qualitätskriterien geschaffen.

Sie ist eine Zauberin, die unsere modernen Märchen ermöglicht, in denen sie auch aus ganz gewöhnlichen Menschen ihre Prinzen und Prinzessinen, unsere vielgeliebten IDOLE macht.

Nicht mehr das menschliche, sondern das technische, unerbittliche Kameraauge entscheidet, was (ihm) gefällt. Im Falle von Liselotte ist es ihr großflächiges, glattes und offenes, wie die Skizze eines Bildhauers noch unbearbeitetes Gesicht, ihre hohe Stirne (über die sie als Kind so unglücklich war, weil man sie damit hänselte, daß sich auf ihr zwei kleine Höcker bildeten und sie tatsächlich befürchtete, daß daraus mit der Zeit zwei Teufelshörnchen wachsen würden), die hoch angesetzten, prononcierten Backenknochen, eher kleine, aber nicht tiefliegende Augen, die mit einem Lidstrich erstaunlich groß gemacht werden können, samt vorher scheinbar nicht vorhandenen, zu feinen, aber ellenlangen Wimpern («wie die Garbo»), und schließlich die kleine, freche Himmelfahrtsnase, die ihr mit ihren flatternden Nasenflügeln und der Form einer «Totentrompete» – diese verhaßten Pilzen, die sie an regnerischen Sonntagen mit dem Vater im Wald suchen mußte – nicht weniger als alles andere – Kummer machte (fast alle Filmschauspielerinnen lassen sich die Nase durch Operation verkleinern, weil das fotogener ist), ein wie mit dem Bleistift gezeichneter schöner, voller, fast etwas zu großer Mund (aber gerade das liebt die Kamera) mit zwei Reihen perfekter, wie auf einer Zahnpastareklame angepriesener, perlengleicher Zähne (fast alle Schauspieler haben auch künstlich, durch aufgesetzte Kronen korrigierte Zähne) und ein langer schlanker Schwanenhals, der wie alles andere, infolge der vielen Hänseleien darüber, sie ebenfalls wenig beglückte – kurz – alles an Liselottes Fotogenialität ist echt, sie besaß alle diese Vorteile (die sie als Kind nur als Nachteile empfand), die für das gewöhnliche, menschliche Auge und die Kommentare und Taktlosigkeiten zweitrangig, durchaus nicht landläufige Schönheitsmerkmale sind, oder anders ausgedrückt: Sie empfand sich selbst immer als häßlich, sie hat sich über ihr Aussehen nie Illusionen gemacht, aber gerade deshalb wohl beizeiten daran herumgedoktert und manipuliert.

Zu ihrem großen Kummer mit den Haaren und der viel zu unweiblich geratenen Figur (damals empfand man Überschlankheit noch nicht als erstrebenswertes Schönheitsideal) litt sie auch noch unter einer überaus empfindlichen Haut. Pickel und Mitesser machten ihr in den Entwicklungsjahren unentwegt zu schaffen, und wenn sie weinte, schwoll das ganze Gesicht zu einer abenteuerlichen Mondlandschaft mit Hügeln und Kratern und roten Flecken an, noch stunden-, oft tagelang verriet sie so Tränen und heimlichen Kummer und wurde auch dafür häufig und erbarmungslos geneckt. Das ist vielleicht mit ein Grund, warum sie sich schon früh entschloß, so wenig wie möglich Tränen zu vergießen, dafür aber soviel wie möglich zu lachen, sich immer nur im besten (Scheinwerfer-)Licht zu zeigen und dem Leben nur die lachende Seite abzuzwingen.

Schon sehr früh, im Alter von 15 Jahren, hat Liselotte zum Entsetzen der braven Bürgerstadt, in der das damals nicht einmal bei den großen Damen Mode, d.h. erlaubt war, angefangen, sich abenteuerlich und atemberaubend zu schminken. Die großporige, empfindliche Haut ist dadurch noch großporiger geworden, und man muß sich nicht darüber wundern, wenn sie sich heute, am größten Tag ihres Lebens, auch privat wie für eine Filmaufnahme zurecht gemacht hat. Im Unterbewußtsein denkt sie dabei gewiß an die Zuschauer, an das Publikum und die klickende, unerbittliche Kamera – das ist ihr längst zur zweiten Natur geworden und in Fleisch und Blut übergegangen –; bewußt schön gemacht aber hat sie sich, um ihrem zukünftigen Mann, ihrem «Helmütchen» zu gefallen.

2

Helmut Schmid ist auch Schauspieler. Ein Prachtexemplar seiner Gattung, ein Held aller Mädchenträume, wie er im Märchen oder eben heute im Filmdrehbuch steht: blondgelockt, blauäugig, stiernackig, mit Schultern wie ein Preisboxer und schlanken, drahtigen Hüften dazu. Liselotte hat nie ein Geheimnis daraus gemacht, daß nur ein solcher, ein schöner Mann ihr Ideal ist.

Auf keinen Fall darf einer bei ihr schon rein äußerlich wie ein Feigling oder ein Schwächling wirken, sie schwört auf körperlichen, nicht auf geistigen Reichtum und hat für intellektuelle, empfindsame und vergeistigte Männer wie überhaupt für alles Komplizierte einen instinktiven Abscheu; es muß einer bei ihr den Eindruck erwecken, daß er «huren, saufen und mit der Faust auf den Tisch schlagen kann», das ist es, was sie zutiefst beeindruckt und womit ein männliches Wesen ihr Herz bewegt: äußere Schönheit, die in ihren Augen die innere garantiert, die sie, besser gesagt, dann einfach in ihn hineinprojiziert, frei nach den alten Römern: mens sana in corpore sano*.

Selbstverständlich kommt solch Suchen nach einem aus-

* gesunde Seele in gesundem Körper

geprägten, eigenen Ideal immer aus der Kindheit, wir werden bei Liselotte noch früh genug sehen, woher. Heute aber wollen wir das Schauspiel zweier verwöhnter Glückskinder genießen, die das staunende Leuchten unterm Weihnachtsbaum in den Augen haben, unter dem endlich das lang ersehnte, heimlich erträumte Geschenk liegt, wie sie nun, im Hochzeitsstaat, einander strahlend entgegenstolpern.

Beide sind nicht mehr ganz jung – Liselotte ist zweiunddreißig, Helmut sechsunddreißig Jahre alt – und auch nicht ganz unbeschriebene Blätter, sie sind nicht blind vor Liebe in diese Ehe geraten, sondern haben das Gefühl, nach langem Suchen, einigen Irrungen und Wirrungen endlich den richtigen Partner fürs Leben gefunden zu haben, was für den Bestand dieser Verbindung – einmal traditionell und konventionell sanktioniert, wie Liselotte das gleich einer Lebensversicherung braucht und verlangt – im voraus spricht.

Sie ist auf dem Höhepunkt ihrer Filmkarriere und ihres Ruhms; ihrem Mann scheint ein wenig die Rolle eines Prinzgemahls bevorzustehen, aber davon will Liselotte absolut nichts wissen, im Gegenteil, sie wird den bösen Mäulern und überhaupt der ganzen Welt schon beweisen, daß ihr Helmut der Schönste, der Intelligenteste und der Begabteste von allen ist.

Im Moment sieht es ganz danach aus, als könnte sie recht behalten. Wie die beiden sich nun voller Entzücken mustern und anstrahlen, der eine geradezu rührend gebannt und mit überfließenden Augen beim Anblick des andern, um dann gemeinsam, Arm in Arm, vor die im Garten versammelten Familienangehörigen zu treten, ja – da könnte man meinen, sie seien direkt vom Himmel, zumindest vom Zelluloidhimmel einer Traumfabrik – heruntergestiegen.

Liselotte wirkt zart und fast zerbrechlich schlank wie ein

Porzellanfigürchen, sie trägt das dreiviertellange Spitzenkleid mit gleichem Schleier und passenden Schuhen, das ich ihr in Rom, während den Filmaufnahmen für ein Fernsehportrait über Max Frisch, besorgt habe. Schon von jeher schickt sie mich in der Weltgeschichte herum, wenn es gilt, Kleider und Modelle und alles was dazu gehört einzukaufen, sie ist in dieser Beziehung ein ganz und gar unweibliches Wesen und für einen Filmstar wohl ein eher seltenes Original: was andere Frauen (zum Beispiel ich) lieben, nämlich Kleider auszusuchen, Kleider anzuprobieren und vor allem, Kleider zu kaufen, das haßt sie aus tiefstem Herzensgrunde; am liebsten zieht sie Uraltes und wenn möglich selber Geflicktes an, gerade das gibt ihr eine Befriedigung und Befreiung, wie andere Frauen, zum Beispiel ich, sie durch eine übertriebene Kauflust haben.

Das Hochzeitskleid für Liselotte erstand ich wie gesagt in Rom, der Hochburg für raffinierte Eleganz, in einem vornehmen und teuren Modesalon, in dem ich die Gelegenheit beim Schopf packte und ohne einen Rappen eigenes Geld in der Tasche die gesamte Kollektion des Modeschöpfers anprobierte und die bewundernden Komplimente von ihm entgegennehmen durfte – jedes und insbesondere das weiße Spitzen-Hochzeitskleid paßte mir wie angegossen. Liselotte konnte es dann auch anziehen, als wäre es für sie maßgeschneidert, ohne eine einzige Änderung.

Am liebsten hätte mich meine Filmstarschwester denn auch ganz zu ihrer Verfügung gehabt, mich mit Haut und Haar aufgefressen als Garderobiere, Sekretärin, Managerin und Beraterin – einfach als Mädchen für alles, so sehr waren ihr alle realen Pflichten, Aufgaben und Ausgaben, so sehr war ihr ganz einfach das reale Leben zuwider, so sehr lebte sie immer und gern ein wenig in einem Wolkenkuckucksheim. Das erweist sich sowohl als große Stärke, aber ebenso als ihre Schwäche in ihrem ganzen Lebens- und Schicksalslauf, in ihrer privaten wie in ihrer beruflichen Karriere. Es ist das Geheimnis ihres Erfolges, aber auch ihrer zweiten, zwiespältigen Natur, die es anderen oft recht schwer macht, sie zu verstehen, was wiederum sie nicht versteht, da es sie mit dieser Realität konfrontiert, die ihr unangenehm und lästig ist und die ihr oft unnötig zu schaffen macht, gerade weil sie ihr immer ausweicht.

Auch Helmut strahlt und glänzt in seinem Galaanzug, der wohl nicht ganz seinem Temperament und Geschmack entspricht. In dem maßgeschneiderten Smoking aus grauer Seide und dem gleichfarbenen, hohen Zylinder wirkt er fast zu schön, um real zu sein; seine von Liselotte so geschätzte, naturburschenhaft strotzende Männlichkeit ist eingeengt, gestriegelt und geschniegelt in einer etwas künstlich wirkenden, operettenhaften Eleganz, aber vielleicht ist es auch einfach seine Befangenheit, seine fast ein wenig unmännlich wirkende Fügung in konventionelle, bürgerliche Regeln und der offensichtliche Respekt vor dem Ernst der Stunde, die ihn ein wenig hinter der strahlenden Braut verblassen lassen, fast wie ein in die Ecke gestellter, hübscher, auf eine Rolle wartender Statist.

Es bleibt denn auch nicht aus, daß die anwesenden Damen, aber nicht weniger die Herren, hinter vorgehaltener Hand ihre mehr oder weniger geschmackvollen Bemerkungen über den «schönen Hochzeiter» machen; doch wie sie jetzt zusammen Arm in Arm vor die Türe treten, da verstummen selbst die ewigen Nörgler und Neider, und jeder ist bereit, angesichts dieses überglücklich strahlenden, malerischen und ohne Zweifel traumhaft attraktiven, fotogenen Paares, dem die ehrliche Freude und eine fast kindliche

Überwältigung von der Nasenspitze abzulesen sind, vor Begeisterung in die Hände zu klatschen, eine Träne der Rührung zu verdrücken und das schöne Paar einfach ins Herz zu schließen. Man steigt jetzt in die schon längst bereitstehenden, schwarzglänzenden und weiß geschmückten Mietwagen, um zu dem nahe- und höhergelegenen Kirchlein zu fahren.

Diese Hochzeit wird keine Feier, bei der sich nach anderem Muster Fotografen, Journalisten und Zuschauer einen unschönen Kampf ums Dabeisein liefern, wie das zum Beispiel einige Jahre zuvor bei der Jubelfeier einer Maria Schell geschah, bei der sich Bilderjäger bis unter den Altar einschlichen, um Sensationsbilder zu schießen – aber es ist auch nicht ein geheimgehaltenes, im engsten Kreis abgehaltenes Familienereignis.

Denn Filmstars können zwar mit, aber auch ohne Journalisten und Bildreporter nicht mehr leben, sie kämpfen ein Leben lang dagegen, von der Neugierde und Sensationslust der Öffentlichkeit nicht belästigt und verfolgt zu werden, aber kaum ist oder scheint dieses Interesse, diese Neugierde der Öffentlichkeit nicht mehr vorhanden oder gar erloschen, da werden sie unruhig wie ein krankes Kind. Ich habe diese Haltung nie ganz verstanden, scheint es doch so leicht, auf der einen Seite sein Privatleben – wenn man wirklich will – zu schützen, oder auf der anderen Seite einfach dazu zu stehen, aber «du bist ja auch nicht berühmt», sagt meine Schwester und «es ist leicht, großzügig zu sein, wenn man kein Geld hat». Und da bin ich natürlich bereits geschlagen.

Ort und Datum der Handlung sind also geheimgehalten, aber unter den geladenen Gästen figurieren – diskret im Smoking oder dunklen Anzug mit Krawatte kaschiert – ein

Presseagent, der bekannte Boulevardjournalist Wolfgang Rademann und zwei Fotografen; für maximale Verbreitung der Nachricht und entsprechender Publicity ist also trotz ausgegebener Schweigepflicht und Geheimhaltung der Adresse längst und bestens gesorgt, wie das bei solch weltbewegenden Anlässen nun einmal üblich ist. Man weiß durchaus, was man bei aller persönlichen und privaten Rührung sich selbst und dem gierigen Moloch Publikum schuldet.

Das kleine Kirchlein ist besetzt bis auf den letzten Platz, aber es gibt kein unangenehmes Gedränge, die Zeremonie verläuft schlicht, mit dem von Liselottes Ehegläubigkeit diktierten, beinahe überraschenden Ernst; sie hat sich das Fotografieren und jede Störung während dem feierlichen Akt und in den heiligen Hallen strikte verbeten.

Es ist ein herrlicher, wolkenloser Spätsommertag, wie bestellt von einer höheren, überirdischen Regie für ein hollywoodsches Traumspektakel. Durch die kleinen Fenster dringen tanzende, helle Sonnenflecken, die sich wie durchsichtige Schmetterlinge auf die aufleuchtenden Blumengesichter niederlassen. Während der Pfarrer spricht, ist es so still, daß man eine Biene summen hört, die sich hierher verirrt hat.

Doch kaum ist das letzte Wort gesprochen, das Schlußgebet gesprochen und der letzte Ton der Orgel noch nicht ganz verklungen, geht der Rummel los.

Nicht nur die Berufsfotografen, auch viele der geladenen Gäste haben Apparate, und nun wird auf das Brautpaar losgeschossen.

Bereitwillig stellt dieses sich zur Verfügung: Helmut mit und ohne Zylinder, Liselotte vor Glück lachend, vor Glück weinend, ihren frisch angetrauten Gatten anstrahlend, in die Kamera lachend, einander küssend, einander nicht küssend und so weiter. Im ganzen zählt man kaum mehr als dreißig Geladene, aber sie machen einen solchen Wirbel, als sei es ein tausendköpfiges Heer oder zumindest ein Tausendfüßler, der an jedem Fuß einen Film- oder Fotoapparat hat.

Jeder will die Braut mal ganz aus der Nähe bestaunen, dem schönen Bräutigam ein Küßchen in Ehren stehlen, ihm gratulieren, ihr gratulieren, sich mit ihr auf einem Foto – ganz zufällig und nur nebenbei – verewigen lassen.

Liselotte läßt es für einmal gutwillig und vielleicht sogar ohne den üblichen Widerwillen gegenüber Familienzusammenkünften geschehen. Denn im Grunde ist sie ein Einsiedlertyp, eine Einmann-Natur, wie ein Chow-Chow-Hund, nur einem einzigen treu. Alle anderen, Bekannte und Verwandte, können ihr eigentlich und auf gut deutsch gesagt: gestohlen bleiben. Wirkliche Freunde hat sie nicht, aber einen Haufen frommer Heuchler, die ihr den Hof machen und ihr helfen, sich über ihre Kontaktlosigkeit hinwegzutäuschen, jedenfalls solange es ihr gut geht und sie Erfolg hat.

Der Lärm um ihre eigene Person übertönt damit ihre innere Einsamkeit, ihr Alleinsein, deshalb braucht sie ihn, und jetzt hat sie ihn, ihren Helmut: Der Chow-Chow hat sein Herrchen gefunden, dem es treu sein wird, bis in den Tod.

Liselotte, die gerne zugibt, daß ihr alle Leute, die ihr zu nahe treten, auf die Nerven gehen, möchte dennoch mit aller Welt in Frieden leben. Aber sie verspürt absolut kein Bedürfnis, sich Hintergründe aufzeigen oder erklären zu lassen, sie will sie ebensowenig kennenlernen wie angeheiratete oder entfernte Verwandte.

Für die Hochzeit aber hat sie gute, ja, sogar beste Miene

zum bösen Spiel gemacht und die notwendigsten Bekannten und fast alle Verwandten – diese verdammten – freundlichst eingeladen.

Und diesen notwendigen Übeln stehen – zahlenmäßig fast gleich – die nützlichen gegenüber. Stets das Nützliche mit dem Angenehmen (bzw. Unangenehmen) zu verbinden, das ist eine von Liselottes typischen Eigenschaften. Es sind da, mit Geschenken, Gala-Anzug und vertraulicher Familiarität bewaffnet: der Filmagent von Helmut samt Frau aus Berlin angereist, die Filmagentin von Liselotte aus München, der Presseagent, ebenfalls mit Frau und aus München und mit eigenem Schmalfilmapparat, der Boulevard-Klatschjournalist und zwei Pressefotografen. Mit diesen Leuten aus ihrem Beruf ist Liselotte «eng» befreundet, soweit das bei ihr überhaupt möglich ist. Sie läßt sich von ihnen mit beinahe blindem Vertrauen und öfters denn auch falsch beraten, sie entwickelt mit ihnen ihr schaurigschönes Lachen, das wie Kanonenschüsse in die liebliche Landschaft knallt und durch das sie berühmt geworden ist. All das gehört zu ihrer komplizierten und zwiespältigen Natur, die so einfach und natürlich wirkt. Sie selbst scheint den Zwang zur Maske nicht mehr zu spüren, denn sie besitzt eine Eigenschaft, die vielleicht schweizerisch, vielleicht auch nur für sie typisch ist: Sie kann ebenso das Nützliche zum Angenehmen, z. B. «Leute vom Bau», Journalisten, Regisseure, Presseagenten und Friseure zu ihren Freunden machen, wie sie imstande ist, einen Kräutertee zu ihrem Lieblingsgetränk zu erklären, nur weil er halt so gesund ist.

Nach der feierlichen Zeremonie, der entfesselten Treibjagd der Fotografen folgt jetzt der gemütliche Teil des Festes, der wiederum für beruflich wie privat Anwesende im wahrsten Sinne ein «gefundenes Fressen» wird.

Liselotte, die im tiefsten Grunde ihres in jeder Beziehung stets aufgeräumten Herzens Aufsehen und Extravaganzen und ganz besonders Familienzusammenkünfte haßt, ist am schönsten Tag ihres Lebens sich selber, aber auch ihrem Publikum und, nicht zu vergessen: ihrem Helmut – dem sie, ganz nebenbei gesagt, ein prächtiges Segelboot mit feuerrotem Segel (ich mußte es besorgen) schenkt – etwas Besonderes schuldig.

Die Idee für «dieses Besondere» stammt wiederum nicht von ihr selber, sondern von unserem Bruder, der sich damit einen alten Kindertraum verwirklicht, einmal im Leben ein Dampfschiff vom Genfersee ganz für sich selbst zu haben. Von der vielbelächelten und vielbewunderten Schweizer Flotte, den Vergnügungsdampfern auf den mehr oder weniger kleinen Seen der Schweiz, wird die «Savoie» für die Hochzeitsgesellschaft gemietet, dieses majestätische, schneeweiße Traumschiff mit dem gelben Schornstein, das noch mit richtigem Dampf fährt – und ihn nicht nur vortäuscht – also aus der Pionierzeit der Schweizer Vergnügungsschiffahrt stammt, als diese noch nicht hochtechnisiert und rationell war.

Die Idee wird bejubelt und beklatscht, noch mehr als zwanzig Jahre danach von Liselotte und Helmut am sich jeweils jährenden Hochzeitstag, ebenso nostalgisch wie publicitywirksam – stets auf einem Schiff – gefeiert bzw. wiederholt.

Dabei ist einmal mehr bemerkenswert, wie sich bei Liselotte Notwendiges und Angenehmes immer wieder verbinden: für die Jubelfeier ihres Herzens einen dieser alten, noch nicht auf modernen Motorbetrieb umgebauten, nostalgischen Dampfriesen zu mieten, hätte wirksamer und angenehm zugleich gar nicht sein können.

Bilder davon, die das junge Glück von Liselotte ebenso wie ihre Popularität beweisen, rauschen in den nächsten Tagen und Wochen durch den deutschen, den schweizerischen und internationalen Blätterwald.

Das leuchtend weiße Schiff mit dem malerischen Schaufelrad und dazupassenden Kamin heult freundlich auf, wie ein zahmes Haustier, um die Abfahrt bekanntzugeben, dann sticht es majestätisch in den strahlenden See, dem ebenfalls strahlenden Montblanc-Massiv und dem Himmel entgegen, die sich am Horizont im gleißenden Dunst miteinander vermählen. Weiße Gischt schäumt als harmonische Begleitmusik der lachenden, trinkenden und schmausenden Gesellschaft. Ein richtiges Wunsch- und Traumbild, wie es sich der kleine Moritz und das Lieschen Müller ebenso wie die schon leicht beschwipste Frau Generaldirektor gleichermaßen vorstellen.

Im Innern des Schiffes ist ein prachtvolles kaltes Buffet aufgebaut – die schweizerischen Dampfschiffgesellschaften sind zu dieser Zeit für ihre Essensqualität noch berühmt –, Kaviar, Gänseleber und Trüffel, Hummer, ein ganzer, noch dampfender, warmer Beinschinken, aufgeschnittenes Roastbeef, kaltes Huhn, Fasan und Räucheraal, eingerahmt von zitternder, goldbrauner, durchsichtiger Gelée bzw. «Schlotter-Köpfchen», die mit harten Eiern und eingelegten Gurken als Blumenschmuck verziert sind – das alles lockt allein schon als Eingang – arrosé avec du champagne natürlich –, danach erst das warme déjeuner à la française – sechs Gänge noch dazu. Ein köstliches Essen, das darüber hinwegtäuscht, daß Liselotte sonst auch in ihren Tisch- und Eßgewohnheiten kein Freund von Extravaganzen und Raffinesse ist. Am liebsten ißt sie gekochtes Rindfleisch, einen mit Gemüse, Karotten, Kohl, Lauch, Sellerie und Kartoffeln garnierten Pot-au-Feu. Dampfnudeln oder eine dicke Gerstensuppe, gekocht nach Großmutters Rezept, kann sie mehr erfreuen als ein Kilo feinsten Kaviars; jedoch schmelzen beim Anblick all der teuren Köstlich- und Überflüssigkeiten auch ihre Geschmackskriterien dahin, und sie konstatiert es für sich ganz heimlich und lacht darüber mehr als unheimlich: Das ist der schönste und «teuerste» Tag in ihrem Leben, und er wird sich nie wiederholen, nichts kann dafür kostspielig und einmalig genug sein.

Für Liselotte ist die Ehe im schönsten und konservativsten Sinne ein Bund fürs Leben, scheitert sie, so scheitert auch ihr Leben.

Das Schmausen, Schmatzen und Schmusen lockert die Stimmung und die Zungen, man kommt einander näher, die Damen fangen an, allesamt beim Anblick des schönen Bräutigams die Augen zu verdrehen, und manch ein im eintönigen Alltag nicht ganz glücklich, aber in Ehren ergrautes Heimchen am Herd macht dem Traum-Mann ein verwegen anzügliches, rührend harmloses und durchaus ehrliches – vielleicht eine Spur zu ehrlich gemeintes Kompliment.

Nachdem man so in aufgeräumter Stimmung mehrere Stunden auf dem See – einmal dem französischen, dann wieder dem schweizerischen Ufer entlang und hin und her herumgekreuzt ist, legt das Schiff schließlich in Vevey an und entläßt die fidelen Gäste, die alsbald von einem bekränzten Autobus – alles ist von unserem Bruder glänzend organisiert worden – in ein traumhaftes, kleines Juchhe auf dem Mont Pélerin gebracht werden. Das großartige Panorama – der ganze See vom einen Ende bis zum anderen – nicht wahr, der Genfersee ist größer als der Bodensee und der größte von Europa, wettet man mit den protestierenden deutschen Gästen, denn das hat man schon in der Schule gelernt, wirkt von hier aus nur noch wie eine kleine, spiegelglatte Glungge*, die – und scheinbar die ganze Welt – liegt Liselotte und ihren Gästen hier zu Füßen.

Und in diesem Moment sind sich alle ohne Ausnahme einig: Es war eine richtige Traumhochzeit.

---

* Pfütze

3

In unserer Familie gibt es ein Gespenst. Als wir Kinder waren, meinten wir, nur unsere Familie sei besonders heimgesucht von diesem unheimlichen Spuk, über den zwar niemand sprach, der aber immer irgendwo war und auf uns lauerte, wie die schwerhörige Großmutter hinter Vorhängen, auf der dunklen Treppe, die unter unsichtbaren, mysteriösen Schritten krachte, und vor allem in der stillen, endlosen Nacht, wo jeder in der gesunden, kalten Luft hinter sommers wie winters geöffneten Fenstern in ungeheizten Schlafzimmern zum Wächter wurde des andern, der auch nicht schlafen konnte, sondern mit klopfendem Herzen einsam dalag, den sich ankündenden Alptraum, das Familiengespenst, kommendes Unheil erwartend.

Meine beiden Geschwister, vor allem Liselotte, entzogen sich ihm, indem sie an ein spezielles, schweres und ungerechtes Schicksal, an einen Fluch, der auf unserer Familie lastete, ... Liselotte glaubt sogar auch heute noch daran.

Ich aber habe mich ihm gestellt und dadurch mit der Zeit gelernt, daß in unserer Umgebung fast jede Familie ihr Gespenst hat, vor allem in den sogenannt besseren Kreisen des guten, bürgerlichen Mittelstandes, in denen man über alles Unangenehme, besonders aber über die Furcht vor Geistern, nur nicht spricht.

Bei uns war es das Gespenst der künstlerischen Begabung, das nun schon seit mehreren Generationen unbegreiflich und immer wieder Unglück verheißend, herumgeistert und manch einen um den Verstand, nie aber auf einen grünen Zweig brachte, ausgerechnet in unserer Familie, die das doch in keiner Weise verdiente; alle waren immer gute und brave Bürger gewesen, vorbildlich in ihrer bescheidenen und korrekten und anscheinend anspruchslosen Lebensführung: Apotheker väterlicherseits, von der Großmutter her Pfarrer und Lehrer sogar.

Man konnte sich also einfach nicht erklären, woher das Malheur, das schlechte und verderbliche Blut kam. Da mußte man vielleicht schon weiter forschen, bis ins 18. Jahrhundert zurück – ja, da hatte es einmal einen Künstler gegeben, einen hochberühmten sogar, Georg Adam Rehfuß und Sohn, Silberschmied, bei dem Kaiser und Könige Kunden waren und Schüsseln, Karaffen und Bestecke, aus schwerem Silber und kunstvoll verziert, bestellten. Einzelne Prachtexemplare dieser Silberschmiedekunst sind heute noch im Museum zu sehen. Von diesem Rehfuß also stammen wir in direkter Linie ab, eine Tochter des berühmten Seniors und Schwester des nicht minder berühmten Juniors war die Großmutter unseres Vaters mütterlicherseits. Der hatte von seinem Vater und dieser wiederum von dem seinigen geerbt: signiertes, berühmtes Silber, wertvolle Stücke, die heute viel Geld wert wären und zum Teil in unserem Glasschrank im Eßzimmer standen, zum anderen, in feinstes Seidenpapier eingewickelt, in Vaters Sekretär aufbewahrt blieben und dann eines Tages verloren gingen oder von unserer Mutter verschenkt wurden. Übrig blieb zum

Schluß nur noch eines für jedes von uns, meine Schwester besitzt eine Zuckerdose, unser Bruder ein Milchkännchen und ich einen reich verzierten Serviettenring.

Aber das Blut in den Adern, das kann man nicht einfach so verlieren oder verschenken, das bleibt, zum Kummer oder gar Entsetzen der Nachfahren, erhalten und frischt sich sogar – ohne nach Titel oder Ehren zu fragen, wieder auf. Nun hat zwar dieser Rehfuß Ruhm eingeheimst und viel Geld verdient, aber ein Künstler und dazu ein fremder Fötzel war er eben doch und – ja – vielleicht ein Jude, der Name klingt uns ganz danach.

Er wurde dann in Bern eingebürgert, als er angesehen und reich genug war, aber das hat ihn einiges an Mühsal, Demütigungen gekostet, denn Jude und Künstler, das blieb er halt in seinen Adern doch, und beides hat eben in Schweizer Ohren einen fremden und mißtrauisch machenden Klang.

Man ist nicht Antisemit, nein, beileibe nicht, so wie man auch nicht Anti-Neger oder Anti-Künstler ist, solange die in ihrem fernen Afrika oder ihrem Museum bleiben. Man sammelt sogar für sie, wenn es ihnen schlecht geht (zum Zeichen des eigenen Gut-Seins), aber eben, ganz in seiner Nähe, in der eigenen Familie, möchte man sie doch lieber nicht haben. Sie bringen damit das «Fremde», das heißt, unnötige Unruhe und Unordnung hinein. Es ist uns deshalb anerzogen und fast schon zur zweiten Natur geworden, den Sprachgebrauch danach zu richten, man setzt ganz automatisch ein «aber» davor: Er ist ein intelligenter, lieber etc. Mensch . . . aber Jude, aber Künstler, so wie man das auch von einem Katholiken, einem Ausländer oder welschen Nichtstuer* ganz selbstverständlich tat oder noch immer

* Einer, der «nichts (Vernünftiges, Seriöses) tut«

tut. Jeder weiß dann ohne weiteren Kommentar Bescheid, daß er sich in acht nehmen muß; denn er hat in seinem tiefsten Herzensgrund Angst davor, vor irgend etwas Bedrohlichem, vor etwas nicht Sichtbarem und deshalb nicht Faßbarem, vor einem Gespenst eben, das irgendwo herumspukt.

Berner leben so seit je mit ihren Gespenstern, das ist ganz sicher, davon zeugte in unserer Kindheit allein schon das «Gespensterhaus» in der Junkerngasse mit seinen ewig geschlossenen Fensterläden, in dem niemand wohnen wollte oder, wie man sagte, gar nicht konnte, und in dem auch heute noch nur Büros untergebracht sind, während etwas weiter unten in dieser vornehmen und traditionsreichen Junkerngasse die legendäre Madame de Meuron Netze spannte, selbstgeknüpft aus Schnüren, um dem Geist ihrer Vorfahren, die die Bürger der Stadt und besonders ihre Frauen mit harter Hand regiert und unglücklich gemacht hatten, Einhalt zu gebieten, wenn er allzu heftig spukte.

Ich habe Madame de Meuron später persönlich kennengelernt und auf ihrem Schloß Rümligen mehrere Tage für Fernsehfilmaufnahmen verbracht. Sie hatte gelernt, mit dem und denen zu leben, die nur noch als böse Erinnerung um sie herumgeisterten, und schaute ihnen mutig ins Gesicht: «Mon fils, il s'est tué, da unten, in den Kellergewölben, da hat er sich eine Kugel durch den Kopf gejagt, meinen Mann, den habe ich nie geliebt, c'était un mariage de raison (eine Vernunftsheirat) und meine Tochter . . . reden wir nicht darüber, ma famille, c'est un cauchemar – meine Familie, das ist ein Alptraum.» Dann zeigte sie mir ihr «Sterbehemd», das seit zehn Jahren in einem kleinen Rittersaal bereitliegt – wie die Uniform für die letzte Schlacht eines alten Generals –, gleichzeitig wurde ich von ihr eingeladen bei ihr zu wohnen in dem kalten, mittelalterlichen Schloß, in dem sie ganz allein, nur mit drei alten, zahnlosen Hunden zusammen, lebte und über dessen ausgetretene Wendeltreppe aus hartem Granit, «hart wie die Berner Grinde»*, sie einige Wochen zuvor hinuntergefallen war und liegenblieb, bis die treue, aber auswärts wohnende Haushalthilfe, das legendäre Gritli, sie fand.

«Le docteur meinte, ich sei tot, meine Schulter war gebrochen, aber er konnte sie nicht mehr operieren, je suis trop vieille... und jetzt habe ich da halt einen Knochen, der heraussteht, fühlen Sie!»

Und sie führte meine Hand mit ihrer Hand an ihre magere Schulter, die jetzt verstümmelt war, aber dennoch verheilte, fast von selbst, nur mit ungeheuren Schmerzen verbunden. Und das mit einundneunzig Jahren! Sie sagte es: «Les bernois, das ist eben eine zähe Rasse, ja, hart und zäh.»

Hier sollte, hier durfte ich also die Nacht verbringen, in einem breiten, holzgeschnitzten Himmelbett, auf das in Reih und Glied an den Wänden ringsherum hängende, in Öl gemalte, strenge und kriegerische Vorfahren von der illustren Dame blickten – nein danke, ich lehnte höflich ab: Um keinen Preis wäre ich imstande gewesen, mich diesen fremden Geistern hier auszuliefern, zu sehr erinnerten sie mich an unsere eigenen Familiengespenster, und die plagten mich und machten mir in einsamen Nächten schon genug zu schaffen.

Aber in solchen Momenten keine Angst zu haben ist eben nicht Mut, sondern Mangel an Phantasie. Und diejenigen in unserer Familie, die zuviel Phantasie haben, das

* Grind, Berndeutsch = Kopf

sind eben die Künstler, sie lieben alte Schlösser und alte Leute und Familiengeschichten, aber sie fürchten sich auch davor, vor allem in der Nacht – und damit machen sie wieder der restlichen Familie angst, das ist nämlich nicht normal, so wie Tante Trudi, die verrückt wurde, und Onkel Ernst, der sich das Leben nahm.

Wir haben eben nicht die Kraft einer Madame de Meuron, die mit aristokratischer Noblesse ihr eigenes Unglück der Härte einer von Mord und Totschlag triefenden, blutigen Familienchronik hintanstellt und sich mit den Gespenstern, die aus der Tiefe der Vergangenheit und vermoderten Gräbern kommen, einfach arrangiert und sie, wie zu ihrem Schicksal nun einmal gehörend, akzeptiert und leben bzw. auferstehen läßt.

Nein, bei uns schreit man nach der Todesstrafe für das, was im Menschen an Abgründigem und Gefährlichem nicht sein kann, weil es nicht sein darf, man möchte es herausoperieren wie ein Geschwür und es in aller Stille beiseite schaffen und begraben und Gras wachsen lassen darüber und schöne Blumen darauf pflanzen, um das makellose Bild einer heilen Welt und einer intakten, guten Familie zu erhalten, und keiner war bei uns bis jetzt bereit, zuzugeben, daß das gefürchtete Unheil, der immer wieder auftretende Bazillus der seelischen Krankheit, vielleicht aus dem wohlangesehenen, aber engherzigen und puritanischen Pfarrhaus kommt!

Man würde deshalb bei uns vergeblich nach Spuren eines frühen Talentes, einer außergewöhnlichen oder gar künstlerischen Begabung, dem Streben nach etwas Höherem suchen.

Jeder war vielmehr eifrig bestrebt, seine Gutbürgerlichkeit, also seine Normalität zu beweisen.

Jede Abweichung davon, die kleinste Abnormität, wie Sensibilität, Phantasie und Liebe zum Unnützen, wie etwa Zeichnen oder Klavierspielen, wurde ängstlich registriert, mißtrauisch beobachtet und nach Möglichkeit unterdrückt. Aus Ratlosigkeit und Angst vor seinen eigenwilligen Töchtern ging unser Vater einmal zu der bewährten und resoluten Rosa Neuenschwander, einer legendären Frauenfigur im damaligen Bern und Vorläuferin der Emanzipation (aber das fürchtete unser Vater ja eben gerade, wenn er überhaupt wußte, was das war), und die griff sich an den Kopf: «Täglich kommen Eltern zu mir, die wollen mir beweisen, daß ihre Kinder begabt sind, und Sie haben nun begabte Kinder und wollen mir partout beweisen, daß sie nicht begabt sind!» Es ist also ein Irrtum zu glauben, daß «Größe» und ein ungewöhnlicher, erfolgreicher Lebensweg Liselotte schon in die Wiege gelegt waren und schicksalhafte Vorsehung seien. Das Gegenteil ist der Fall: orakelhafte Prophezeiungen und Voraussagen oder Horoskope, vermeintliche Beweise und Anzeichen für zukünftigen Ruhm und Größe (die ohnehin meist ins Reich der Wunschträume ehrgeiziger Mütter und geschmeichelter Erzeuger gehören), den Satz «aus diesem Kind wird einmal etwas Großes», den hat man bei uns nie gehört. Das bedeutete vielmehr Frevel und Aberglaube, also eine Art Versündigung. Schicksal, das empfand man immer nur als negativ, als drohenden Hammerschlag, der irgendwo, irgendwann, von böser, teuflischer Hand geführt – wenn man nicht normal ist –, einen erwartet, nein, das was man anstrebte, die ideale Lebensform und im ursprünglichen, christlichen Sinn vielleicht wirklich ein Glücksrezept, das war die unauffällige, normale («stinknormale») Schicksalslosigkeit.

Liselotte wurde an einem 11. Oktober, einige Jahre vor

dem zweiten Weltkrieg, im ersten Stock eines schmucken Reihenhäuschens an der Tillierstraße im damals noch als vornehm geltenden Berner Kirchenfeld, um fünf Uhr morgens, geboren.

Nichts deutete auf ein außergewöhnliches Ereignis hin, Liselotte war weder sehnlichst erwartet noch besonders willkommen, es waren da schon ein hübscher, schwarzgelockter Stammhalter und eine ebensolche Tochter; das Soll an Nachwuchs der von Anfang an schlecht funktionierenden Ehe war bereits erfüllt, Klein-Liselotte, zwar nicht ein Nachzügler, aber auch nicht geplant. Einfach eine Komplikation mehr in schon genügend komplizierten Verhältnissen. Typisch und irgendwie symbolisch, um nicht zu sagen: prägend geblieben ist für sie die heile und fleckenlose Fassade, das hübsche, nicht zu auffällige und auch nicht zu bescheidene Reihenhaus, in einem besseren, das heißt gutbürgerlichen Quartier gelegen, wie man in der Schweiz die einzelnen Stadtteile nennt. Es war nur gemietet, nicht unser Besitz, kündete also von typischem Mittelstand, wie er die Stärke und die Zierde eines demokratischen Staates bildet, ungeachtet dessen, was die schöne Fassade an Schrecklichem verbirgt.

Liselotte hat denn auch ihr Leben lang ihre «gutbürgerliche» Abstammung mit Vehemenz verteidigt und betont. Wahr ist daran, daß sie von Anfang an die Hintergründe kaum bemerkt hat, denn sie war ein überaus braves, lustiges und scheinbar problemloses Kind, das niemand besonders beachtete, weil es an ihm nichts Besonderes zu beachten gab. Sie war kahlköpfig zur Welt gekommen, mit kleinen Schlitzaugen und einer plattgedrückten Nase, der zahnlose, große Mund freundlich lächelnd – keine süße Puppe, eher ein kleiner, glatzköpfiger Wicht, der an den ewig nikkenden und grinsenden Buddha aus Meißner Porzellan im Salon unserer Großtanten erinnerte. Auf allen Kinderfotos sieht man das, was später ihre Fotogenität und Spezialität wird: die hohen Backenknochen, lustige und listige kleine Augen, ein unverkennbarer, asiatischer Einschlag, von dem niemand weiß, woher, aus welchem unseriösen Familienzweig er kommt, ein stets zum freundlichen Grinsen verzogenes Gesicht, das damit um Verzeihung für mangelnde andere Qualitäten und Attraktivität bittet; denn die beiden älteren Geschwister sind ausgesprochene Schönheiten, schwarzgelockt und langbewimpert, denen die Bewunderung und gedankenlosen Komplimente der Umwelt sicher sind. Man vergißt darüber ein wenig das häßliche, kleine, wenn auch unentwegt charmierende und nach ebenfalls etwas Aufmerksamkeit strampelnde Entlein, die dritte im Bund, die hier zum erstenmal, freilich unbemerkt, Außenseiter wird.

Vergessen wird sie vor allem von der Mutter, die, mit ihren eigenen Problemen beschäftigt, von einer unmöglichen Ehe, von der mit im Haus wohnenden, ihr feindselig gestimmten, das Geld verwaltenden Schwiegermutter, von heimlich vom kargen Haushaltsgeld abgezweigten und auch zeitmäßig erstohlenen Singstunden, den drei Kindern und einem tyrannischen, mutterbezogenen Mann hoffnungslos überfordert ist. Sie ist jung an Jahren, aber vor allem jung und unreif im Gemüt in diesen Ehestand getreten, mehr aus Opposition gegen eine kalte Ziehmutter, der Schwester ihres früh verstorbenen Vaters, als aus Überzeugung, mehr verliebt in die Liebe als in den zukünftigen Mann, mit der für junge Mädchen so klassischen und trügerischen Hoffnung, durch die Ehe Freiheit und Unabhängigkeit, ein nie gekanntes Glück zu finden.

Zur Zeit von Liselottes Geburt hat die junge Mutter alle diese Hoffnungen und Illusionen längst begraben. Sie befindet sich in einer Situation, in der heutzutage Frauen den Scheidungsanwalt aufsuchen. Aber damals durfte man so etwas nicht einmal vor sich selbst zugeben, die schöne und intakte Fassade mußte auf jeden Fall gewahrt werden.

Das alles trug natürlich nicht dazu bei, daß Liselotte von ihrer Mutter allzuviele Zärtlichkeits- und Glücksbeweise erwarten konnte. Die im Haus schwelende Spannung lähmte die mütterlichen Gefühle, die für die beiden ersten Kinder gerade noch wie eine sterbende Flamme flackerten, das dritte zu wärmen aber einfach nicht mehr genügend Kraft und die nötige Zeit fanden.

In der Rückschau erscheint Liselottes Kindheit aber durchaus normal und glücklich verlaufen zu sein; sie sagt das selbst immer wieder mit trotziger Betonung und legt Wert darauf, daß man das in ihrer Biographie hervorhebt: Vater Ing. agr., Kulturingenieur, Mutter Hausfrau und ehemalige Sängerin (die wegen der Familie auf eine Karriere verzichtete), Rahmen gutbürgerlich, ohne irgendwelche Störungen und Probleme. Sie hat ihre frühkindlichen Enttäuschungen und Zurücksetzungen nicht bewußt erlebt und wäre außerstande, sie zu erkennen. Da sie sich an das Modell einer intakten Welt, die ihr vorgespielt und eingetrichtert wurde, wie an das Leben selbst klammerte, lernte sie früh, das Unangenehme, Unschöne zu verdrängen. Denn nichts und niemand gab ihr Gelegenheit, auch einmal hinter die Kulissen zu schauen.

Da war der Vater, der das Nesthäkchen verwöhnte, mit ihr spazierenging und in Pflanzen- und Naturkunde unterrichtete oder auch mit ihr spielte, aber noch viel öfter mit ihr und überhaupt immer fluchte und schimpfte. Da war auf der anderen Seite die Mutter, die sich die Zeit abstehlen mußte, um singen zu können, damit sie den Haushalt und die Kinder nicht total vernachlässigte, und da war auch noch die Großmutter, die hinter Vorhängen und Türen versteckt lauschte und mit erhobenem Zeigefinger drohte, da waren unheimliche Besucher, vor denen man sich fürchtete, die zwei ledigen und leidigen Schwestern der Großmutter, die beiden alleinstehenden Schwestern des Vaters, geschieden die eine und entsprechend neurotisch, die andere nervenkrank. Und da waren vor allem die beiden Geschwister, die immer gelobt wurden und anscheinend alles durften, was sie nicht durfte – nein, für Klein-Liselotte, die niemand beachtete, war das Leben durchaus nicht leicht. Früh gewöhnte sie sich deshalb an, auf sich aufmerksam zu machen, zuerst mit dauernder Kränklichkeit – an einer Nierenbeckenentzündung wäre sie beinahe gestorben –, dann mit Überraschungseffekten, mit denen sie die Leute erschreckte, und mit ohrenbetäubendem Schreien. Als Liselotte Vier war, gab die Großmutter dem Vater einen Vorschuß auf seinen Erbteil, mit dem er ein Haus kaufte, wobei er ihr für diesen Vorschuß monatlich Zins bezahlte. Das ist in der Schweiz nicht ohne Tradition; man ist gewohnt, sich selbst den Verwandten gegenüber doppelt und dreifach abzusichern, wenn es ums liebe Geld geht, denn man weiß bzw. nimmt selbstverständlich an, daß einem vom Leben, aber besonders von Mitmenschen nichts geschenkt wird.

Und so machte die Großmutter in unserem Haushalt allen und besonders unserer armen Mutter das Leben fast bis zur Unerträglichkeit schwer. Sie ließ sich von der Schwiegertochter einen Teller Suppe geben (aber nichts anderes, das bereitete sie sich auf ihrer Kochplatte selbst zu) und beharrte darauf, sich diesen nicht schenken zu lassen (das könnte man ihr ja sonst vorhalten und sie stünde so in der anderen Schuld), sondern dafür sage und schreibe zwei Rappen zu bezahlen. Sie bespitzelte und verfolgte alles, was die ungeliebte Schwiegertochter in ihrem Haushalt falsch oder nur «halbbatzig»* machte und kommentierte es in ihrem für unsere Ohren noch härter und schärfer klingenden Zürcher Dialekt: «das isch doch kai Huusfrau» oder «so Lüt wo nid chönd Sorg ha zu der Sach»**. Das wiederholte sie ihren Schwestern und Töchtern gegenüber, die bei uns aus- und eingingen wie zu Hause, bis diese Sätze auch für uns zu geflügelten Worten wurden und zeigten, wie die vereinigte Riege unbefriedigter und vertrockneter Frauen die Skandalehe unserer Eltern genüßlich immer von neuem durchhechelte. Da die Großmutter zudem auch noch schwerhörig war, mußte man mit ihr, um sich verständlich zu machen, laut schreien (wobei sie wie alle Schwerhörigen immer gerade das verstand, was sie nicht hören sollte), und unsere Mutter verstand durch die dünnen Wände hindurch jedes gegen sie gerichtete Wort.

Das Haus, in das wir zogen, befand sich nicht mehr in dem vornehmen Quartier, sondern in der etwas weniger feinen Länggasse, aber nahe dem Zentrum, direkt über dem Haupt-Bahnhof, hinter der Universität, in einer malerischen, kleinen Gasse, eben dem Malerweg, in einem ebenfalls überaus malerisch verwilderten Garten.

Daß wir es bekamen, haben wir unserer Mutter zu verdanken. Sie gefiel dem Verkäufer, dem damals recht bekannten, heute vergessenen Kunstmaler Karl Anneler, von

---

* nachlässig

** «Das ist doch keine richtige (gute) Hausfrau», oder «Leute, die zu ihren Sachen keine Sorge tragen (können).»

über hundert Bewerbern am besten, sie hat es eigentlich gekauft, aber unser Vater bzw. die Großmutter hat dafür das Geld gegeben, und deshalb hieß es dann auch in der Erbteilung nach dem Tod unseres Vaters: «Die Frau hat nichts in die Ehe gebracht.»

Persönlicher Einsatz, Charme, Ideen, Arbeit, Wärme und Liebe, die eine Frau in die Ehe bringt, sind nichts, Geld ist alles.

Der Garten war ein herrliches, altmodisches, verschnörkeltes Paradies mit einer kleinen Geißblattlaube und einer Glyzine, die sich mit Ästen so dick wie die Arme eines Preisboxers um sämtliche Fenster bis unter den Dachgiebel rankte, mit einem Urwald aus mannshohen gelben Blumen, die die Sicht aus den Fenstern auf die Straße und diejenige von der Straße auf das Haus verdeckten, und einer Miniaturlandschaft aus gehauenem Sandstein, eine Ritterburg darstellend, umgeben von Tieren und pausbäkkigen Putten, sowie einer Urne auf einem rosa Marmorsokkel, die, wie er uns mit Tränen in den Augen versicherte, die Asche der verstorbenen Mutter von Herrn Anneler aufbewahrte.

Als erstes machte unser Vater in dem malerischen Durcheinander Ordnung. Seine Mutter in der Urne (samt Sockel) mußte der Maler abholen, das wuchernde Blumendickicht wurde abgeholzt, ausgerissen und die Erde umgestochen und darauf Rasen gesät, die Burg und alle dazu gehörende Steinfiguren – dieser Kitsch, wie unser Vater uns belehrte – entfernt, der Zaun geflickt, die Glyzine zurückgestutzt und das zu wild wuchernde Geißblatt durch Rosen ersetzt, so daß nach kurzer Zeit das beruhigende Bild eines sauberen, gepflegten Gartens entstand, aus dem man nicht nur hinaus-, sondern in den die Nachbarn und von oben die strenge Großmutter bis in den hintersten Winkel hineinsehen konnten.

Unsere ganze Kindheit ist durch den Zwang zur verhaßten Gartenarbeit geprägt, denn jede freie Minute mußten wir dafür opfern, in einem Haus mit großem Garten zu wohnen. Das Schlimmste und Demütigendste war für Liselotte und mich, wenn wir mit dem selbstgezimmerten Leiterwagen des Vaters im Herbst auf den belebten Straßen Laub zusammenfegen und einsammeln mußten, für seinen Mist (Kompost)haufen. Wir schämten uns zu Tode, einfach nur deshalb, weil das ungewöhnlich war und andere Kinder das nicht tun mußten und wir überzeugt waren, daß ein eigener Misthaufen im eigenen Garten nicht ein Privileg, sondern eine Schande war und man mit Fingern auf uns zeigte.

Das Hauptproblem in der Ehe unserer Eltern war das Geld. Der Vater hatte im frühen Alter von sieben Jahren seinen eigenen Vater verloren und hing sehr von seiner herrschsüchtigen Mutter ab. Diese und entsprechend auch ihre Familie bzw. unser Vater konnten unserer Mutter nie ganz verzeihen, daß sie, die aus einer angesehenen, aber verarmten Familie stammte, «nichts» in die Ehe mitgebracht hatte. «Was sind Sie und was händ Sie?»* fragte die Großmutter als erstes, als ihr Sohn ihr seine Zukünftige vorstellte und zu diesem Zweck nach Hause brachte – einer dieser Sätze, die für Liselotte und mich zum geflügelten Wort wurden –, und als die Antwort unbefriedigend ausfiel, blieb die Abneigung, die von Anfang an da war (man stelle sich vor: Die Mutter unserer Mutter war Französin, schlimmer: Pariserin, also eine, die immer so verrückte Hü-

* «Was sind Sie und was haben (besitzen) Sie?»

te auf und Ideen im Kopf, aber nichts im Portemonnaie hatte) für immer besiegelt.

Im neuen Domizil am Malerweg wurde die Spannung zwischen Schwiegermutter und Schwiegertochter denn auch immer größer und unerträglicher; nach zehn Jahren erst getraute sich unsere Mutter endlich, sich aufzulehnen. Zum erstenmal mußte sich ihr Mann ihrem und nicht seiner Mutter Willen fügen, und da es in erster Linie um das Wohl der drei Kinder und das Weiterbestehen der Ehe ging, gab er schließlich zähneknirschend nach. Die Großmutter zog ins Berner Burgerspital, dieses schöne, klösterliche, einzige erhaltene alte Gebäude gleich neben dem scheußlichen «neuen» Berner Hauptbahnhof (der damals noch nicht stand), in ein schmales, schlauchartiges Zimmer, wo sie von ihrem Sohn, unserem Vater, getreulich jeden Tag besucht wurde, bis zu ihrem Tod.

Die dadurch in unserem Haus frei werdenden Zimmer wurden alsobald von unserer Mutter zur Aufbesserung ihres kargen Haushaltgeldes zur Vermietung ausgeschrieben. Wir bekamen zwei, manchmal drei «Zimmerherrn» – durch die günstige Lage gleich neben der Universität vorwiegend Studenten, was Liselotte veranlaßte, sich von frühesten Kindesbeinen an in jeden dieser jungen, studierten und in ihren Augen ausnahmslos attraktiven, bildhübschen Zimmerherrn unsterblich zu «verlieben».

Sie war zwar spindeldürr, körperlich und seelisch völlig unausgegoren, um nicht zu sagen unterentwickelt, sie verlor gerade ihre ersten Zähne und flocht ihr farbloses, aschblondes und hoffnungslos «steckengerades» Haar zu einem mitleiderregenden kleinen Zopf, doch mangelnder Schönheit und fehlenden weiblichen Reizen half sie mit einer erschreckend lärmigen und aufdringlichen, burschikosen

Natürlichkeit nach, mit immer neuen Ein- und Ausfällen, um auf sich aufmerksam, um sich beliebt zu machen. So lauerte sie mit Vorliebe ihren Opfern hinter Türen, Vorhängen und Treppenabsätzen auf, um ihnen, im Augenblick, wenn sie vorbeikamen, an den Hals zu springen und sie schnell und heftig zu küssen, nur um dann laut lachend und schreiend vor Triumph und Scham wieder wegzulaufen. Aber auch ohne diese verzweifelten Zärtlichkeitsangriffe schrie und lachte sie ohrenbetäubend den ganzen Tag, etwa, weil der ältere Bruder, der uns stets neckte und plagte, sie verfolgte, oder aber, weil die Angst, zu wenig beachtet, vernachlässigt, nicht genügend geliebt zu werden von der Umwelt, ihr nicht weniger lästig auf den Fersen folgte.

Ein genauer Beobachter hätte mit Leichtigkeit ein präzises Psychogramm erstellen können von diesem stets lärmenden, laut schreienden, übertrieben lachenden, sich an allen anständigen und weniger anständigen Körperstellen ewig und hemmungslos kratzenden, Regenwürmer und Schnekken sammelnden, unfolgsamen, schrecklichen kleinen Mädchen, dessentwegen die «aamächeligen»* Zimmerherren aus unserem Haus aus-, statt in seinem armen Herzen einzogen, oder sich zumindest über den lästigen Störenfried im sonst so sympathischen Haushalt heftig und mit Nachdruck beklagten, ohne im geringsten die dahinterstehende, echte Tragikomödie zu sehen, die nur aus dem Elend und der Not entsteht, geschweige denn, eben, das abgrundtiefe Liebes- und Kontaktbedürfnis, der verzweifelt auf sich aufmerksam machenden kleinen Lise zu ahnen. Denn genaue Beobachter gab es zu dieser Zeit in unserer Schweizer Gutbürgerlichkeit nicht, da diese Gutbürgerlichkeit ja gerade daraus

---

* aamächelig, Berndeutsch = einladend, verlockend, freundlich

besteht, Hintergründe oder gar Abgründe in der Familie zu verleugnen bzw. zu verschweigen.

So war es auch bei uns heilige Tradition, also unausgesprochenes Gebot, über «solche Sachen», was heißt, über alles, was unangenehm und unschön war, kurz, was ein Problem war, wie über etwas ganz und gar Unanständiges nicht zu sprechen. Unsere Welt hatte stets schön und gut, eben «heil» zu sein, und Leute, die über Abgründe und Schwächen, über die Psychologie und Psyche des Menschen redeten oder gar meisterhaft schrieben – die russischen Schriftsteller etwa, Tolstoi und Dostojewskij –, die waren in den Augen unseres Vater «gefährlich» und für uns verboten. Liselotte hat sich das denn auch gut – vielleicht ein wenig zu gut – gemerkt, man hat es ihr eingebleut, bis es ihr Ehrgeiz wurde, in dieser besten aller Welten etwas Besseres anzustreben und wenn möglich die Beste zu werden.

Dennoch, oder gerade deshalb, war Herr Ehrenzeller, ein blaßhäutiger, kurzsichtiger, schmalbrüstiger und überaus strebsamer Ökonomiestudent, in unserem obersten Zimmer unter dem Dach Liselottes erste, große Liebe, der alsbald die zweite, der hübsche Herr Burri, schwarzhaarig, dunkeläugig und Veterinärstudent im Parterrezimmer, und dann Willy Steffen, verwöhnter und eleganter Hotelierssohn aus Gstaad, folgten. Herr Ehrenzeller war der, der kurzerhand und ohne ein Spur von Humor auszog, als Liselotte ihn zahn- und ahnungslos, unablässig herumhüpfend wie ein lästiger Floh, mit ihrem unüberhörbaren Gefühlsüberschwang verfolgte, worauf Herr Burri ebenfalls reklamierend in das Zimmer unter dem Dach, Herr Steffen in die Ferien nach Gstaad und ein neuer Student im Parterrezimmer einzog. Er hieß Rudolf Gnägi und wurde später Bundesrat, er zeigte schon damals, daß nichts, vor allem nicht weibliche List, einen vorbildlichen Schweizer bzw. ein Schweizer Vorbild erschüttern und aus seiner angeborenen oder anerzogenen Ruhe bringen kann. Der blauäugige, blondhaarige, seriöse und robuste Bauernsohn aus dem Berner Seeland blieb vier Jahre bei uns als «Zimmerherr» und störte sich in keiner Weise an Liselottes alsbald auch um ihn einsetzendem, freundlich-harmlosem bis entsetzlichem Geschrei, besser sollte man sagen, an ihrer mit Lärm verbundenen Kontaktsuche, alias Verliebtheit. Im Gegenteil, es genügte, daß sie auf unserem vorsintflutlichen Grammophon den damaligen Hit «In the Mood» von Glenn Miller in voller Lautstärke aufdrehte, und schon klopfte es diskret an die Tür: Herr Gnägi bat um Einlaß, um alsobald, auf dem Bettrand sitzend, mit strahlenden Augen und ebensolchen, frisch geputzten schwarzen und spitzen Schuhen den flotten Takt mitzuwippen, während Liselotte sich vor ihm trällernd und wie wild mit sämtlichen Gliedmaßen zuckend im Kreise drehte.

So war kein Geringerer als ein zukünftiger Schweizer Landesvater Liselottes erstes, dankbares Publikum, wobei sich sein Interesse und seine Begeisterung allerdings ausschließlich auf Glenn Miller und dessen musikalischen Geniestreich beschränkte. Sobald die Platte zu Ende gespielt, einige Male wieder aufgelegt worden war, ging er hinunter in sein Zimmer, um sich unnahbar und langweilig-gewissenhaft erneut hinter seinen Büchern zu verschanzen. Liselotte blieb zurück, halb beglückt, halb frustriert sich darauf vorbereitend, sich dem nächsten Opfer an den Hals oder in die nicht unbedingt für sie geöffneten Arme zu werfen.

Daß niemand die frühkindliche Verwahrlosung und Vereinsamung, besser gesagt, daß niemand Liselotte überhaupt beobachtete, lag nicht nur daran, daß man sich damals vor der Beobachtung kindlicher Verhaltensweisen ganz allgemein und denen von «Schwierigen» im besonderen fürchtete – sie hatten einfach zu gehorchen und damit basta –, sondern auch daran, daß es bei uns keinen Beobachter gab.

Während sich rings um unser Land das große Unheil drohend zusammenbraute, wir in den Mittagsnachrichten, die der Vater beim Essen regelmäßig und unter strengstem Schweigegebot aus dem Radio hörte, immer öfters so seltsame Namen wie Hitler, Göring und Goebbels vernahmen, war die Welt des einzelnen Schweizer Bürgers noch durchaus in Ordnung. Der Mann pflegte zwecks Arbeit und Ernährung außer Haus zu gehen, die Frau aber gehörte an den heimischen Herd – ins traute Heim, Glück allein.

Auch bei uns sah es nach außen hin so aus. Doch der Schein trog.

In Wahrheit stahl sich die Mutter jede freie und nicht so freie Minute ab, um sich ihrem Beruf, ihrer Berufung, dem Gesang zu widmen. Sie nahm heimlich Gesangstunden bei namhaften Lehrern und Lehrerinnen, übte und begleitete sich selbst am Klavier (das der Großmutter bzw. ihrer Schwägerin gehörte) und wurde Gründungsmitglied von Walter Furrers Quartett «Die Berner Maisänger», das sich mit Radio- und Konzertvorträgen einen bekannten Namen machte und heute, im Zeitalter des Fernsehens, wohl zu noch größerem, internationalen Ansehen käme, sich damals aber mit einem ehrenvollen, lokalen Erfolg begnügen mußte, was wiederum unserem Haushalt zugute kam, denn diese unzeitgemäße Emanzipation der Mutter war für unser Familienleben ohnehin eine Katastrophe.

Mit ihrer außergewöhnlichen Stimme, einem Koloratursopran, hätte unsere Mutter eine große Karriere machen können, wie ihr das berufene Leute, unter anderem der

Direktor der königlichen Oper Covent Garden, dem sie in London 1948 vorsang, vor allem aber der Berner Komponist Walter Furrer bestätigten. Walter Furrer dachte nicht nur, aber vor allem an die Kunst, als er sie zu einer Ehescheidung überreden wollte, sie aber hatte dazu weder den Mut noch die Kraft, sondern ruinierte sich lieber weiter mit ihrem anstrengenden Doppelleben ihre Nerven, die Gesundheit und – unser Familienglück.

Denn die geradezu fanatisch befolgte «vocation» (Berufung) der Mutter auf der einen – die geradezu rührende Ahnungslosigkeit des superkorrekten und entsprechend überforderten Vaters diesen «Seitensprüngen» gegenüber auf der anderen Seite hatten zur Folge, daß wir Kinder in einer fast avantgardistisch anmutenden, modernen Freiheit, in einer grandiosen Un-Ordnung aufwuchsen. Das kann verschiedene Reaktionen bei den Heranwachsenden hervorrufen und vor allem das ergeben, worüber man sich, zum Beispiel in unserem Fall, so wundert: daß nämlich Geschwister, die in den ganz gleichen Verhältnissen und unter den genau gleichen Bedingungen aufwachsen, so verschieden sind: der eine Charakter versucht, den Mangel an Wärme und Geborgenheit zu verdrängen und ohne sie fertig zu werden, indem er selbst eine harte Schale um den weichen Kern entwickelt, der andere versucht ein Leben lang, Wärme und Geborgenheit bzw. Liebe zu finden und nachzuholen.

Liselotte gehört zur erstgenannten Art.

Als Kleinkind schon zu wenig beachtet und zu wenig Mittelpunkt, gewöhnte sie sich an, in dem verwaisten und verwahrlosten Haushalt über Gefühle, Probleme und Sorgen, die sie (und uns) plagten, nicht zu reden, sie nicht einmal sich selbst gegenüber einzugestehen, sondern ihre

Ängste und Nöte mit Kraftproben zu überwinden, mit Lachen zu überspielen und zu übertönen und mit dieser krampfhaften Lustigkeit auch da «schönes Wetter» zu machen, wo es eigentlich traurig war und regnete, wie es für sie charakteristisch geblieben ist und zu einer Kontaktarmut führte, die ihr das Leben oft so unbegreifbar und schwer macht. Dabei – oder vielleicht deshalb – haßt sie das Wort «kontaktarm» oder gar «kontaktlos», wie sie sonst eigentlich nichts oder niemanden haßt; sie läßt es draußen vor der Tür stehen wie so manchen unerwünschten Besucher, den sie, auch wenn er ihr etwas sehr Wichtiges zu sagen hat, nicht einläßt. Man tut deshalb gut daran, dieses Wort – dieses Gespenst – aus ihrer Kindheit vor ihr nicht zu erwähnen, es kann einem sonst blühen, daß sie dann selbst dem besten Freund oder der anregendsten Gesellschaft auf- und davonläuft, so wie sie das schon als Kind getan hat, wenn ich mit ihr über gemeinsame Probleme, über etwas «Unangenehmes» zu sprechen versuchte.

Daß sich tief in ihr drin aber sehr wohl etwas abspielt, daß sie ein mitfühlendes Herz, einen überaus empfindlichen und weichen Kern hat, das zeigte sich schon immer durch ihre eigenwilligen und durchaus originellen Reaktionen, mit deren Hilfe sie sich sowohl wie eine Schnecke in ihr Schneckenhaus zurückzieht, wie für den – vielleicht vorhandenen Beobachter – entlarvt.

Wie jedes Mädchen der damaligen Zeit besaß auch Liselotte Puppen. Aber sie dienten ihr nicht dazu, zu «mütterlen», also sorgende, liebende und pflegende Mutter zu spielen, sondern um sie (ein Psychologe würde vielleicht sagen: um sich selber symbolisch) grausam zu strafen, sie hängte sie zum Beispiel allesamt in Reih und Glied an den Haaren an ihrem Eisenbett auf.

Neben dieser Härte zu «ihren Kindern», also zu «Menschen», entwickelte sie eine geradezu überbordende Liebe und Fürsorge Tieren gegenüber. Wenn es regnete, kam sie regelmäßig zu spät zur Schule, weil sie sämtliche Regenwürmer und Schnecken von der Straße «retten» mußte, damit man sie nicht überfahre oder zertrete.

Eine Katze, die Junge bekam, nahm sie in ihr Bett und schaute zu, wie die Kleinen auf die Welt kamen, und scherte sich kein Deut darum, daß das blendend weiße Leintuch mit Blut verschmiert wurde und die Großmutter darüber die Hände zusammenschlug und zeterte.

Liselotte entwickelte also eine ausgesprochene Vorliebe für Absonderlichkeiten, für eine Art «schwarzen Humor», den sie überall, und für die anderen meist unsichtbar, entdeckte, während die normalsten, alltäglichsten Dinge im Leben, eben die Realität, für sie verborgen blieben. Männer mit Glatze («Väter brauchen nur so am Rande Haar»), Frauen mit toten Hunden (Pelzkragen) um den Hals oder die Dame mit den vier Brüsten auf dem Jahrmarkt zogen sie magisch an, und manchmal mußte man sie spät abends noch suchen, weil sie von der nahe gelegenen, zweimal im Jahr in der Stadt aufgebauten Budenstadt und dem fahrenden Volk nicht los- und heimkam, sondern sich in den Anblick der ausgestellten Kuriositäten und Abnormitäten vertiefte und verlor, diese zu Hause dann zum Gaudi oder auch zum Ärger der Eltern nachmachte, obschon oder gerade weil sie deswegen nicht einschlafen konnte.

Wie wir alle und wie alles in unserem unorthodoxen Haushalt verwilderte auch Liselotte immer mehr, ohne daß das irgend einer bemerkt oder jemand besonders gestört hätte, der Vater war völlig vertieft in seine, die Mutter in ihre Welt.

Im Gegensatz zu meinem Bruder und mir brachte Liselotte aber aus der Schule immer gute Noten mit, sie entwikkelte immer da besonderen Fleiß und Ehrgeiz, wo es galt, Anerkennung und Beifall einzuheimsen oder andere, ursprünglich wohl immer die größeren Geschwister, einzuholen oder wenn möglich auszustechen. Dabei war sie die einzige, die den strengen und cholerischen, öfters jähzornigen, vom bösen Spuk der Familiengeschichte heimgesuchten Vater nicht fürchtete, auf jeden Fall aber eine womöglich doch vorhandene Angst vor ihm mit Lachen und allerhand Tricks und Mutproben überspielte und ihn zu besserer Laune, manchmal sogar zu vorübergehendem Leichtsinn brachte.

Sie sprach mit ihm eine selbsterfundene, eigene Sprache, machte am Tisch, vorzugsweise wenn er mit ihr schimpfte, «dr Tüfel us em Truckli»*, was darin bestand, daß sie sich mit den Füßen von der obersten Leiste ihres hochlehnigen Holländerstuhles wie der besagte Spielzeugteufel auf seiner Sprungleiter aus der Schachtel abhob und langsam, wie in Zeitlupe, dem Vater zuneigte, bis sie mit ihrem Kopf an seinem Kopf landete und mit furchterregendem, aber liebevollem Gejaule, in das er wohl oder übel allmählich einstimmte, mit ihm im Chor heulte, wie liebeskranke Wölfe im Mondschein, und man darob schließlich allgemein in befreiendes Lachen ausbrach. Wir anderen Tischgenossen, auch die Mutter, die wir in der geheiligten Totenstille der Mahlzeiten nur an das drohende Ticken der Wanduhr und an Schimpfen und Zurechtweisungen gewohnt waren und uns feige duckten, wir sahen Liselottes Erfolg mit fassungslosem Staunen und quittierten es ebenfalls mit erlösendem

* der Teufel aus der Kiste

Gelächter, das dem launischen Vater aber sofort wieder zuviel wurde. Unverzüglich verwandelte er sich jeweils wieder in das unerbittliche, tonangebende Familienoberhaupt, das striktes Redeverbot, gerade Haltung und Aufessen diktierte, die schlechten Manieren der Kinder und die mangelnden Kochkünste der Frau kritisierte. Dabei war unsere Mutter eine hervorragende Köchin, sie liebte es, das mit einem lachenden und einem weinenden Auge immer wieder in Form einer uns längst bekannten Anekdote zum besten zu geben und zu bestätigen: der Vater habe es vor versammelter Männergesellschaft ganz am Anfang ihrer Ehe einmal so ausgedrückt: «Mit meiner Frau ist nicht viel los, aber sie ist eine hervorragende Köchin», worauf die Männer allesamt wohlgefällig genickt und laut verkündet hätten, «das isch d'Houptsach» – das sei die Hauptsache. Doch zwangen das schmale Budget und die mangelnde Zeit sie immer mehr zu drastischen Einschränkungen und Sparmaßnahmen, und als dann der Krieg ausbrach und die Lebensmittel «rationiert» wurden, verschwand bei uns auch noch das letzte Attribut, das zerbrochene Ehen und gutbürgerliche Familien im allgemeinen und unsere im besonderen noch ein wenig zusammenkittet: die Liebe, die durch den Magen, das heißt durch eine gepflegte und gefreute Küche geht.

Der Zweite Weltkrieg brach nicht in unserem kleinen Land, aber ringsum aus. Wir bemerkten davon nur, daß in der Nacht «verdunkelt» werden mußte, daß wir uns in der großen Stille und Finsternis, in denen manchmal unheimlich lang andauerndes und tiefes Flugzeuggebrumm über dem Dach zu hören war, noch mehr als vor Gespenstern fürchteten, daß für Essen und Kleider Rationierungskarten ausgegeben wurden, daß es keinen Schlagrahm und keine

Bananen mehr gab, daß Väter einrücken mußten oder, wie unserer, morgens, mittags und abends Nachrichten hörten.

Denn zu unserer nicht geringen Enttäuschung wurde unser Vater als dienstuntauglich erklärt, er wurde nur einen einzigen Tag lang eingezogen, dann entließ man ihn wieder wegen einem angeblichen Herzfehler. Zu Hause glaubte natürlich niemand daran, unsere Mutter bestritt ganz einfach, daß ihr Mann überhaupt ein Herz habe. Auf jeden Fall war er der einzige der strahlte, als er überraschend wieder heimkam, ja, es war eines der wenigen Male, wo wir unseren Vater wirklich von Herzen glücklich sahen. Ein Zeichen, daß er vielleicht doch eines besaß?

Sein Pech war, daß das zu dieser Zeit bereits niemand mehr interessierte. Unsere Mutter und auch wir Kinder hielten es einfach für feige, bei der allgemeinen Mobilmachung, wo jeder, der ein Mann war, sich stellte, zu kneifen.

Doch hatte dann unser Vater Gelegenheit, auch fern von der Grenze und ohne Uniform beruflich seinen Mann zu stehen. Seine Tätigkeit nahm ganz erheblich zu: nach dem sogenannten «Plan Wahlen» wurde die schweizerische Landwirtschaft weitgehend auf Selbstversorgung umgestellt, und an diesen Arbeiten hatte unser Vater wesentlichen Anteil, er war entsprechend vielbeschäftigt und nicht viel weniger von zu Hause abwesend als ein Soldat. Das gab unserer Mutter wiederum Gelegenheit, auf ihre Weise einen «Kriegseinsatz» zu leisten.

Die «Maisänger» fuhren in die Berge zu kampierenden Truppen, um abends vor den Soldaten zu singen und sie so moralisch aufzurüsten, mit viel Erfolg für den Staat und das Heimatland, nicht aber für unseren Haushalt und uns Kinder.

Die einzigen, die sich in der Freizügigkeit und Verwilderung bei uns zu Hause wohl fühlten, waren unsere «Zimmerherrn». Jung und fidel und gelegentlich auch rebellisch, wurden sie nur zu empfänglich für die ungewohnt lockere, häuslich-unhäusliche Atmosphäre, besonders für die jugendliche Dame des Hauses, die so wenig dem gewohnten Bild einer braven Hausfrau glich, sondern ebenfalls jung und fidel und in den Augen der Nachbarn mehr als rebellisch war. Trotz ihrer häufigen Abwesenheit von zu Hause verbreitete sie da Gemütlichkeit und Wärme und eroberte alle Herzen im Sturm, so daß die Untermieter und ihre Freunde und Freundesfreunde allmählich vor unserem chaotischen Haushalt Schlange standen und ihn liebevoll die «Pulverfarm» nannten. Es sprach sich herum, daß die Ambiance gemütlich und familiär, die Moral großzügig und das Essen gut und billig waren.

Die Hauswirtin alias unsere Mutter verlangte wenig und bot dafür unglaublich viel: Frühstück und Zwischenmahlzeiten, bei schönem Wetter im hübschen Garten oder auf dem Zimmer serviert, Familienanschluß, Benutzung des Badezimmers; von Hand gewaschene und gebügelte Wäsche sowie jede Art von den in der Schweiz so verpönten Extrawürsten waren selbstverständlich in den dreißig, später vierzig Franken Monatsgeld inbegriffen – kein Wunder, daß immer drei bis vier von unseren acht Zimmern vermietet waren und die Einnahmen trotzdem nicht größer wurden.

Wenn der Vater für mehrere Tage wegblieb – und das geschah jetzt immer häufiger, fast jede Woche –, dann war das, wie wenn die Katze das Haus verläßt, es tanzten bei uns die Mäuse, es wurden von unserer Mutter – neben ihrem Singen, ihren Stunden, Repetitionen, Tourneen, den drei Kindern und dem übrigen Haushalt – kleine Feste für die Untermieter organisiert, bei denen großartig getafelt, gesungen, getanzt und geflirtet wurde, wobei die Studenten selbstverständlich ihre Freunde oder Freundinnen mitbrachten und wir Kinder mit brennenden Augen zugucken mußten, wie die Erwachsenen sich küßten und auf unsere Kosten königlich amüsierten. Besonders Liselotte muß bei diesen Feiern schwer gelitten haben, wo alle «ihre» Zimmerherrn, ihre heimlich und meist ganz unheimlich hoffnungslos geliebten Herzbuben mit großen und schönen Rivalinnen, mit denen sie es in punkto Alter und Aussehen und Intelligenz und, vor allem, Eleganz nie aufnehmen könnte, ganz ohne Rücksicht auf die kleine Zuschauerin flirteten, in ihrer Sprache: «schätzelten».

Aber keck und aufdringlich, wie sie in ihrer Seelennot nun einmal war, gab sie nicht wie ich klein und feige bei, um sich in süße Wunschträume zu verdrücken (wohin unser Bruder jeweils schon vor Beginn der unseriösen Feste verschwand, das blieb uns ein Rätsel, das wir allerdings nie zu lösen versuchten), sondern Liselotte begann, sich vor der versammelten Gästeschar zu produzieren, sich ans Klavier zu setzen und zuerst «dergleichen»* zu tun, als wolle sie brav und folgsam den auswendig gelernten Beethoven, «Für Elise» vorspielen, was natürlich schon im voraus lebhaften Beifall auslöste, der sich noch beflügelte, denn alsbald leitete sie die klassische Melodie kühn über in heißere Rhythmen und begann immer hemmungsloser zu «jazzen», das heißt, sie klimperte eine Begleitung und sang, bzw. imitierte dazu mit ohrenbetäubend lauter und forcierter Stimme den Louis Armstrong-Sound, was weder besonders schön noch begabt, dafür aber mitreißend und urkomisch und dabei auch rührend war, diese spindeldürre, zapplige

---

* So zu tun als ob

und sich vor Begeisterung überschlagende und überanstrengende Halbwüchsige, hinter der nun wirklich niemand eine erwachende Frau mit weiblichen Bedürfnissen, sondern eher einen Clown vermutete – man lachte herzlich über das lustige Kind, das der Mutter offenbar soviel Freude machte und ihr unverfroren die Show stahl, man lachte und lachte, und am Ende lachte Liselotte schließlich selbst, stets ein wenig zu laut und zu übertrieben, wie es typisch ist für jemand, der mit Lustigkeit seine Trauer überspielt, der da lacht, wo er eigentlich lieber weinen möchte.

Liselotte bekam dafür die nötige Aufmerksamkeit und immer wieder Beifall; man darf ruhig annehmen, daß dies der Ansatzpunkt zu ihrem späteren Wunsch, Schauspielerin zu werden, bedeutete.

Aber Schauspielerin zu werden, das schien damals fast noch schlimmer als Malerin, was immerhin ein gewisses, sichtbares Talent voraussetzt, während sich, für Geld, zu produzieren doch fast wie sich prostituieren war, das gab es einfach nicht in gutbürgerlichen Kreisen, und niemand, vor allem nicht Liselotte, dachte im entferntesten daran, einen solchen Beruf zu wählen, es sei denn, man betrachte den Wunsch und das Bedürfnis eines Kindes, dauernd auf sich aufmerksam zu machen und sich zu diesem Zweck zu produzieren und «aufzuspielen», um ein wenig Beifall und Liebe von der Umwelt zu bekommen, schon als schauspielerisches Talent und sein Erwachen. Liselotte hatte zuviel Respekt vor unserem Vater und seiner übernommenen Heuchelei, die sie ebenfalls übernahm und an die sie sich wie an einen rettenden Strohhalm klammerte, in Familienverhältnissen, die einzig und allein dafür aus- und eingerichtet waren, die sich in der Auflösung befindende heilige Tradition einer heilen Welt wenigstens gegen außen zu erhalten. Alle

Geschichten von Liselottes frühem schauspielerischen Talent und Ambitionen sind deshalb falsch und gehören ins Reich der Phantasie und Publicity-Märchen, wie man sie über berühmte Leute so gern erzählt.

Anzufügen ist lediglich, daß es eben in unserer Familie sehr wohl Künstler gegeben hat, hochbegabte sogar, Musiker und Maler, aber sie waren allesamt am Leben gescheitert, und ihre abschreckenden Leidensgeschichten waren wie drohendes Unheil um uns herum, wie dauernde Gewitterwolken am Horizont. Sie hatten sich in diesen bösen Geist verwandelt, der von Generation zu Generation immer unheimlicher in den sich verdüsternden Gemütern weiterlebte und das Wort von einem geerbten Hang zur Melancholie zum eisernen Bestand des familiären Wortschatzes machte.

Bis heute hält Liselotte denn auch strikt daran fest, daß sie aus einer ganz («stink»-)normalen und streng gutbürgerlichen Familie stamme und darin die einzige Künstlerin sei. Denn als überaus Erfolgreiche ist sie nicht etwa aus der bürgerlichen Welt in eine unbürgerliche ausgebrochen, sie hat vielmehr das Kunststück zuwege gebracht, das Künstlerische bürgerlich zu machen: Sie ist mit Leib und Seele und aus tiefster Überzeugung ordnungsliebend, sparsam und fleißig, eben absichtlich «gut- oder spießbürgerlich» geblieben, und das erst noch mit Stolz. Sie gleicht darin – mehr als sie weiß – manchem berühmten Kollegen, zum Beispiel dem legendären Clown Grock, der mit bürgerlichem Namen Adrian Wettach hieß und der gesagt hat: «Wir Artisten, von den Philistern als fahrende Gesellen angesehen, sind weit philiströser, weit bourgeoiser als sie selbst. Wir sind aber noch mehr: wir sind seriös! Vielleicht haben wir deshalb auch etwas erreicht.»

In diesen frühen Jahren aber, in denen Liselotte erst anfängt, zu spüren, was dieses (Schau-)Spielen, das zunächst tatsächlich nur Spiel, Ventil und sogar Flucht bedeutet aus kindlichen Nöten, ist – es gelingt ihr ja tatsächlich, «ihre» Zimmerherren für kurze Momente von ihren schönen Freundinnen ab und auf sich, die kleine, unscheinbare «Lise» zu lenken –, da sagt sie, wenn man sie fragt, was sie einmal werden wolle, voller Überzeugung: Tierarzt, wie Herr Burri, Veterinär.

Heimlich aber pflegt sie neben den Schnecken, die sie dem fluchenden Vater kaltblütig auf den Salat im Gemüsebeet setzt und mit denen sie, frisch gestärkt, wie sie dann sind, an den Zimmerwänden Schneckenrennen veranstaltet, auch immer wieder den heimlichen Drang und die Lust, sich mit Singen, Lachen und ohrenbetäubendem Schreien zu produzieren, was vorläufig noch harmloses Sich-zur-Schau-Stellen, jedenfalls immer mehr Zeitvertreib als Schauspiel, aber stets Mut- und Kraftprobe gegenüber einer indifferenten Umwelt bedeutet.

So verbringt Liselotte ihre Kindheit und frühe Jugend. Sie besucht vier Jahre lang die Primarschule in der «hinteren» Länggasse, dann fünf Jahre die Mädchensekundarschule Monbijou, in der sie durch nichts weiter auffällt als ihren Ehrgeiz, stets pünktlich zu sein und gute Noten heimzubringen, Wilhelm Buschs «Fromme Helene» als ihre Lieblingslektüre zu erklären und zu rezitieren und die anderen auch immer wieder heimlich und stets auch ein wenig unheimlich zum Lachen zu bringen.

4

Das liebliche Ufer des Lémans – des Genfersees – ist diskret und verschwiegen wie eine Schweizer Bank. Kaiser, Könige und Filmstars haben es von jeher geschätzt, sich dahin zurückzuziehen, wo romantische Parks mit jahrhundertealten Bäumen die großartigen Fassaden der Schlösser, Schlößchen und Villen vor der neugierigen Umwelt schützen. Auch das Haus von Liselotte liegt gut versteckt, auf einem herrlichen Gelände, direkt am See.

Wer einen Palast erwartet, sieht sich enttäuscht, der Rahmen zu diesem Filmstar-Eheglück ist ein putziges kleines Giebelhaus, das ebensogut in Oberbayern stehen könnte.

Aber abgesehen davon, daß Helmut tatsächlich mit Leib und Seele Bayer ist, lieben beide Ehepartner große Häuser nicht, sondern schwören lachend auf den Spruch, den Liselotte auf einer Elendsbaracke am Ende der Tillierstraße las: «Wenn du im Herzen Frieden hast, wird deine Hütte zum Palast.»

Und Familie Schmid oder Familie Pulver – wie man sie abwechslungsweise nennt – hat den Frieden nicht nur im Herzen, sondern auch im Portemonnaie.

«Das beruhigt ungemein», sagt Liselotte, die eine ganz spezielle Begabung besitzt, nämlich in kleinen Dingen sparsam zu sein und sich in großen übers Ohr hauen zu lassen.

Hierfür ist Helmut zuständig: «Ich habe herausgefunden, daß Liselotte von Maklern, Produzenten, Handwerkern und Lieferanten immer wieder geprellt, um nicht zu sagen bestohlen worden ist», sagt er, und: «Dafür braucht man eben einen Mann», ergänzt Liselotte stolz, wie immer, wenn sie von ihrem Mann spricht.

Denn Liselotte ist noch immer verliebt und nach mehr als zwanzig Jahren Ehe glücklich verheiratet wie am ersten Tag. «Das einzige Rezept für eine glückliche Ehe ist, kein Rezept zu haben», sagt sie. «Anleitungen sind nun einmal nicht meine Stärke, ob es sich ums gute Kochen handelt oder um eine gute Ehe.»

Wäre es nach einer Anleitung gegangen, hätten Liselotte und Helmut wohl gar nicht erst geheiratet. «Er sieht viel zu gut aus», meint Liselotte, und: «Sie ist mir viel zu berühmt», echot Helmut. «So was kann doch gar nicht gutgehen.»

Und zuerst ging es ja auch nicht gut.

Die Hochzeit mußte immer wieder wegen Drehterminen verschoben werden. Mißtrauische Beobachter wurden noch mißtrauischer, und selbst gute Freunde meinten damals, die Verschiebung sei wohl nicht mehr nur den Dreharbeiten zuzuschreiben.

Im September 1961 war es aber dann soweit: eine Hochzeit, wie sie im Filmdrehbuch steht, und «einfach zu schön um wahr zu sein», wie Liselotte meinte.

Trotz dieser typisch schweizerischen oder Pulverschen Tiefstapelei – eine angeborene bzw. anerzogene Eigenschaft, die Liselotte pflegte wie andere Frauen ihre Babies oder Zimmerpflanzen – hielt und hält diese Ehe seit mehr als zwanzig Jahren, was sie für angebliche Kenner – und böse Zungen – anfänglich nicht versprochen hat.

Fester Halt und ruhender Pol im turbulenten Berufsleben der beiden ist das kleine Paradies am Genfersee, in das sie sich zurückziehen und vor unliebsamen Gästen schützen können. Eine solche Insel der Ruhe und Abgeschiedenheit sehen beide in schöner Übereinstimmung als Notwendigkeit an: «Es gibt Tage, an denen wir einfach für uns allein sein müssen und keine Besuche ertragen, schon deshalb wäre ein großes Haus mit Gästezimmern für uns tödlich», sagt Liselotte, und es ist selbstverständlich für sie, daß der eigentlich sehr gesellige Helmut hierin – wie in allem anderen – mit ihr übereinstimmt.

So findet der aufmerksame Besucher in dieser «Hütte», wie sie Liselotte (und in der Zwischenzeit auch Helmut) liebevoll nennt, denn auch eine großzügige Südterrasse, auf der man herrlich plaudern und Liselotte sich (nur wenn es niemand sieht!) nackt sonnenbaden kann, einen großen Kamin, der für willkommene Gäste (also selten) sogar brennt.

Ein eigenes Schlafzimmer jedoch war selbst für die überraschend noch eingetroffene Charlotte-Melisande – Liselottes und Helmuts zweites, gemeinsames Kind – ganz und gar nicht eingeplant.

Überflüssigen Luxus, innenarchitektonische Extravaganzen, aber auch eine mit Liebe geschaffene, häusliche Atmosphäre findet man bei ihnen nicht, denn «häuslich sind wir beide eigentlich nicht», sagt Liselotte, als ob allein der Gedanke daran ihr furchtbar wäre, und Helmut nickt dazu. Sie zeigt lieber die automatische Gartentüre, die sie vom Auto, vom Bett oder der Badewanne aus bedienen, mit einem Druck auf das Mini-Funkgerät öffnen und wieder schließen kann. Ihr Haushalt ist vollautomatisiert, stets aufgeräumt (von Liselotte selber, darauf legt sie größten Wert) und picobello, dazu rationell verspielt: vom heizbaren Servierboy und der elektrischen Teemaschine über das elektronisch gesteuerte Kunstwerk an der Wand bis zum sich drehenden, dazu «Stille Nacht, heilige Nacht» spielenden Weihnachtsbaum findet man in diesem Haushalt alles, was auf der einen Seite zum Lachen reizt, auf der andern aber auch bequem und rationell ist.

Denn Lachen gehört ebenso zu Liselottes Leben wie das Gefühl, vernünftig, mit sich selbst und ihrer Umwelt im «reinen» zu sein, und das in jeder Beziehung.

Nur eben, was man ganz allgemein als Gemütlichkeit und häusliche Geborgenheit ansieht, das findet man bei ihnen nicht.

Wehe aber, man wagt, das ihr gegenüber auszusprechen. Da ist sie (und mit ihr dann auch ihr «Helmütchen») baß erstaunt. «Nirgendwo ist es so gemütlich wie bei uns», findet sie, zündet ein Kaminfeuer an, läßt ihren Mann ein paar Flaschen Féchy, Luins oder Perroy oder anderen berühmten Wein (aus der Gegend) aus dem Keller holen und zaubert so innerhalb von Sekunden diesen vielstrapazierten Begriff der Gemütlichkeit herbei: «Am liebsten würden wir nämlich nur im Hotel wohnen», sagt sie und strahlt Helmut an, «und da würden wir auch am besten hinpassen. Wenn die Kinder nicht wären – wer weiß . . .»

Ja, und so ungewöhnlich das jetzt vielleicht klingt, was anderen als Wunschtraum und Traumziel ihres Lebens erscheint, nämlich, ein eigenes Haus zu besitzen, das ist für Liselotte weniger Freude als eine große, dauernde Last.

«Wir besitzen nicht das Haus, sondern das Haus besitzt uns», hat sie in den vielen Jahren ihrer Ehe tausendmal gestöhnt; denn sie konnte sich nie daran gewöhnen, einen eigenen Haushalt führen oder auch nur organisieren zu müssen. «Da sind Helmut und ich eben genau gleich.» Immer wieder hört man von ihr dieses: «Es ist unwahrscheinlich, wie ähnlich wir uns sind.»

Wenn Liselotte Mühe hatte, sich an das Leben auf dem Lande zu gewöhnen, wenn sie es nach kurzer Zeit und dauernd da «nicht aushält», wenn es ihr zwar Freude macht, «einen Haushalt zu vervollständigen; aber Häuser, Wohnungen oder auch nur ein Zimmer einzurichten» hingegen ebenso wie «Feste und Einladungen zu planen und vorzubereiten mir zuwider ist» und sie – mit andern Worten, entsetzlich langweilt, dann sagt sie das immer in der Mehrzahl, es ist für sie selbstverständlich (und sie fragt nicht lange danach, ob es eigentlich auch so sei), daß ihr Mann auch so, genau gleich wie sie empfindet.

«Das ist zwar nicht so gut für den Haushalt, aber hervorragend für unsere Ehe», meint sie mit einem lachenden und einem weinenden Auge, aber wie immer ganz aufgeregt vor Stolz auf ihren Mann.

Den mangelnden Sinn für echte Häuslichkeit und Gemütlichkeit ersetzen Liselotte und Helmut durch Hauspersonal und einen – selbstverständlich gemeinsamen, übertriebenen – Hang zur Ordnung. «Ich hasse Unordnung», gesteht Helmut, und: «Ich bin ein richtiger Pedant» ergänzt Liselotte, «schon aus ökonomischen Erwägungen. Zudem macht es mir Spaß, aufzuräumen und Ordnung zu halten. Ja, wir sind wahrscheinlich ziemlich bürgerlich», gibt sie zu, «aber sonst würden wir in unserem Beruf ja jedes Maß verlieren.»

«Wir haben einen unbürgerlichen Beruf, das genügt», fügt Helmut hinzu. «Unser Glück jedenfalls besteht aus bürgerlichen Prinzipien», schließt Liselotte das ihr nicht ganz geheure Thema ab.

Denn die Prinzipienreiterei ist ihr Hobby, sie betreibt sie

mit fast soviel Leidenschaft wie diejenige, auf dem Rücken eines Pferdes zu sitzen (der sportliche Ehemann hat es bei ihr gelernt und reitet heute fast ebensogut wie sie). Bei einem scheinbar so unbeschwerten Menschen wie Liselotte wirkt das überraschend, so unoriginell, daß es schon wieder originell ist.

So hat sie auch keine Freude an teuren Kleidern und wäre das Trauma für jeden Modeschöpfer, denn am meisten liebt sie möglichst alte und abgetragene Sachen.

«Sag es ruhig», meint sie zu mir, «auch für geflickte. Es ist mein Stolz, etwas so lange wie möglich auszutragen und es, wenn es kaputt ist, auch zu flicken.»

«Flicken zu lassen», unterbricht liebevoll Helmut.

«Nein, auch selbst zu flicken, wenn ich Zeit habe», beharrt Liselotte.

Ihre Garderobe besitzt deshalb bereits Antiquitäten- oder Geschichtswert; den allerdings peinlich gehegten und gepflegten Nerzmantel hat sie sich eigentlich nur wegen ihrer gesellschaftlichen Verpflichtungen angeschafft. Ebenso den teuren, repräsentativen Zweitwagen. «Ich bin in diesen Dingen sehr sentimental, aber auch konservativ», sagt sie.

Und ihr Mann?

Sie antwortet für ihn: «Helmut natürlich auch. Seine liebsten Kleidungsstücke sind zerschlissene Jeans und ein uralter Pullover.»

«Ich trage den ganzen Sommer über nichts anderes zu Hause», bestätigt er. «Je verwaschener und enger die Hose und je größer und ausgeleierter der Pullover, desto göttlicher sieht er darin aus», schwärmt Liselotte. Denn noch immer ist für sie kein Prädikat zu hoch gegriffen, kein Lob zu groß, um das Äußere ihres Mannes zu beschreiben; sie beharrt mit unerschütterlicher Überzeugung darauf, daß die rein körperliche Attraktivität, dem anderen zu gefallen die erste Voraussetzung bilde zum ehelichen Glück: «Alles andere ist pure Heuchelei», erklärt sie, «die Augen sind der zuverlässigste Berater des Herzens.»

Und das ist nicht etwa der oberflächliche und leichtfertige Ausspruch oder gar Anspruch eines Filmstars, der gewohnt ist, sich mit Traummännern zu umgeben.

«In Wahrheit hat keiner gut genug ausgesehen für mich, bis Helmut kam – ich habe schon gemeint, es kommt keiner mehr», flüstert sie atemlos, «ich war über dreißig, und Helmut ist vier Jahre älter als ich, meine Vorstellungen von einem – meinem Mann waren von jeher sehr bestimmt und präzise.»

Das hat seinen Ursprung darin, daß Liselotte sich eben selbst nie als hübsch oder attraktiv empfand. Im Alter, in dem andere mit ihren weiblichen Reizen kokettieren, haderte sie mit ihrem Spiegelbild, das ihr in ihren Augen nichts als karge und klägliche Unterentwicklung, ein zähneklapperndes Hunger- und Angstskelett präsentierte. «In Ermangelung eigener Schönheit kann ich die Bedeutung von gutem Aussehen nur zu genau erkennen», gesteht sie offen und ehrlich.

So hat sie es mit ihrer Zielstrebigkeit nicht nur zu einem gutaussehenden Supermann gebracht («Ich kann es auch heute noch immer nicht recht glauben»), sondern auch um ihren fotogenen Mund und ihre blendenden Zähne («mein einziges Kapital») herum ein Gesicht entwickelt und «en valeur» gebracht, das immerhin hübsch genug bewertet wurde, um neben internationalen Filmschönheiten wie Gina Lollobrigida, Grace Kelly, Romy Schneider usw. zu bestehen. «Ich habe nämlich bemerkt, daß ein Mann – mein

Mann – viel netter ist zu (s)einer Frau, wenn sie gut aussieht. Daran gibt es nichts zu rütteln, das ist eine Binsenwahrheit bzw. (m)ein Eherezept, jede Frau sollte es sich hinter die Ohren schreiben, wenn die Zuneigung ihres Mannes ihr lieb und teuer ist.»

Selbstverständlich ist aber ihr Mann nicht nur äußerlich für sie schön.

«Er ist ein hervorragender Schauspieler und Regisseur. Ich bin sicher, daß er eine ganz große Karriere macht», posaunte Liselotte noch vor kurzem in die Welt hinaus, verkündete sie jedem, der es hören oder nicht hören wollte. Auch mit ihm gab sie sich – beruflich – nie zufrieden. Sie schickte ihn freiwillig in die Arme von anderen, atemberaubend «sexy» Frauen – wenn auch nur für die Filmkamera, denn: «Wenn er wollte, könnte er auch ohne Kamera», zerstreut sie aufkommende Bedenken, «da sehe ich überhaupt keine Gefahr, er hat sich seine Hörner vor der Ehe abgestoßen.»

Und sie?

«Ich auch, aber mit weniger Erfolg. Es klingt ja heute unmodern, aber für uns ist es eine viel größere Kunst, ein Bedürfnis, treu zu sein, als den anderen zu betrügen. Das ist doch nichts, das wäre doch so leicht!» Sie ist davon so überzeugt, und es ist ganz offensichtlich für sie ein (so seltenes) Gesprächs- und Lieblingsthema, daß man gar nicht darum herumkommt, sie zu fragen, wie es denn für sie ist, wenn sie mit anderen, attraktiven Partnern Liebesszenen dreht.

«Was ich nicht weiß, macht mir nicht heiß», sagt Helmut da ungefragt. «Zuschauen allerdings kann ich nicht. Wenn sie mit anderen Bettszenen dreht, gehe ich hinaus.»

«Dabei ist es mir eigentlich nur unangenehm», beteuert Liselotte. «Erstens lachen ja immer alle, die bei den Dreharbeiten dabei sind, und zweitens geniere ich mich einfach. Das ist nichts, was ich vor Publikum mache!»

Auch nicht als Schauspielerin? Könnte es ihr wirklich nicht passieren, daß es bei ihr oder bei ihm mit einem verführerischen Partner oder einer Partnerin zündet, daß sie sich in jemand anderen verlieben?

Diese regelmäßig wiederkehrende Frage pflegt Liselotte mit schallendem Lachen zu beantworten.

«Helmut fragen wir da lieber nicht. Wenn ich denke, was der für vollbusige Superweiber haben könnte ...» Statt daß sie bei diesen Überlegungen leidet, kommt sie geradezu ins Schwärmen –: «Aber was mich anbelangt – ich bin da einfach nicht der Typ dazu, nicht leidenschaftlich vielleicht oder nicht verführbar genug ... in dem Sinn ... ich meine, ich bin nicht wahllos ... ich bin treu und ... stur ...»

Und er?

«Helmut ist ein Mann», antwortet Liselotte stets, wenn man sie fragt, und natürlich fragte man sie das immer wieder und oft, «aber er ist auch mein Mann. Er weiß, daß mein Vertrauen in ihn absolut ist. Treue ist für mich (und also auch für ihn) selbstverständliche Voraussetzung. Wir wollen nicht zu den sogenannt Fortschrittlichen, Modernen gehören, die einen Seitensprung als verzeihlich oder sogar als heilsam ansehen. Bei uns beiden wäre eine Untreue des andern etwas, das alles verändern würde, nichts wäre mehr wie vorher, und dieser Preis ist einfach zu hoch. In ganz jungen Jahren allerdings könnte man das von einem Mann wie Helmut nicht verlangen. Mit fünfundzwanzig oder dreißig, nicht wahr, da wäre es ihm einfach nicht möglich gewesen, bei wochenlangen Trennungen treu zu sein. Aber das spricht ja nicht gegen ihn, sondern für ihn, er ist eben ein Mann, er hat vor der Heirat gelebt und gut gelebt. Darauf bin ich nicht eifersüchtig, sondern, im Gegenteil, stolz. Heute ist er ruhiger geworden – doch nicht allzusehr –, ich fahre zu ihm, oder er fährt zu mir, wenn wir zu lange getrennt sind.»

Beide sind sich also der Gefahren, die ihr Berühmtsein und ihr (Traum-) Beruf und die damit verbundenen vielen Trennungen mit sich bringen, durchaus bewußt.

Trotzdem aber läßt sich Liselotte ohne Wimpernzucken und ohne darüber zu klagen in den Lebens- und Karrierekampf ziehen (und gestattet das nicht nur, sondern verlangt es auch von Helmut), nach Südafrika, Hollywood, Paris und Rom – keiner versucht auch nur mit einem Wort oder einer Geste, den anderen bei sich oder zurückzuhalten; Tränen jedenfalls vergießen beim Abschied nur die Kinder.

Und doch hat Liselotte weniger die Begabung, die Dinge auf die leichte Schulter zu nehmen. Sie kann nie den Weg des geringsten Widerstandes, den nächsten und einfachsten gehen. «Ich stelle mir immer wieder Herausforderungen, die ich bestehen muß, um vor mir selber zu bestehen», gibt sie zu. «Wenn ich auch beruflich noch weniger wäre als er, käme ich um vor Minderheitskomplexen, denn ich bin eigentlich eine ganz altmodische Person und lehne die Gleichberechtigung der Frau in dieser Beziehung ab: Herr im Haus ist der Mann, und als Frau muß ich zu ihm aufblikken können. Das verlange ich, etwas anderes kann ich mir gar nicht vorstellen.» Und: «Das muß alles seine Ordnung haben», ergänzt Helmut, «die Frau gehört ins Haus der Mann in den Stall, sozusagen, auch wenn das bei uns nur symbolischen Wert hat.»

Symbolischen Wert heißt in diesem Fall: die Frau kann so erfolgreich und berühmt sein, wie sie will; beherrschend und tonangebend für sie aber ist und bleibt der Mann, allein schon durch die ihm von der Natur gegebene körperliche Kraft. Liselotte ist glücklich, das Gefühl zu haben, daß sie sich diesem Grundsatz beugt: «Beruflicher Erfolg ist für die Frau gerade gut genug, aus ihr nicht eine ergebene Sklavin zu machen, die den Mann schon nach kurzer Zeit langweilt», sagt sie, und damit ist für sie das Thema, ob ein Mann unter einer berühmten Frau leidet, erledigt.

Da sie überzeugt ist, in allem gleich (wie ihr Helmut) zu sein, haben sie sich einander im Lauf der Jahre angeglichen – sie hat von ihm den guten Schluck (jeden Abend vor dem Schlafengehen ein Bier) – Helmuts Trinkfestigkeit war fast ebenso berühmt wie Liselottes freches Lachen, und er hat von ihr die allzeit bereite Fröhlichkeit, das «Aufgeräumtsein» um jeden Preis, erlernt.

Sonst aber besitzt sie keine einzige dieser gefährlichen «weiblichen» Stärken, mit denen das «schwache» Geschlecht sich angeblich dem (Traum-) Mann gegenüber so stark macht.

Liselotte ist nicht leichtsinnig und auch nicht kokett. Sie ist weder entzückend launenhaft noch unpünktlich, sie leidet weder unter Verschwendungs- noch unter irgend einer anderen Sucht, sondern eher unter einer Art Manie, gesund zu leben; man kann mit ihr zwar die berühmten Pferde nicht nur stehlen, sondern auch in halsbrecherischem Galopp reiten, aber flirten und über andere klatschen, das kann man mit ihr nicht.

Ihre einzige Waffe (die allerdings ihren Erfolg und auch ihren Sieg über Helmut ausmacht), die sie eigentlich besitzt, das ist ihr knalliges Lachen und ihre für Kenner geradezu erschreckende Natürlichkeit, mit der sie sofort falsche Hemmungen und sentimentale Regungen aus dem Weg räumt, mit denen sie aber auch geschickt verdecken kann, was Helmut und sie strahlend als «die höfliche Verbindlichkeit eines völlig desinteressierten Waage-Menschen» bezeichnen; denn die charmante Kontaktlosigkeit von Liselotte und neuerdings – wen sollte es wundern – auch von Helmut beweist, daß es lange nicht immer die glücklichsten Ehepaare sind, bei denen sich die andern wohlfühlen.

«Wir sind keine eigentlichen Kindernarren», gesteht Liselotte freimütig. «Aber meinen Sohn, den finde ich einfach – schön. Die Tochter wird ebenfalls – selbstverständlich – einmal eine Schönheit.» Alles andere scheint für Liselotte, das ehemalige häßliche Entlein, weniger wichtig zu sein. Aber: «Ich bin eifersüchtig auf die Kinder, beispielsweise wenn Besuch da ist und sie mich gar nicht mehr beachten oder schreien, wenn ich sie auf den Arm nehmen will, weil sie mich weniger gut kennen und zur Kinderschwester wollen. Aber beide sind aus diesem Alter schon lange glücklicherweise heraus.»

Tatsächlich war es nie ihre Sehnsucht, ihre Kinder, als sie Babies waren, selbst zu pflegen, ihre Windeln zu wechseln oder sie zu füttern oder sonst sich mit ihnen abzugeben; ihr Busen war zu klein, als daß sie die Säuglinge selbst hätte ernähren können, und zu dieser Zeit war das auch schon lange nicht mehr Mode, es fehlte den Kindern zu ihr und ihr zu den Kindern der körperliche Kontakt, sie hatte ja auch mit Puppen nie «Müetterlis» gespielt.

«Um das zu tun, müßte ich meinen Beruf aufgeben», sagt sie zu ihrer Rechtfertigung, «man kann Kinder ja keinen Augenblick aus den Augen lassen. Aber die Erziehung, die gäbe Helmut natürlich niemals aus der Hand.»

Fast erübrigt sich deshalb auch bei ihr die Frage, ob sie für die Kinder ihren Beruf opfern, ihn aufgeben würde.

«Nein, niemals», sagt Liselotte hierzu ungewöhnlich bestimmt und hart entschlossen. «Damit verpflichtet man sich ihnen so sehr, daß sie logischerweise später gegen einen rebellieren.»

Aber den Beruf aufgeben, vielleicht für den Mann?

Auch das war bei ihr schon immer eine völlig überflüssige Frage, da sie den Sinn ihres Lebens ja nie in einem Haus und einem Haushalt, überhaupt nie in einem bürgerlichen und damit glücklichen Familienleben sah. Denn Glück und Familie, das waren für sie immer zwei verschiedene Dinge, miteinander offensichtlich nicht vereinbar.

«Im Gegenteil», sagt sie, «wir weiten gemeinsam unser Berufsleben immer noch aus. Wir spielen zusammen Theater – wie die von Helmut inszenierte Erfolgstournee ‹Lauf doch nicht immer weg›, die könnten wir bis an unser Lebensende spielen, erfolgreich wie sie ist –, und dahin, auf die Bühne, kehren wir jeden Abend heim wie andere nach Hause, da gehören wir hin: zur Schauspielerei, ins Theater. Es ist unser Zuhause, unsere gemeinsame Vergangenheit und unsere Zukunft, unsere moralische Altersversicherung – falls jemand glaubt, daß wir so etwas überhaupt einmal nötig haben.»

5

Die letzten Kriegsjahre sind auch die letzten Schuljahre von Liselotte. Während rings um unser intakt gebliebenes Land Europa in Trümmer fällt und Deutschland in der Agonie liegt, erwacht in Bern ein kleines Mädchen zum Leben, unauffällig und unbeachtet, einen Kampf im Herzen, von dem gewiß niemand in dem Moment erwartet oder im Traum daran gedacht hätte, daß es im großen Nachbarland einmal eine Rolle spielen würde. Denn niemand konnte ahnen, daß sich dieses geschlagene und bis ins Innerste erschütterte, ausgeblutete Volk ausgerechnet von einer harmlosen Schweizer Träumerin trösten lassen würde, die dem Ernst und dem Schrecken dieser Stunde Null nichts anderes als ein hartnäckiges Lachen entgegenzusetzen hatte.

Dieses Zusammentreffen jedoch besaß durchaus etwas Schicksalhaftes. Denn wäre Deutschland nicht am Boden zerstört gewesen, und hätte es nicht nach Heiterkeit und Entspannung, einer Art leichtem Sinn, eben Leicht-Sinn, fröhlichem Zauber und Sentimentalität wie ein Verdurstender nach Wasser gelechzt; hätte Liselotte ihrerseits eine behütete, sorglose Jugend und keinen Liebeskummer, ein abgrundtiefes Nachholbedürfnis für etwas Verlorenes und ebenfalls Zerstörtes gehabt – die beiden, Deutschland und Liselotte, hätten füreinander nie diese Bedeutung bekommen können. Und im nachhinein ist nicht einmal mehr feststellbar, ob das nun eigentlich für beide so gut, für Liselotte zum Beispiel beruflich wie privat das Nonplusultra war. Doch darüber heute noch zu spekulieren wäre sinnlos, es ging alles seinen vorgesehenen Weg, bei dem die Vorsehung die Hand so wenig im Spiel hatte.

In die unversehrt gebliebene Schweiz strömten Flüchtlinge, vorwiegend Juden, zu wenige, als daß es unserem damit sich brüstenden Land ein wirklich gutes Zeugnis ausstellen könnte, aber genug, um die Schweizer Kulturlandschaft, vor allem diejenige des Theaters, wesentlich zu bereichern und unbeholfenen, blutigen Anfängern wie Liselotte einen, – den richtigen Weg zu weisen. Dieser führte die Schülerin vorläufig nicht weiter als ins nahe gelegene Stadttheater, einen imponierenden, damals in Ermangelung von Subventionen der schwerfälligen Beamtenstadt noch nicht ganz fertig dekorierten Prachtbau der Jahrhundertwende («Die dekorative Ausstattung der von den Besuchern durchströmten Räume soll über ein bescheidenes Maß nicht hinausgehen; wenn die Mittel es erlauben, kann später immer noch während der Sommerferien mit Stuckdekorationen, farbiger Bemalung und Vergoldung, nachgebessert werden», hieß es im Genehmigungsbericht), ein Bau, der mit seinem in helvetischen Grenzen gehaltenen, klassizistischen Pomp für uns immer wie ein richtiges Theater mit dem nötigen verschnörkelten Zauber und wie voller Geheimnisse wirkte, und in dem in diesen Jahren, 1944/45, so faszinierend fremdländisch wirkende Namen wie Hansi von Krauss, Friedel Nowack, Hans Lietzau, Inge Borgk, Karl Paryla, Libero de Lucca, Alfred Bock, Louise Paichl, Ludwig Hollitzer, Walter Lederer, Paul Kalbeck und viele andere die Berner Theaterbühne gleich der von Zürich und Basel zu ungewohnter Blüte und sogar einmaliger Hochblüte brachten. Die knarrenden Bretter der Bühne – auf denen Liselotte und ich im Weihnachtsmärchen mitspielten und sie einen Hasen, ich einen Tautropfen mimte – bedeuteten nicht nur für eine erwartungsvolle junge, sondern für manch verkrustete Seele einen rettenden Hauch von großer, weiter Welt.

Die Invasion von Künstlern, die infolge der politischen Umwälzung und Verfolgung in Deutschland und in Österreich in der Schweiz Zuflucht suchten, hatte schon 1933 begonnen, und «das Schweizer Theater kam damals zu manchen guten und anfänglich auch billigen Kräften», wie Dr. Albert Nef in seinem Büchlein «Fünfzig Jahre Berner Theater» schreibt.

Allen voran war es ein jugendlicher Held, Adolf Spalinger, der mit hypnotisch leuchtenden, eisblauen Augen und einem für Schweizer Ohren geradezu erotisch klingenden, mit tremolierender Baßstimme vorgetragenen Hochdeutsch am Berner Theaterhimmel und in den Frauenherzen aufging.

Ganze Schulklassen belagerten den jugendlichen Held, auch tagsüber unter dem Fenster der kleinen Pension im Kirchenfeld, in der er wohnte, huldigten ihm mit einer Hysterie, wie sie später bei Konzerten von Rock-Idolen Mode, d.h. ein gesellschaftliches Phänomen wurde, damals aber nur in kleinen Gruppen, heimlich, kichernd und errötend und unter Ausschluß der Öffentlichkeit, was heißt: ohne Wissen und Genehmigung der Eltern, stattfand. Liselotte erweiterte die längst nicht mehr nur auf die «Zimmerherrn» beschränkte, stattliche Zahl ihrer – freilich rein platonischen – Liebhaber um diesen vielumschwärmten und vielstrapazierten Schauspieler. Aber nicht etwa, um sich unter das kopflose Kollektiv der Verehrerinnen zu mischen, sondern um ihn zur Gaudi ihrer verliebten Kameradinnen zu imitieren, ja seine kunstvolle, hochdeutsche Aussprache hingebungsvoll und affektiert zu karikieren: «Ich bin der Geist-t-t-t, der den Körper baut-t-t-t», um damit einmal mehr den inneren Ernst zu einem äußerlichen Lacherfolg zu machen. Sie schwärmte zu dieser Zeit außerdem ebenso heftig wie erfolglos für ihren Klassenlehrer, den brillentragenden, sportlichen Herrn Bigler, was sie mir, die ich aus unerfindlichen Gründen damals in einer landwirtschaftlichen Haushaltungsschule schmachten mußte, mit schwesterlichen, für sie typischen Briefe wie alles, was ihr Herz bewegte, unverzüglich mitteilte:

Fragment eines Briefes von Liselotte:

Liebes Corinne *Bern, den 9. Sept. 1944*
vielen Dank für Deinen Brief, den ich nie erhielt. Warum schreibst Du mir nie? Mama bekommt jede Woche mindestens 2, und ich, Dein vielgeliebtes Schwesterherz, nie. Aber ich lese Deine Briefe gleichwohl, ällällä. Ich habe ganz vergessen, Dir von unserer Dreitätigen eine Karte zu schreiben. Es war wahnsinnig glatt mit dem Bigler. Was der alles für prima Witze verzapfte, und ungezogene Dinge machte, und sagte. Die Mayser war eklig, so brav glatt und bebelig. Der Bigler mußte ihr immer parieren. Einmal kamen Schaggi, Judith Anschel, Verena Funk und ich zu weit hinter den andern nach und fanden den Weg nicht mehr zum San-Salvatore-Bähnchen. Als wir endlich ankamen, sagte uns die Mayer schamlos wüst und Bigler sagte so lieb und verständnisvoll, das könne doch passieren, wir seien eben nicht so

gute Pfadfinder. Aber Du kannst Dir nicht vorstellen, wie ich mich ob der Jacqueline aufregte! Wie sie dem Bigler nachrannte die ganze Schulreise, schandbar. Sie lief ihm im Zug in sein Coupé nach, aß an seinem Tisch. Wenn er beim Steigen über den Gotthard das Schlußlicht machte, war sie ebenfalls zuhinterst, war er vorn, so fragte sie ihn irgend einen Blödsinn. Und am laufenden Band servierte sie Schokolade, Dörrfrüchte, Mandeln und so fort, bis er ihr einmal sagte, sie solle doch einmal den andern etwas servieren, nicht immer ihm. Auf der Heimreise kam er von Lugano bis Luzern zu mir ins Coupé und noch ein paar andern, die bei mir waren (wir waren so in einem Gängleinwagen). Dann jazzte ich in seiner Gegenwart wie verrückt und machte die Mickeymouse. Er lachte ganz ohnmächtig. Von Luzern-Bern war er wieder die ganze Zeit bei uns, nie bei der Jacqueline, aber die stumpfsinnige More kam natürlich dann auch, von selber!!! Ich merkte gut, daß ihm das auf die Nerven gab. Sie hat mir übrigens doch versprochen gehabt, nach der Schulreise bekomme ich die Platte todsicher. Und jetzt? Sie haben fangs 3 Fr. zusammengespart. So reich wie die ist, oder sagt es zu sein, stüdelet sie es 1 Jahr hinaus, solch eine Schande! Eu tu, gestern rächten wir, das heißt unsere Klasse uns fürchterlich an der Mayer, weil sie uns wie schon so oft einfach erklärte: «Heute nachmittag haben wir Franz statt Turnen.» Keinen Grund, nichts! Dann machten wir ab, daß wir in dieser Stunde kein Wort reden wollen, niemand. Wenn sie uns natürlich direkt fragte, dann schon . . .

Die Unterzeichnung ist eine Brille. Ich habe keine Ahnung, wer der Absender ist. Er gab mir ein Rendezvous um 6 Uhr 10 auf dem Bärenplatz am Mittwoch, ich konnte jedoch nicht gehen, weil ich ja auf der Schulreise war. Zuerst meinte

ich, es sei der Aff, der zu mir kam im Bad, doch stimmt Verschiedenes in dem Gedicht nicht mit ihm überein. Ich habe s c h w e r Verdacht auf das Mäppli. Vielleicht hat es ja Urlaub an jenem Mittwoch 6.10. Aber wiederum er konnte sich ja nicht einen ganzen Sommer lang freuen, mich im Bade zu sehen, weil er ja in der R. S. ist. Oder ist es etwa der Askus? O Schreck. Wenn ich nur wüßte, wer er war. Derjenige welcher kann natürlich jetzt meinen, ich habe ihm einen Korb gegeben, weil ich nicht erschien!. Denke Dir jetzt einmal, wenn es das wahnsinnige Bijou von Mäppli gewesen wäre? Ah, ja, ich wollte doch noch etwas fragen. Mama möchte unbedingt wissen, wie der Bigler aussieht, weil ich doch immer von ihm stürme. WÄRE ES NUN BLÖD, WENN SIE EINEN Schulbesuch machen würde? Sie kam doch auch einmal in der neunten zum Flück. Beantworte mir diese Frage bitte unfehlbar im nächsten Brief! Aber vergiß es nicht wie alle Fragen, die ich Dir in den Briefen stellte. Gefällt es Dir wirklich in Brienz, daß Du nicht mehr heimkommen möchtest? Tant mieux pour toi tant pis pour Heiri. Schreibt er Dir jetzt eigentlich wieder? oder ist er verrückt? Jetzt muß ich schließen, denn erstens weiß ich nichts mehr und zweitens öde ich Dich bombensicher schon lange an. Oder hoffen wir das Beste! Und vergiß bitte die Frage nicht zu beantworten. Schreibe bald und viel, wie ich!
Viele Grüße von

Liselotte
PULVER

Außer auf Herrn Bigler war Liselotte «scharf» (wie sie es nannte) auf alles, was da «im Rohr» an hübschen und weniger hübschen jungen Männern fleuchte und kreuchte, nur vom Gymnasium mußten sie sein.

Das «Rohren» war eine beliebte Berner Mode, vor allem der Mädchen aus der «Mädchenschule», der ins «Backfischalter» kommenden Schülerinnen, die sich unter den Lauben tummelten, zu zweit oder in kleinen Gruppen, Arm in Arm, ganze Nachmittage lang hinauf und wieder hinunter pendelnd, vom Bahnhof bis zum Zeitglocken und wieder zurück, aber immer auf der gleichen, der «Loeb»-Seite, etwa eineinhalb Kilometer – um die ebenfalls willig und zum gleichen Zweck «rohrenden» Gymeler zu begutachten, abzuschätzen und aufzureizen oder gar mit dem einen oder anderen einen vielbedeutenden, oft allesbedeutenden Blick zu wechseln. Wobei es natürlich durchaus vorkam, daß ein unterentwickelter Pechvogel wie Liselotte Blicke auf sich bezog, die gar nicht ihr galten; doch kühn beharrte sie auf solchen Auserwählten, denen wir in einer eigenen Geheimsprache unverfängliche, zweckentfremdete Namen gaben, so wie stolze Rennstallbesitzer, die ihre Pferde Lukky Strike, Prinzessin Daisy oder Happy Birthday nennen, um die überspannten Hoffnungen, die sich dahinter verbergen, noch zu erhöhen. Da gab es den blauäugigen Karo sieben, das schwarzgelockte, zartgliedrige und biegsame Mäppli, den wuchtigen Askus oder ganz einfach das Bijou in Liselottes Stall, mit dem sie, zumindest in ihrer Phantasie, manchen herrlichen Sieg erzielte und vielleicht tatsächlich die Grundlage zu ihrer späteren Liebe zu Pferden und einem eigenen Rennstall legte. Neben ihren vielen imaginären Liebschaften hatte Liselotte eine sogenannte Busenfreundin, die «reiche» Jacqueline, mit der und an der sie sich schadlos hielt und «gesotten und gebraten» zusammen war, zum Ärger des Vaters auch mal übernachtete und dabei «aufgeklärt» wurde, so wie man sich das damals vorstellte: man redete über alles, über das man «nicht redete», und tat so, als ob man alles wüßte, obschon man natürlich gar nichts wußte, aber vor lauter «so tun als ob» dann schließlich eben doch irgendwie im Bild war.

So ist es denn auch nicht von ungefähr, daß Liselotte gerade in dieser Zeit, als etwa Fünfzehnjährige, mit ihrer Marotte anfing, Gelübde abzulegen. Es wurde ihre Art, mit dem Glauben an Gott fertigzuwerden, sich in einem «Gut-Sein», wie man es im Religionsunterricht lernte, stetig zu üben und damit fertig zu werden.

Es war auch die Zeit, als sie aus der Schule kam und konfirmiert wurde, in der Pauluskirche, vom «Star» der Kirchgemeinde Länggasse, dem liberalen und schönen, selbstverständlich ebenfalls von Liselotte heimlich bis unheimlich angehimmelten Pfarrer Müller, und nach wie vor und mehr denn je war es das Ziel ihrer Sehnsucht, in der Liebe, im Herzen von Pfarrer Müller, nicht etwa im Theater (Stadttheater) eine Rolle zu spielen.

Für Schauspieler im allgemeinen und Adolf Spalinger im besonderen schwärmte sie mit Maß und Zurückhaltung, es lag nicht in ihrem Interesse und also noch weniger in ihrem Charakter, sich einer allgemeinen Mode, einer kollektiven (Liebes-) Hysterie anzuschließen. Nein, in Herzensangelegenheiten (aber eigentlich auch in allem anderen) blieb Liselotte stets Individualist, ein Gemisch aus naiver Traumtänzerin und vorsichtiger Geschäftsfrau, die sich an faßbare und reale Werte klammert: sie warf, bei all ihren Zweifeln an sich selbst, ihre engmaschig geknüpften Netze stets nach den größten und seltensten Fischen aus. Sie wollte ihrer selbst willen geliebt werden und auf keinen Fall die Liebe und nicht einmal die schwärmerischen Träume mit jemand anderem teilen. Damit hatte sie offenbar schon in frühester Kindheit zu schlechte Erfahrungen gemacht.

Mehr als das Theater faszinierte die Fünfzehnjährige damals das Kino.

Es gab noch kein Fernsehen, und trotz unseres jugendlichen Alters kamen wir anstandslos in die Nachmittagsvorstellungen der Kinos hinein, was wir ohne Scheu ausnutzten, um in den Nonstop-Filmprogrammen ganze Nachmittage und bis in den Abend hinein sitzen zu bleiben. Ingrid Bergmann, Greta Garbo oder Vivien Leigh erregten mehr noch als Adolf Spalinger und Herr Bigler oder Pfarrer Müller Liselottes Eifersucht und brennende Phantasie.

Auch hier, wie immer, war es die Herausforderung von anderen, die ihr größer, besser, schöner und glücklicher als sie selbst erschienen, war es schlichte Eifersucht und Neid also, die ihren Ehrgeiz an- und sie vorwärtstrieben.

Und sie schämte sich nicht etwa, dies einzugestehen; sie sagte es allen, die es hören oder nicht hören wollten, wie sie das und daß sie das, was die «Saumore» – ein von ihr beliebter Ausdruck für heimlich Beneidetes – von Ingrid Bergmann könne, längst auch könnte und daß sie das dann schon noch allen beweisen werde.

Dieses dachte sie nur noch, jenes sagte sie bald nur noch mir, aber immer wieder. Sie besaß die Fähigkeit, etwas, das sie wollte, hundertmal, tausendmal hintereinander zu wiederholen und damit auch scheinbar unerreichbare Ziele zu erreichen, wie damals mit dem Vater, mit dem sie allein in die Ferien mußte (und das durchaus nicht wollte) und da von morgens bis abends ununterbrochen wiederholte «Papa, Mammeli ga, Papa, Mammeli ga»*, und zwar in freundlichster Weise, so daß sie den armen Papa derart nervte,

* «Papa, ich will zu Mama gehen»

daß er schließlich nachgab und mit ihr nach Hause – zum Mammeli – zurückkehrte.

Als Schulentlassene aber besaß sie nicht mehr die gleiche Hartnäckigkeit, dem allmächtigen Familienoberhaupt zu trotzen, zumindest fehlte ihr der Mut, ihm mit dem verwegenen Wunsch, Schauspielerin zu werden, unter die Augen zu treten; damit belästigte sie vorderhand nur mich und vor allem die Mutter. Diese, die als Vierzigjährige selbst noch immer aussah und ihren Ehemann fürchtete wie ein Kind, war entzückt von der Idee, ihre Tochter könnte vielleicht einmal das erreichen, was ihr selber versagt blieb, nämlich eine Bühnenkarriere; sie setzte alles daran, um ihren gestrengen Ehegemahl umzustimmen. Dieser aber sagte nein, nein und wieder nein.

Nicht nur, weil er als typischer Deutschschweizer ein prinzipieller Nein-Sager war und sich an alles Neue und deshalb «Verrückte» zuerst gewöhnen mußte (und sich als Gewohnheitsmensch auch tatsächlich selbst an das Verrückteste schließlich immer gewöhnte), sondern weil in seinen Adern echtes Bernburger – nicht zu verwechseln mit dem simplen Bürger! – Blut floß und die Berner eine ebenso alte wie ambivalente Beziehung zu ihrem Theater – etwa dieselbe wie zu ihren Frauen – haben: nach außen hin verteidigen sie es mit lobenden Worten und mit nicht unerheblichem Stolz, nach innen aber ziehen sie die Zügel und den Sparhebel an und lassen es an jeglicher Art von Zuwendung fehlen.

Schon im 18. Jahrhundert besaß die Stadt Bern ein zauberhaftes, kleines Theater, das «Hôtel de Musique», da wo heute das Restaurant «du Théâtre» steht – dessen wunderschöne Barockfassade aber, wie so vieles andere, dem Verkehr weichen mußte und heute ziemlich verloren, als mehr oder weniger beachtetes Freilicht-Museumsstück, an einem lärmigen Verkehrsknotenpunkt, dem Thunplatz, steht. Es war 1768 im Auftrag einer von Berner Aristokraten gegründeten Aktiengesellschaft vom Baumeister Niklaus Sprüngli erbaut worden.

Aber der große Saal dieses «Hôtel de Musique», der der heutigen Hotellaube entlang liegt, durfte nicht etwa Theatersaal genannt werden, sondern war für unschuldige und anständige Divertissements wie Hochzeiten, Konzerte usw. bestimmt, zu denen das Theaterspielen eben ganz und gar nicht gehörte. Daß überhaupt so etwas wie eine Bühne angebaut worden war, bildete für die Stadt ein großes Ärgernis, dessen Urheber sich in einer ausführlichen Schrift vor den «Gnädigen Herren» der Stadt rechtfertigen mußten.

Und so waren denn auch Saal und Bühne nicht nur durch einen bloßen Vorhang, sondern durch eine Bretterwand, die sogenannte Redoutenwand getrennt, die nur weggenommen wurde, wenn ein großer Ball eine weitere Tanzfläche benötigte.

Doch das heißt nicht, daß im Alten Bern überhaupt nicht Theater gespielt werden durfte. Im Gegenteil, im 16. Jahrhundert stand das Theaterspielen als Erziehungs- und Bildungsmittel auch in Bern in hohem Ansehen, im 17. Jahrhundert aber war es, wie in anderen reformierten Ländern, als ein «der christlichen Sitte unanständiger, aus dem alten Heidentum und dem Papsttum stammender, sündhafter Greuel» dann plötzlich verpönt.

Bis im Jahr 1798 in Bern die Franzosen einmarschierten. Schon drei Tage danach waren die Parterreräume des «Hôtel de Musique» ein öffentliches Café, die Berner High Society mußte sich in die oberen Etagen zurückziehen, und die frömden Fötzel alias Eroberer machten eine sensationelle Entdeckung: den Theatersaal. Warum wurde da nicht gespielt?

Auf diese unkriegerische Anfrage der offensichtlich musischeren Besatzungsmacht beeilte sich die Munizipalität, die neue Obrigkeit Berns, die Bedenken ihrer Vorgänger gegen das Theaterspielen schnell unter den Tisch zu wischen, falls sich eine Truppe fände, die den Theatersaal zu benützen wünsche.

Zwölf Jahre später, im Sommer 1810 zog ein reguläres Schauspielensemble ins «Hôtel de Musique» ein, und von nun an hatte Bern seine eigene, bis auf den heutigen Tag nicht unproblematisch gebliebene Theatertradition.

Die Aristokraten, die man unter anderem daran erkennt, daß sie Berndeutsch mit französischem und Französisch mit berndeutschem Akzent sprechen, unterstützten anfangs das Theater und sahen es als ein kulturelles, notwendiges Übel an. Sie bildeten ein «comité de théatre», setzten einen Theaterdirektor ein und stritten sich mit den Behörden darüber, ob das Theater die Sitten veredle oder verderbe, ob es ein Bedürfnis oder ein entbehrlicher Luxus und entsprechender Subventionen würdig sei, während die Öffentlichkeit, also das Bürgertum, seinen Abstand und sogar seine Abneigung gegen das Theater, und vor allem gegen das fahrende Volk, weiter kultivierte.

Nach den zunehmenden politischen und sozialen Spannungen zwischen Patriziat und Bürgertum zog sich die Aristokratie, die die Hauptstütze des Theaters gewesen war, aus dem öffentlichen Leben und damit aus dem Theaterbetrieb zurück. Dieser ging ganz in die Hand derer über, die die Notwendigkeit eines solchen Musentempels noch immer nur zögernd und nur ungern zugaben.

Gleichzeitig ging die Zeit der wandernden Schauspielertruppen zu Ende. Das Theater wurde bürgerlicher, ein fast geordneter Betrieb, was heißt, mit kontrollierten Einnahmen und Ausgaben und der Spekulation auf «Bénéfice», auf Gewinn; alle größeren Städte richteten ständige Bühnen ein, mit eigenem Direktor und einem für die ganze Saison verpflichteten Ensemble. 1848 wurde Bern Bundesstadt.

«Eigentlich hätte man nun erst recht für ein würdiges Theater sorgen sollen. Aber leider trat just das Gegenteil ein: Aus ihrer neuen Ehre erwuchsen der Stadt soviele Lasten, daß sie natürlich am Naheliegendsten, am Theater, sparen mußte», schreibt Albert Nef.

Vierzehn Jahre lang mußten die Theaterdirektoren sich ohne Subventionen behelfen, und bis heute ist das Theater eine «quantité négligeable» geblieben, auch der jetzige Direktor hat es mit den Behörden nicht leicht und meint: «Die Beziehung einer Beamtenstadt zu ihrem Theater ist halt eine besondere.»

Wenn man überlegt, was das – vor allem zu Liselottes Zeiten – heißen sollte, dann eben das, daß jeder gute Bürger, und wurde er sogar Burger – Bernburger und Angehöriger einer Zunft genannt –, noch immer ein wenig die Angst vor der Standpauke der Reformatoren im Nacken spürte, das heißt, die Abneigung gegen «Nichtsnutze», fremde Fötzel, also das fahrende Volk, auch wenn dieses schon längst seßhaft geworden ist.

Unser Vater, ein waschechter Bernburger wie er im Buche steht, Zunftangehöriger und höherer Staatsbeamter, was heißt, nicht mit Theaterneigung, sondern Abneigung im Blut, blieb deshalb bei seinem kategorischen Nein. Liselotte sollte etwas Vernünftiges, zum Beispiel das Abschlußdiplom der Handelsschule, anstreben.

Und sie war – wen würde es verwundern, bei ihrem Bedürfnis nach materieller Sicherheit – sofort einverstanden, denn mehr als Freude an ihrem Mut hatte sie in dem Moment noch Angst vor der eigenen Courage.

Denn der Welt einen Spiegel ihres Elends vorzuhalten, wie etwa Charly Chaplin das getan hat, dafür ist Liselotte – oder aber die Art von Liselottes Elend – nicht gemacht. Sie drückt nicht ihre lustige Stupsnase am Schaufenster des Lebens platt, um die, die es besser haben, zu kritisieren oder gar zu karikieren, sondern um sie zu beneiden und ihnen nachzustreben, es ihnen nach Möglichkeit gleichzutun.

Das ist wohl auch der Grund, warum sie nie rebellierte, sich nicht auflehnte, sondern sich mit Gehorsam, Disziplin, Diplomatie und Schmeicheln, mit Lachen und mit Weinen, wenn es denn einmal sein muß, aber vor allem eben mit Lachen, mit Schönwettermachen und stiller Hartnäckigkeit, nie aber mit der ihr verhaßten Kritik oder gar mit Diskussionen, durchsetzt. In den Augen ihrer Kritiker ist das natürlich ein Angriffspunkt, das heißt, eine Schwäche, weil man mit ihr nicht diskutieren, ihr eigentlich nicht nahekommen kann. Für die, die sie besser (näher!) kennen, ist es aber auch wiederum ihre Stärke, die ihre Persönlichkeit und vor allem ihre Schauspielkunst charakterisiert. Ihre zerbrechlich wirkende Figur, gepaart mit einer die Realität und harte Wirklichkeit nie ganz erfassenden, kindlichen Naivität, gab ihr im Film, aber vor allem auf der Bühne eine starke Ausstrahlungskraft, war das eigentliche Geheimnis ihrer Professionalität.

Aber soweit sind wir im Moment noch lange nicht.

Etwas «Vernünftiges» zu werden schien ihr ebenfalls das einzig Richtige. Ohne weiteres war sie bereit, noch drei Jahre die Schulbank zu drücken, um später «etwas in der Hand zu haben», wie man das bei uns auszudrücken pflegt.

Dem unentschlossen entschlossenen und fast bis zur Selbstaufgabe räsonablen, das heißt, anpassungsfähigen Wesen Liselottes kam das väterliche Veto denn auch ganz entgegen, es enthob sie der lästigen Verpflichtung, sich für etwas rasch und ganz alleine zu entschließen, etwas, das nie ihre Stärke und ihr denn auch zutiefst verhaßt war. Es gibt eben auch eine Rebellion, die daraus besteht, daß man nicht rebelliert, war ihre Devise.

So machte sie für die «Handlere» (Handelsschule) das Aufnahmeexamen, bestand es mit Anstand und büffelte von nun an wie eine Besessene so interessante Fächer wie Buchhaltung, Stenografie (in vier Sprachen), Maschinenschreiben und was zu einer perfekten Kaufmännin (das scheußliche Wort «Kauffrau» lehnen wir gemeinsam ab) oder Top-Sekretärin noch gehört. Der Vater konnte zufrieden sein, die Schauspielerei war vergessen, die Mädchen-Handelsschule so ziemlich das «Normalste» und Bravste, was heißt: Angesehenste, was ein Mädchen aus gutem Hause damals machen konnte.

Aber wer da meinte, daß mit der Rolle einer strebsamen, tüchtigen, ja, emanzipierten höheren Tochter der Liebes- und Lebenshunger einer scheinbar so unauffälligen und folgsamen «Lise» zufriedenzustellen gewesen wäre, der täuschte sich, wie so oft, in ihr und ganz gewaltig. Nachdem sie sich im ersten Jahr eingefügt, sich als recht gute, wenn auch durch nichts Besonderes hervorstechende Schülerin bewährt hatte, gelang es ihr im zweiten Jahr, in der ganzen Schule bis hinauf in das Direktionsbüro Aufsehen zu erregen.

Zuerst meinte man, sie wolle sich nur ein wenig Aufmerksamkeit verschaffen, und man ließ sie – mit der traditionellen unauffälligen Toleranz, die in einer solchen demokratischen Institution «bis hierher» herrscht «und nicht weiter» – achselzuckend gewähren. Nach einigen Monaten aber nahm der Direktor, Herr Portmann, sie dann doch diskret auf die Seite: Könnte sie das, was so auffällt, aber nicht unbedingt durch guten Geschmack, nicht zumindest während der Schulstunden wieder lassen?

Was hatte Liselotte Störendes, Unschickliches und, eben, Auffälliges getan?

Mit einer für die damalige Zeit geradezu unglaublichen Kühnheit und «Unverschämtheit» sagte sie den heiligen Grundsätzen von Bescheidenheit, Unauffälligkeit und Natürlichkeit an einer höheren Töchterschule Lebewohl, ja man kann sagen, auf ihre Weise den Kampf an: sie schnitt ihre mageren Zöpfchen ab, legte an deren Stelle über die hohe Stirne mit den beiden Teufelshörnchen eine gerade, (selbst-)geschnittene und damals atemberaubend unmodern, aber geradezu verrucht wirkende Ponyfranse, rasierte sich die halben Augenbrauen weg und zeichnete sie mit schwarzem Stift nach oben strebend nach, so daß sie wie eine chinesische Ausgabe von Kleopatra aussah. Dazu schminkte sie den großen Mund grellrot und lackierte mit derselben Farbe auch die Fingernägel und vervollständigte das Ganze mit ebenso feuerroten Netzstrümpfen, wie man sie zu dieser Zeit nur an Kostümbällen im Karneval trug.

Stolz auf ihr Werk und ohne jegliche Skrupel ging Liselotte von nun an so zur Schule, besuchte mit der Mutter, die die kleine Revolution unterstützte, sogar einen Fotografen.

Es gelang ihr auf Anhieb, wenn auch nicht unbedingt angenehm und positiv, so doch unter ein paar hundert Schülerinnen als einzige aufzufallen.

Da die Direktion der Schule aber offensichtlich ihren

guten Namen zu würdigen wußte und auch über psychologische Kenntnisse verfügte, ließ sie die kleine Ausbrecherin gewähren, sah ihrem frivolen Treiben geduldig und mit der nicht unrichtigen Ansicht zu, daß dieses unausgegorene Mädchen offenbar mit allen Mitteln und geradezu verzweifelt Aufmerksamkeit und Beachtung für sich erheischen wollte. Im nachhinein ist man sogar gewillt, darin bereits eine Art von Schau-Spielerei zu sehen.

Was aber niemand wußte: daß Liselotte auf diese Weise um nichts weniger als um ‹richtige› Liebe buhlte.

Nicht mehr nur von der anonymen Umwelt, in der Schule, auf dem Heimweg, von den Lehrern, Mitschülerinnen, Freundinnen, kollektiven Schwärmen, Nachbarn und Verwandten, nein, von einem einzigen, allereinzigen will sie auf einmal beachtet und geliebt sein.

Ehrgeiz und übersteigertes Geltungsbedürfnis, das sie mit ihrer avantgardistischen Maskerade scheinbar ausdrückte, waren in Wahrheit also Liselottes erstes Liebeserlebnis: rührend und tragisch, wie es nun einmal zu ihr, aber auch in jedes Filmdrehbuch paßte, wobei das Leben als Autor immer noch ein wenig unglaublicher ist als die menschliche Einbildungskraft.

Denn ob es nun symptomatisch für Liselotte oder bloßer Zufall war – wieder ergab es sich, daß ihr eigenes, kleines, eigentlich banales Unglück auch das einer ganzen Stadt, immerhin Hauptstadt eines renommierten Landes, der ehrwürdigen und angesehenen Stadt Bern wurde; einer der wenigen, vielleicht der einzige in die Öffentlichkeit gedrungene Skandal, der an den peinlich sauber gehaltenen Prachtfassaden plötzlich Flecken aufzeigte, die Risse und Schwächen vermuten ließen hinter und an der stolz hochgehaltenen Moral und ein kleines Sittengemälde dieser respektablen Provinzhauptstadt für sich bilden, würdig, ein wenig ausführlicher dargestellt zu werden, auch wenn Liselotte darin nur ganz am Rande und eine von niemand beachtete Rolle spielte, die nun heute, im nachhinein, durchaus zur tragenden und tragischen Hauptrolle wird.

Um das alles im richtigen Licht erscheinen zu lassen, muß daran erinnert werden, daß Liselotte es zu dieser Zeit furchtbar und scheinbar ungerecht schwer hatte.

Während ihre Schulkameradinnen, während ich, ihre für alles zum Maßstab genommene Schwester, schon einen ‹festen› Freund, dazu einen Schwarm von Verehrern hatten, blieb es um die verzweifelt lachende und lärmig-dauerverliebte Liselotte unheimlich still. Vergeblich versuchte sie da Honig zu produzieren, wo noch nicht einmal eine Knospe, geschweige denn eine Blüte vorhanden war. Sie litt unter diesem Zustand mehr als irgend jemand ahnte, wobei ihre kühne Maskerade stumm Bände sprach.

Mein damaliger Schulschatz, von dem mein Vater nichts wußte und auch nichts wissen wollte und den ich dennoch oder gerade extra als meinen Verlobten betrachtete, stammte aus diesen Kreisen, in die wir nach unseres Vaters Meinung nicht gehörten, den Reichen, die überall da Zutritt hatten, wo es uns verboten war. Unter anderem im Tennisclub, in dem ich und später auch Liselotte dank der Beziehungen meines Freundes als Juniorenspielerinnen Aufnahme fanden.

Allein das war für uns schon wie ein Märchen.

Tennisspielen galt damals noch als Luxus, und der kleine Club am Waldrand schien so etwas wie die Pforte ins Paradies zu sein: umgeben von hohen Tannen und blühendem Gesträuch die acht wie mit dem Lineal gezeichneten und wie ein Wohnzimmerteppich gepflegten, orangefarbigen

Sandplätze. Niemand hatte Zugang als die eingeschriebenen Mitglieder, die Luft war still und rein und duftete nach großer Welt. Wenn man die Augen schloß, dann tönte das Aufschlagen der Bälle so laut, daß es war wie Herzklopfen, das die zwitschernden Vogelchöre, nicht aber die verwegenen Jungmädchenträume störte. Um hier Mitglied zu werden, mußte man, wie unser Vater sagte, «schon etwas sein», auf jeden Fall etwas, das wir offenbar nicht waren, so kategorisch lehnte er jeden Sport, insbesondere solch extravaganten wie Tennis als «uns nicht gemäß» ab. Kein Wunder, daß uns unsere Zugehörigkeit zu dem Club – natürlich hinter dem Rücken des Vaters, aber wie immer mit der heimlichen Unterstützung der Mutter – als besonderer Triumph erschien.

Während ich mich aber, da ich ‹besetzt› war, voll und ganz dem weißen Sport widmen konnte und nicht rechts und nicht links, sondern immer nur auf meinen Tennispartner schaute, suchte sich Liselotte, in ihren Ambitionen nie faul und nicht zimperlich, als zu besiegenden Gegner – und beileibe nicht nur im Spiel – den schönsten und begehrtesten aus.

Jeder Tennisclub hat einen Star, einen, der am besten aussieht, am besten spielt, am extravagantesten auftritt und für den, um mit ihm zu spielen, Partner und vor allem Partnerinnen eifersüchtig Schlange stehen. In unserem Club war es ein stadtbekannter Arzt, 32 Jahre alt und in Liselottes Augen nicht mehr so ganz jung, sondern mit bereits etwas gelichteten Haaren um die dadurch noch imposantere, stets sonnengebräunte Stirn, verheiratet mit einer ebenfalls Tennis spielenden, in seinem Schatten etwas verblassenden, aber, wie man sagte, steinreichen Frau.

Er benahm sich atemberaubend frei und sportlich-salopp

in allen Belangen, wobei er die Tennisbälle ebenso elegant wie elegante Autos und elegante Frauen wechselte.

Er war als seriöse Stütze der Gesellschaft nicht weniger denn als verführerischer Don Juan bekannt, heilte komplizierte Knochenbrüche und brach schwache Herzen, betätigte sich als braver Musterbürger ebenso gekonnt wie als Bürgerschreck, der so verwegene Lausbubenstreiche machte wie nachts mit seinem Topolino durch die Lauben der Spitalgasse und Marktgasse zu fahren oder mit dem hellblauen Delahaye gar die Treppen vor dem Bundeshaus, dem Schweizer Regierungssitz, respektlos in Angriff zu nehmen.

Gleichzeitig aber und unantastbar umgab ihn wie ein Heiligenschein der Nymbus, ein Hochwohlgeborener, ein Aristokrat, wenigstens ein halber, zu sein.

Seine Mutter war eine ‹von›, abstammend und zugehörig diesen einander verschwägerten, um alle Ecken herum miteinander verwandten Patrizierfamilien, vor denen man zu jeder Zeit und besonders noch zu jener Zeit in der Schweiz trotz demokratischer Tradition den Atem anhielt oder zumindest den Hut zog.

Denn diese ‹von Wattenwyl›, ‹von Steiger›, ‹von Tscharner›, ‹von Graffenried› und wie sie alle heißen, verwalteten in der Alten Eidgenossenschaft und noch bis weit in unser Jahrhundert hinein Geld und Gut und Geist, sie lieferten dem Land die Militär- und die Regierungsköpfe (meist beides zusammen), sie waren also und lebten wie kleine Könige in diesen prachtvollen Häusern und Palästen mit fürstlichem Mobiliar, die heute Museumswert besitzen und vom Heimatschutz gesichert werden (und die heute meist nur noch der städtischen Verwaltung dienen) – ein Abglanz dieser Vornehmheit und dieses Reichtums liegt noch immer über denen, die diese magischen Namen tragen und die sich erst seit kurzem zur Vermögens- und Blutauffrischung mit ‹gewöhnlichen› Leuten vermischen. Kein Wunder also, daß Liselotte sich allein schon in diesen schönen Namen der Familie, aus der ihr Angebeteter stammte, verliebte. Zudem war er Arzt, und auch das waren und wurden damals nur die ‹Mehrbessern›, Auserwählte, Halbgötter in Weiß und nicht einfach wie heute Krethi und Plethi, das hing natürlich wiederum mit seiner Abstammung und diese wiederum mit der ganzen vornehmen Clique, der Vollendung dieses Wundermenschen zusammen.

Er zeigte genau dieses Gemisch aus heiligem Ernst und unheimlichem Unernst, aus Freiheit und Tradition, wie Liselotte sie selber gern für sich in Anspruch genommen hätte, wie es ihr auf jeden Fall ungeheuer imponierte. Dr. X war in ihren Augen halb Playboy, halb Weltmann, halb Bürgerschreck, halb Vorbild, kurz, eine schillernde und auffällige Figur, wie sie einem Tennisclub sehr wohl, nicht unbedingt aber einer ehrwürdigen Beamtenstadt ansteht, die denn auch für einen solchen ‹Störenfried› nicht ganz ungefährliche Hindernisse aufstellt, über die er unweigerlich einmal stolpern muß, um zum Gaudium aller auf die edle Nase zu fallen.

Gebannt wie das Kaninchen auf die Schlange, starrte Liselotte auf diesen Märchenprinzen, dieses ‹unwahrscheinliche Bijou›, wie sie ihn von jetzt an – wie vorher alle ihre Angebeteten – nur noch nannte.

Was sie sah: wie man ihm den Hof machte und um seine Gunst buhlte, wie er alle, Freunde und Gegner, Tennisspieler und Frauen, hohe Tiere und untertänige Schmeichler, mit lässigem Charme in die Tasche steckte, wie er mit seinem schneidigen Sportwagen die erschrockenen Normalverbraucher aufscheuchte wie eine gackernde Hühnerschar und mit einem scharfen, eleganten Stopp einen Mißklang in der heiligen Stille der bürgerlichen Ordnung provozierte. Sie sah aber auch, wie er mit seiner Partnerin, der schönen Marianne, nicht nur feurige Tennisbälle, sondern ebensolche Blicke tauschte. Und ebenso scharfsichtig wie seine Vorteile erkannte sie ihre eigenen Nachteile: Der Traummann würdigte den noch immer spindeldürren, unscheinbaren Teenager selbstverständlich keines müden Blickes.

Um ihm aufzufallen, mußte Liselotte sich schon etwas einfallen lassen. Sie tat das augenblicklich, wie immer hemmungs- und schamlos, ohne Angst vor Verlusten.

Sie hatte ihrer Meinung nach ja ohnehin nichts zu verlieren.

Nie war sie denn auch so konsequent, so eisern und entschlossen zielgerichtet, wie wenn es darum ging, in der drohend anschwellenden Flut ihrer Einsamkeit nach einem rettenden Strohhalm zu greifen, auf sich aufmerksam zu machen und wie eine Ertrinkende SOS zu funken.

So verstauchte sie vorerst mal zufällig einen Fuß, benutzte im weitern auch noch ihren schmerzenden Tennisarm, um sich als Patientin in seiner Praxis einzuschmuggeln.

Aber das war nicht sehr originell, das machten andere auch und besser; ohne Busen, schwenkenden Popo oder mit langen Wimpern oder zumindest mit einer gefüllten Geldbörse zu klimpern, fiel man dem verwöhnten Feinschmecker sowieso nicht auf.

Aber Liselotte benutzte die Gelegenheit, um wenigstens das Terrain zu sondieren.

Sie schaute sich die schöne Sprechstundenhilfe einmal aus der Nähe an, wie die mit Fläschchen, Spritzen und unverschämt deutlichen Blicken hantierte. Und bald war sie überzeugt, daß sie das, was die Rivalin konnte, längst und mindestens ebenso gut könne.

Schön war sie vielleicht, die Marianne, aber sicher nicht echt, nur aufgetakelt und viel zu alt – mindestens schon fünf- oder sechsundzwanzig, und die brennende Eifersucht verlieh der nicht umsonst Pulver Heißenden den zündenden Funken: Na schön, wenn die ‹Trucke› sich ihr Haar bleichen mußte, um aufzufallen, dann ließ man sich als knapp Sechzehnjährige nicht lumpen und schnitt sich dafür eine kühne Ponyfranse à la Mae West.

Wenn die andere sich mit Pinsel und Stift schöne ‹Kuhaugen› malte, dann brauchte Liselotte nur einen schwarzen Strich für den viel auffälligeren und aparten Chinesenlook. Wenn die andere sich mit dickem Stift die schmalen Lippen vergrößern mußte, dann genügte es Liselotte, ihren sinnlichen Mund, den bis jetzt nur leider noch niemand entdeckt hatte, grellrot anzumalen und ihre dünnen, langen Beine in auffällige, ebenfalls grellrote Netzstrümpfe zu stecken. Denn die etwas zu kurz geratenen Beine der blöden Marianne waren deren Handicap – hatte der wählerische Feinschmecker, das «wahnsinnige Bijou», das noch nicht bemerkt?

Doch, Dr. X. hätte kein Mann – kein verwöhnter Mann – sein müssen, um nicht etwas zu bemerken, um auf diesen seltsamen Floh, der sich ihm da frech nicht nur ins Ohr, sondern überall in den Weg setzte, allmählich nicht doch aufmerksam zu werden.

Er reagierte genau so, wie es ein Mann in einer solchen Situation tut und wie ein über beide Ohren verliebter Teenager es nicht oder in jedem Fall falsch versteht: Er war hin- und hergezogen zwischen der Versuchung, an diesem süßen, noch nicht aufgeblühten Kelch ein wenig zu naschen, und der Vernunft, ja auch dem Gefühl, das ihn nicht zu der fragilen Unschuld, sondern zu der schönen, bereits erfahrenen Frau zog, welche ihn ohnehin, wie man später zu Recht oder zu Unrecht sagte, ganz in der Hand hatte.

Die Situation eines brenzligen Melodrams, einer pikanten Dreiecks- oder Vierecksgeschichte, in der Liselotte zum vornherein keine Chancen hatte, war also gegeben. Aber hätte sie nicht so brutal und wie ein Schock geendet, wäre Liselotte, wie tausend andere, eine Zeitlang unglücklich und um eine Erfahrung reicher geworden. So aber spielte plötzlich das große Schicksal mit und machte aus einem harmlosen Liebeskummer eine echte Tragödie, die der liebeshungrigen und weltfremden Liselotte ungewöhnlich zusetzte und Wunden aus der Kindheit aufriß, die ohnehin nur schlecht und nicht recht verheilt waren.

Himmelhoch jauchzend, zu Tode betrübt war sie in den nun folgenden Wochen und Monaten denn auch, als die Katze mit der Maus, die nicht entrinnen konnte oder wollte, spielte.

Die eigentliche Romanze begann, wenigstens in den Augen der Hauptdarstellerin, während eines Tennisballes.

Dr. X. hatte den ganzen Tennisclub in sein Schloß eingeladen, ein Landgut nahe Bern, das seinen Eltern gehörte und das die ganze große Vergangenheit widerspiegelte, wie sie für ein romantisches Teenagerherz gar nicht bezaubernder und nicht verzaubernder hätte sein können als Auftakt der ersten, großen Liebe.

Das ehrwürdige Patrizierhaus mit seinen prachtvollen Möbeln, Bildern und allen anderen Schätzen des bernischen Kunsthandwerkes aus dem 17. und 18. Jahrhundert, mit seinem im Mondschein liegenden, feenhaften Rosengarten und dem in den Himmel ragenden, gespenstischen Turm beeindruckte nicht nur einen erwartungsvollen Teenager, sondern den gesamten Tennisclub, der aus nichts weniger als gehobenen Spießbürgern bestand, die solch fürstlichen Wohlstand nur aus Romanen, oder, wenn es hoch kam, aus den Erzählungen des Berner Patriziers Rudolf von Tavel kannten.

Es wurde ein rauschendes, lärmiges und weinseliges, für gläubige Seelen wie Liselotte ganz einfach ein seliges Fest.

Sie hatte in ihrer Aufmachung sich selbst übertroffen: Um ihre skelettartige und noch immer hartnäckig schlummernde Weiblichkeit wallte frech und zart zugleich ein hausgemachtes ‹Pariser› Modell aus einem alten, grasgrünen Chiffonkleid der Mutter, gezimmert von der «Störschneiderin», die den ganzen Tag auf die Stör kommt und wirklich störte, wie es Klein-Liselotte auf ihre Weise verstand. «Frou Vivian, vo Euch stinkts im ganze Hus», hatte sie ihr einmal mutig ins Gesicht geschleudert. Zusammen mit ihrem abenteuerlichen Make-up, das sie zu dieser Zeit schon mit der Vollendung einer routinierten Filmdiva aufsetzte, gelang es Liselotte hier zum erstenmal, aus einem vergessenen Aschenputtel eine strahlende Prinzessin zu werden und denn auch das Auge des Prinzen auf sich zu lenken: Tatsächlich hatte sie an diesem Abend bei ihm Erfolg.

Genau wie sie es sich vorgestellt hatte, genau wie es im Märchen- oder Filmdrehbuch steht, forderte der Prinz die unbekannte Prinzessin zum Tanz auf – immer wieder – vor den Augen einer staunenden und im eigenen Rausch gnädigen Gesellschaft, und natürlich bemerkte Liselotte nicht, daß ihr aus der einen Ecke die Ehefrau und aus der anderen die Geliebte alles andere als wohlwollende Blicke zuwarfen.

Daß der Mann ihrer Träume verheiratet, Vater zweier kleiner Kinder oder bereits anderweitig gebunden war, darüber machte Liselotte sich keine Gedanken.

Wie bei jeder verliebten Frau kam bei ihr – frei nach Brecht – zuerst die Liebe und dann die Moral.

Da sie aber durch Herkunft und Charakter ein ausgeprägtes Moralbewußtsein besitzt, hinkte ihr Gewissen stets, wenn auch ein wenig verspätet, hintennach, um aus ihrem Glück so regelmäßig wie die wechselnden Jahreszeiten ein Unglück zu machen, die ganzen nächsten fünfzehn Jahre lang. Als echte, naive Unschuld wollte sie ganz gewiß niemals einer anderen Frau den Mann stehlen, hat es aber gerade dadurch gewissenhaft und mit schlafwandlerischer (Un-)Sicherheit getan.

Vorläufig aber, an diesem festlichen Abend, ist Liselotte im Glück. Sie tanzt eng an ihn gedrückt und manchmal Wange an Wange und, nicht wahr, so tanzt doch nur ein echtes Liebespaar!?

Mehr als dieses verliebte, irreale Dahinschweben über den Wolken oder sogar in den Wolken mit dem Stern von Bern, das verlangt die herrlich unausgegorene, in ihren Augen aber geradezu unglaublich verruchte Liselotte heute, morgen, die nächsten Wochen und Monate, ja Jahre nicht.

Es genügt ihr vollständig, daß er manchmal anruft und sich mit ihr verabredet und hie und da – aber längst nicht immer – zu diesen Rendezvous sogar auch kommt, in seinem schneidigen Delahaye oder auch mal in dem atemberaubend vornehmen roten Studebaker – und dann mit ihr halsbrecherisch herumfährt –, daß er sie meist nicht einmal anrührt, höchstens mal streichelt oder flüchtig küßt, das fällt der nur mit einer blühenden Phantasie und Einbildungskraft, aber keinerlei praktischen Erfahrungen ausgestatteten Liselotte überhaupt nicht auf, und sie wird für das, was sie nicht bekommt und gar nie tut, auch noch bestraft.

Unser Haus am Malerweg, das uns so groß und finster und unheimlich vorkam, wahrscheinlich, weil der Vater am elektrischen Licht übertrieben sparte – am liebsten hätte er noch wie in seiner Jugend billiges Gas- oder Kerzenlicht gebraucht: «Das täte es für uns auch», war einer seiner beliebten Aussprüche; und weil unsere Mutter nie, auch abends nicht zu Hause war –, dieses unheimliche große Haus also, das war in Wirklichkeit ein Häuschen wie aus dem Spielzeugkasten: ganz aus dunkelbraunen Schindeln, mit einem spitzen Giebel und auf jeder Seite vier Doppelfenstern, die im Winter ein- und im Sommer ausgehängt wurden, zwischen denen die Großmutter im ersten Stock in der kalten Jahreszeit wunderschöne Alpenveilchen züchtete – und der Vater im Parterre, wenn es wärmer wurde, seine Fotos mit Hilfe des Sonnenlichts entwickelte. Eine Arbeit übrigens, bei der wir ausnahmsweise gerne halfen. Es war faszinierend, wie aus dem Nichts, nur durch die Sonneneinstrahlung, plötzlich ein Bild – wenn möglich von einem selbst – entstand.

Dieses unprätentiöse, eher enge und kleine als große, unter anderen Umständen wohl eher heimelige statt unheimliche Durchschnittshäuschen also bestand aus je drei Zimmern im Parterre und im ersten Stock und zwei kleinen Dachstuben, wobei bei den unteren, größeren, das dritte Zimmer in der Mitte zwischen den anderen lag und mithin «gefangen» war. Daher mußte derjenige, der in dem mittleren wohnte, immer durch eines der beiden anderen, um in sein Schlafzimmer zu gelangen.

Im Parterre war das kein Problem, da hatte die Mutter,

die seit dem Umzug von der Tillierstraße getrennte Schlafzimmer zur Bedingung machte, weil sie die Nutzlosigkeit und Kälte des Ehebettes, gepaart mit dem Hüsteln der Wand an Wand lebenden Schwiegermutter in der Nacht nicht mehr ertrug, sich häuslich eingerichtet. Die Türe zu dem nebenan liegenden, vermieteten Zimmer wurde abgeschlossen, während das andere, unser Eß-, Wohn-, Musik- und Arbeitszimmer immer mehr eine bessere Rumpelkammer, nur – als einziges im Haus – nie ein Schlafgemach wurde.

Solcherart war unsere Mutter frei, in der Nacht zu tun und zu lassen, was sie wollte. Der Vater, der bis zehn Uhr abends an seinem Schreibtisch saß, ging pünktlich wie ein Schweizer Chronometer zu Bett, was sich durch einen streng eingehaltenen, in späteren Jahren fast zu einem zwanghaften Tick werdenden Ritus von Uhr aufziehen, Pfeife ausklopfen, Gashahn, Terrassen- und Haustür und den quietschenden Sekretär schließen ausdrückte und für unsere Mutter das zuverlässig wie eine Eisenbahnbarriere aufgehende Zeichen ihrer Vogelfreiheit war. Sie brauchte nicht einmal durch das verqualmte, vom Vater zwar noch kurz gelüftete, aber von unausgeleerten Aschenbechern, Obst und anderen Eßwaren, von Büchern, Zeitungen und Werkzeug immer hoffnungsloser, wie von Unkraut überwucherte und allmählich einen typischen, nicht mehr wegzubringenden Geruch annehmende Eßzimmer zu schleichen, sondern konnte, wenn sie wollte (und sie wollte regelmäßig!), direkt aus dem Fenster steigen; die männerarmdicke Glyzine wirkte dabei bequem wie ein leise schaukelndes und im Frühjahr süß duftendes Trittbrett. Im übrigen wäre unsere zierliche und durch ihre Nervosität überschlanke Mutter gewandt genug gewesen, auch ohne Glyzinenstrauch aus dem niedrigen Fenster in den Garten zu springen, sie hat das, wie gesagt, regelmäßig heimlich und zu wahrhaft kühnen, ‹unchristlichen› Stunden jahraus, jahrein getan, wie und wozu, das verschwieg sie uns Kindern, die darunter mehr, als sie wußte, litten, und unserem Vater, der davon nichts merkte, sowieso. Was er unserer Mutter – sicherlich unwissentlich – nicht verbieten konnte, daran hielt sich unser Vater an Liselotte und mir schadlos. Wir wohnten im ersten Stock in der Mitte und mußten durch des Vaters oder des Bruders Zimmer (später, als er in Zürich studierte, wurde seines ebenfalls vermietet und abgeschlossen), um in die eigenen Federn zu gelangen.

Es war also unmöglich, später als zehn Uhr abends heimzukommen, da der sonst schwerhörige Vater in seinem Bett offenbar lauerte und lauschte und für Geräusche in der Nacht empfindlich war.

Wir konnten noch so leise auf die Türfalle drücken und auf nackten Zehenspitzen über den knarrenden Boden schleichen, immer ‹verwütschte›* er uns, zündete das Licht an, stieg mit den Füßen voran aus dem Bett und stellte sich in seinem bis an die Knie reichenden, mit roten oder blauen Borden verzierten schneeweißen Nachthemd vor uns auf wie das Jüngste Gericht, um uns mit einem aus der Tiefe seiner Wut und Angst stammenden, alles andere als gesellschaftsfähigen, bernischen Wortschatz die Leviten zu lesen oder gar, wenn nicht mit Händen und Füßen, dann doch mit schmerzenden Worten wie ‹Hure› oder ‹Saumore› zuzuschlagen.

Ich entzog mich diesem Standgericht auf die einfachste, Liselotte gegenüber wahrscheinlich nicht ganz faire Weise –

* erwischte

die andern merkten davon nichts –, ich blieb öfter die ganze Nacht einfach weg, wohnte schon ab sechzehn Jahren mehr oder weniger regelmäßig bei meinem Freund in der feudalen Villa seiner Familie im Kirchenfeld, wo man mich wie bereits zu ihr gehörend aufnahm (was hier ein Vorteil war, später ein Nachteil wurde, als ich, mit großer Mühe, da einfach durch abschreckendes Beispiel nicht heiratswillig, mich von ihm trennte). Tatsächlich aber konnte ich so den Vater jahrelang täuschen. Es war bei uns weder Brauch, sich gute Nacht, noch guten Morgen oder sonst etwas Persönliches zu sagen, jeder kam und ging im Haus ein und aus wie er wollte, nur die äußeren, gewohnten menschlichen Rituale wie Essen, Schlafen, Arbeiten mußten pünktlich wie ein Fahrplan der zuverlässigen Schweizer Bundesbahn eingehalten werden.

Tat man das mit einigem Geschick, dann konnte man sich tatsächlich daneben frei wie ein Vogel in der Luft bewegen; es kam unserem korrekten Vater, dem eingefleischten Gewohnheitsmenschen – «dem Heiligen ist alles rein», sagte unsere Mutter immer –, gar nicht in den Sinn, daß jemand nachts nicht schlafen, sondern spazierengehn, tanzen, sich vergnügen, ja lieben könnte.

Opfer dieser vielleicht ungewöhnlichen, vielleicht auch nur typischen bürgerlichen Ordnung war wie immer die bedauernswerte Liselotte.

Sie konnte sich ihre Rendezvous mit ihrem berühmten Freund ja nicht aussuchen, sondern war auf sein Gnadenbrot und dessen Brosamen angewiesen, sie hatte keine Möglichkeit, sich nach einem raffinierten Plan, unserem diplomatischen ‹Hintenrum›, das zwar unehrlich war, aber bei dem ‹die Kirche im Dorf blieb›, zu richten. Wenn ‹er› sie rief, dann ging sie, kopflos und herzklopfend vor Glück und nicht mehr fähig, zu rechnen oder zu denken – was hätte ihr das auch eingebracht? –, und dann wartete sie am verabredeten Ort, wartete Stunden um Stunden, oft vergeblich, denn meistens kam er nicht. Dabei vergaß sie natürlich die Zeit, die Welt und den grausamen Vater.

Wenn sie dann spät, zu spät, enttäuscht und fassungslos, zähneklappernd durch das Dunkel von Vaters kaltem Frischluftschlafgemach tappte, dann wurde sie halt regelmäßig ertappt und zusammengestaucht, als ob sie nicht schon geschlagen genug gewesen wäre; einsam und ohne in ihrer gewohnt unrespektierlichen Manier zu widersprechen und sich zu wehren, schlich sie in unser Zimmer, wo der Anblick des leeren Bettes der Schwester noch wie eine zusätzliche unverdiente Ohrfeige schmerzte.

Lachen und Wilhelm Busch rezitieren oder gar wie verrückt zu ‹jazzen› hörte man sie jetzt immer weniger und schließlich fast überhaupt nicht mehr.

Dafür nahm sie die Schule, die Aufgaben, ihr Aussehen, vor allem aber ihre ‹Treue› geradezu unheimlich ernst. Sie lebte brav, einsam und gläubig, eher wie eine Nonne als eine Geliebte, stets wartend, stets abrufbereit und natürlich dadurch stets zu Hause, stets irgendeinen Klassiker, Goethe, Schiller, Shakespeare lesend und auf ein Zeichen, einen Anruf, ein Brieflein, eine Einladung oder ein Versprechen hoffend.

Man staunte über den Bildungshunger, mit dem sie alles, vor allem alle schweren Brocken verschlang, wobei sie geistig ungeheuer gebildet, aber körperlich nicht satt wurde.

Sie nahm das unglücklich, ohne zu klagen, allerdings auch ohne befreiend zu lachen hin wie jemand, der an Ungerechtigkeit, verdiente oder unverdiente Strafe gewöhnt ist. Wie bei einem schlechten Start im Sport, der einen nie wieder gutzumachenden Rückstand einbringt, so hatte es Liselotte, die zu Beginn ihres Lebens mit der Liebe und mit der Zärtlichkeit zu kurz kam, besonders schwer, das Verlorene nach- und wieder einzuholen.

Gerade ihre Atemlosigkeit und Ungeduld legten ihr dabei die Hindernisse in den Weg. Da sie zudem immer in den Wolken schwebte, weit über dem Boden der harten Wirklichkeit, fiel sie auch von hoch oben herab und schlug hart auf, wenn diese Phantasien und Träume, in denen sie lebte oder in die sie flüchtete, plötzlich endeten.

In ihren Augen hatte ihr angehimmelter Arzt natürlich nur Freunde, Bewunderer, Anbeterinnen und allenfalls übereifrige Schmeichler. Sie sah nicht, daß er mindestens ebensoviel Neid, Mißgunst und Kritik herausforderte, in einer so ‹normalen› Stadt wie Bern, in die alles ‹Verrückte› – genau wie in unsere Familie – eben nicht hineinpaßte.

So brauchte denn auch nur das, was unterschwellig und unsichtbar gärte, ein wenig an die Oberfläche zu treten, um die Kehrseite der Medaille von Ansehen und Erfolg, nämlich Haß und Verfolgung, aufzuzeigen.

Dabei war es keineswegs etwa die Tatsache, daß einer stolperte oder einen Fehltritt machte, was man einem angesehenen Mitglied der Gesellschaft übelnahm, nein, in diesen noblen Kreisen, in denen die Frauen sich nicht im Spiegel ansehen, um sich schön zu finden, sondern um sich selber zu sagen, «es tschuderet mi ganz, wenn i dänke, wie vornähm ig bi» (es fröstelt mich ganz, wenn ich denke, wie vornehm ich bin), in denen der Grundsatz hochgehalten wurde und heilig war, daß alles erlaubt ist, solange es niemand merkt bzw. was ich nicht weiß, macht mir nicht heiß, konnte man nur eines nicht verzeihen: wenn jemand dumm oder ungeschickt, ja man stelle sich vor, etwa ehrlich genug war, einen Fehler nicht sofort zu vertuschen, ein Stäubchen an der fleckenlosen Fassade nicht sofort wegzuwischen, sondern zu ihm zu stehen und ihn publik werden zu lassen.

Genau das aber passierte dem Renommierten und Vielgeliebten, über diesen kleinen Schönheitsfehler stürzte der sonst so sportlich-elegante und geschickte Arzt, besser gesagt, wurde er gestürzt.

Mitten aus strahlendem Sonnenschein und fröhlichem Vogel- und anderem Gezwitscher des exklusiven Clubs wurde der Star ganz unexklusiv – nach einigen Wochen auch seine schicke Geliebte – verhaftet und abgeführt.

Dabei zeigte sich, daß in dieser Zeit, wo die Popularisierung der Gleichberechtigung der Frau noch in weiter Ferne lag, hinter Gittern wohl eine Insassin, nicht aber Gold und Glanz sofort die Anziehungskraft verlieren: Während der einsitzende Arzt alsbald auch hier, in der Untersuchungshaft, ein Star wurde, der vielleicht nicht, wie man es sich in der Stadt bald zuraunte, aus silbernen Schüsseln aß und in seidenen Decken schlief, wohl aber eine Vorzugsbehandlung genoß, wurde die Arztgehilfin, da sie nichts aussagte, wie in grauer Vorzeit zur Untersuchungshaft in den Schuldturm, das mittelalterliche Schloß Thun, gebracht, wo sie wochen- und monatelang auf einem harten Strohlager darbte und vielleicht vergessen worden wäre, wenn sich nicht jemand an sie erinnert und sich für sie eingesetzt hätte: die betrogene Ehe- und Arztfrau, welche jetzt, in Abwesenheit ihres eigenen, selber ihren Mann stellte.

Daß sie sich so um die hübsche Sprechstundenhilfe, ihre Rivalin, kümmerte, hatte seinen Grund. Für sie, die besser als irgend jemand hinter die edlen Fassaden blickte, war die Mitarbeiterin ihres Mannes nichts anderes als ein weiteres armes Opfer von Neid, Mißgunst und Klatsch (sie wurde im späteren Prozeß im Gegensatz zu dem Arzt freigesprochen). Nein, als das Vermögen verwaltende, treue und liebende Ehegattin nahm sie weder eine hübsche Angestellte noch eine gewaltig aufdrehende Liselotte als Nebenbuhlerin wirklich ernst.

Liselotte sah das natürlich alles in ganz anderem Licht. Zuerst war für sie gar nicht faßbar, was da eigentlich geschah, sie war wie betäubt von einem heimtückischen Hammerschlag, überfallen wieder einmal aus dem Hinterhalt von dem unsichtbaren Bösen, das ihr alles Schöne, alles Liebenswerte im Leben immer wieder verdarb, ohne daß sie wußte, wie und wo. Eine Welt brach für sie zusammen, berührte es doch diese Dinge, mit denen sie bis jetzt vor allem mit ihrem geliebten Arzt in der Praxis – leider – noch gar nie in Berührung gekommen war. Denn folgendes war geschehen: Dr. X. hatte unerlaubterweise abgetrieben. Durch die Komplikation eines Falles, den er in ein Krankenhaus eingewiesen hatte, war es herausgekommen, und er wurde eingeklagt.

Es war erwiesen, daß er das damals noch unumstrittene und wie ein elftes Gebot im luftleeren Raum des Bürgerhorizontes stehende Gebot: «Du sollst nicht abtreiben», gebrochen hatte.

Er mußte dafür denn auch übertrieben und mit der harten Konsequenz einer symbolischen Strafe für eine ganze Gesellschaftsschicht – einer ohnehin aussterbenden – büßen. Lange, fast ein Jahr, bevor der Schuldspruch ausgesprochen wurde, saß er im Amtshaus von Bern, da, von wo aus seine Vorfahren mit Glanz und Gloria regiert hatten, in Untersuchungshaft.

Noch nirgends war damals am wolkenlosen Himmel der heilen Christenwelt auch nur ein kleiner Dunst zu sehen von Liberalisierung oder sogar Aufhebung dieses von den Männern geregelten Frauenproblems, wobei allerdings wie immer gerade die Frauen ihre eigenen Anliegen boykottierten. Sie waren es, die den Arzt während seiner Haft, seines Prozesses und seiner Verurteilung am meisten verdammten, ein Phänomen, das selbst fortschrittliche Frauenrechtlerinnen nicht erklären können und das die Frage unbeantwortet läßt, ob nicht von jeher weibliche Emotionen mehr zu Intoleranz und strengen Gesetzen geführt haben als männliche (Un-)Vernunft. Die Verurteilung, der Haß und die Schadenfreude jedenfalls, sie kamen lange vor dem offiziell vom Richter ausgesprochenen Urteil fast geschlossen aus den Reihen der Frauen, als man den ‹edlen› Herrn Doktor und die ‹heitere› Sprechstundenhilfe hinter Schloß und Riegel setzte.

Nur Liselotte blieb ihrem Unglück ausgeliefert, einem Schock, der sie brutal wieder auf die Füße stellte in dieser unbegreiflichen Welt, die es offensichtlich nur darauf abgesehen hatte, sie zu strafen und todunglücklich zu machen. Nicht dem Verurteilten wollte oder konnte sie die Schuld geben, sondern der bösen Realität, dem Schicksal, für das, was ihr hier zum erstenmal und doch scheinbar seit frühester Kindheit immer wieder geschah.

Aber wie gerade in der Liebe ein Unglück oft ein Glück wird, so konnte Liselotte in diesem Moment aus einer bitteren Erfahrung unerwartet Nutzen ziehen.

Sie durfte in einer Theateraufführung der Handelsschule die Hauptrolle spielen.

Es handelte sich um das Passionsspiel *Die Mutter des Gestas,* in dem die tragische Hauptfigur das Liebste, was sie auf der Welt besitzt – ihren Sohn –, verliert und nun ihrem Schmerz auf dramatische Weise Ausdruck verleiht.

Was lag also für sie näher, als dieses große Unglück wahrheitsgemäß nachzuvollziehen, sie brauchte ja nur an sich selbst zu denken, die doch ebenfalls das «Liebste, was sie auf dieser Welt besaß» verloren hatte.

Liselotte spielte so rührend und echt, daß sie großen Beifall erhielt. Im Publikum saßen einige maßgebliche Mitglieder des Berner Kulturlebens, der Maler Viktor Surbek, ein Vetter unserer Mutter, mit seiner ebenfalls malenden Frau Marguerite Surbek-Frey, der ‹schöne› Literaturprofessor Willy Stein, der Maler Pablo Zehnder und der Bildhauer Max Fueter sowie dessen Vetter Willy Fueter, ein eifriger und origineller, sich als Kunstmäzen und Hobby-Schauspieler betätigender, als schwerreich und entsprechend einflußreich geltender Inhaber des elegantesten Herrenmodengeschäftes von Bern.

Sie waren es, die hier das angehende Schauspieltalent Liselotte Pulvers lobend und Beifall klatschend aus der Taufe hoben, indem sie dem zweifelnden, aber doch von der Leistung Liselottes beeindruckten Vater die zukünftige Bühnenlaufbahn der begabten Tochter in den schönsten Farben ausmalten und ihm ans Herz legten.

Und Liselotte selbst: Sie hatte hier zum erstenmal richtigen Beifall bekommen, dieses wohltuende, berauschende Gefühl gespürt, das einer armen, einsamen Seele tausendfach das Ungemach mit einem unwürdigen Geliebten ersetzte, dieses plötzliche, kollektive Wohlwollen einer sonst feindlichen Welt, die ihr auf einmal zuschaut, sie beachtet und ihr Liebe demonstriert mit Klatschen, das wie Streicheln wirkt und Balsam ist für die arme Seele und ihr zuzuflüstern scheint: jetzt bist du jemand, ja, wir beachten dich, wollen dich, lieben dich – dieser Beifall, dieses, *ihr* Publikum, von jetzt ab wußte sie, was und daß sie das brauchte.

Auch der Vater, der seit zwanzig Jahren, seit seiner Eheschließung und der Krankheit seiner jüngsten Schwester, der Malerin, nicht mehr im Theater gewesen war und da den Maßstab verloren hatte, war von der Aufführung, dem Beifall, den Glückwünschen für seine eigene Tochter so überrumpelt und überrascht, als gälten sie ihm selbst. Er gab seine Zustimmung. Liselotte durfte jetzt Schauspielerin werden.

Vorausgesetzt allerdings, daß sie ihr Abschlußdiplom bestand und – sich irgendwo ein Geldgeber fand. Denn das Portemonnaie zu öffnen, nur um uns zu zeigen, daß nichts drin war, das war ihm bereits zur zweiten Natur geworden.

Diese Schüleraufführung war gewiß nicht mehr als ein kleines Lokalereignis, aber es hatte für Liselotte die Welt und ihre eigene Optik, mit der sie sie anschaute, verändert. Die Bitterkeit des Schmerzes und der Demütigung wurde kompensiert durch den süßen Trost, den ihr der Erfolg bei der plötzlich freundlich gewordenen Umwelt bedeutete. Sogar eine aufmunternde Kritik war in der *Neuen Berner Zeitung* und auch im *Bund* erschienen, und Liselotte fand hinter ihren Tränen zu ihrem Lachen, zu Wilhelm Busch und Louis Armstrong zurück.

Sie bestand ihr Handelsdiplom glänzend, hatte nun «etwas in der Hand», aber noch viel mehr im (harten) Berner Schädel oder im weichen Herzen, um dieser bürgerlichen Welt, die sie ja gar nicht vergessen und noch viel weniger verleugnen wollte, Lebewohl zu sagen, und die es denn auch nicht lassen konnte, ihr in den versöhnlichen und freundlich hingehaltenen Abschiedstrunk noch einen bitteren Wermutstropfen zu mischen.

Als sie nämlich anläßlich des Abschlußballes der Mädchenhandelsschule ihr berühmtes «Jazzen», ihre hüftenschlenkernde und taktschlagende heisere Louis Armstrong-Parodie zum besten gab, nahm eine Lehrerin sie beiseite und sagte zu ihr: «Was du da machst, das ist ja die reinste Prostitution.»

Das genügte, um Liselotte aus den Höhen eines noch zerbrechlichen und kaum angetasteten Glücks in die gewohnten Tiefen oder das Tief ihres Unglücks zu stürzen, und einmal mehr bestätigte sich in ihr der Drang, sich dieser ganzen blöden, unbegreiflichen Gesellschaft gegenüber zu bestätigen und die Existenz einer kleinen, großen Liselotte Pulver zu beweisen.

6

Es gibt so beneidenswerte Menschen, bei denen alles, was sie anfassen, zu Gold wird.

Liselotte ist so ein Mensch.

Schon als Kind brachte sie das Kunststück zustande, von 20 Rappen monatlichem Taschengeld eine Reserve anzulegen, mit der sie der sich ewig in Geldnöten befindenden Mutter (von der sie das Taschengeld bekam) wieder aushalf, um sich auch noch die ersehnten Specksohlenschuhe zu kaufen, die bei jedem Schritt so herrlich quietschten.

Mit 18 verdiente sie zum erstenmal einen ansehnlichen ‹Schübel› Geld, mit 19 bekam sie die erste Theater-, mit 20 die erste Filmgage. Ende der 50er Jahre besaß sie so viel Geld, daß sie ihren Traum, ein eigenes Haus am Genfersee, verwirklichen konnte.

Aber wer nun meint, daß ihr Ruf, «reich, lustig und geizig» zu sein, zutreffend und ihr eher spießig wirkendes Traumhaus am Genfersee dafür Bestätigung und typische Visitenkarte sei, der ist nur einmal mehr einer Pulverschen Fata Morgana aufgesessen.

Denn so wie sie eine große Begabung hat, Geld zu verdienen, so wenig besitzt sie die, es auszugeben, besser gesagt, damit richtig umzugehen.

Und wenn sich ihre Filmstar-Kolleginnen Maria Schell, Lilly Palmer und so weiter das Traumhaus gebaut haben, das zu ihnen und ihrem Renommee paßt und eben wirklich – unwirklich – traumhaft ist, so bildet diese ziemlich unscheinbare und eher bünzlige ‹Hütte›, auf die Liselotte dennoch so stolz ist, keineswegs etwa das endlich erreichte Ziel ihrer Wünsche, nicht die geplante Verwirklichung eines lange gehegten Traumes, der die Krönung einer Karriere und eben Liselottes ureigenen Geschmack dokumentiert, sondern es ist vielmehr das Resultat, besser gesagt das Ende einer wahren Odyssee von Häusersuche, die sie schließlich erschöpft und resigniert abbrach.

In den mehr als zwanzig Jahren, in denen sie hier wohnt, haben Dutzende von Journalisten aus der ganzen Welt sie besucht und alle, seriöse und unseriöse, gutwillige und bösartige, bekannte und unbekannte, haben spontan die gleiche Reaktion gezeigt: Enttäuschung und Belustigung über dieses Heim eines Filmstars, das so gar nicht den Vorstellungen eines Traumhauses, eher einem Dutzendhäuschen einer Vorstadtsiedlung entspricht und aus dem beim besten Willen keine versteckten Sensationen, keine süßen Geheimnisse, keine schmutzige Wäsche und nicht die Spur einer Zweideutigkeit, nur ganz normale und brave, ein wenig langweilig und spießig wirkende Sauberkeit und Lauterkeit herauszuholen sind.

Wir sind aufgewachsen in den brüchigen Verhältnissen einer heruntergekommenen Bürgerfamilie, die das schwere Erbe des 19. Jahrhunderts, also «Engstirnigkeit, Moral, Zucht und Sitte zu tragen hatte – der Cantus firmus des Zeitalters, das dem Land die Tore der Welt und seinen Bürgern das Portal der Hölle» öffnete, wie ein böser Kritiker das einmal ausdrückte, in einer Familie also, in der immer mehr die (sonntags von der Kanzel der Kirche gepredigten) inneren Werte wie Liebe, Wärme und Mitgefühl für den andern durch äußere, materielle Werte ersetzt wurden, man sich also um so mehr an die äußere Sicherheit klammerte, je mehr die innere verloren ging. Mit anderen Worten: Wo die Liebe fehlte, fehlte auch der Glaube an die Liebe. Man suchte einen Ersatz, es war das Geld.

Als Charlie Chaplin im Jahre 1972 von einem englischen Journalisten gefragt wurde: «Was ist Ihnen das Liebste im Leben?», da antwortete er: «Geld.»

Ob der heute Verstorbene, Steinreiche, Weltberühmte das ironisch oder ehrlich gemeint hat, spielt keine Rolle. Tatsache bleibt, daß er ein ‹schizophrenes› Verhältnis zum Geld hatte, das er zugleich liebte und verabscheute, hütete wie seinen Augapfel und doch verachtete, aber alles, was er anrührte, zu Gold machte. Eben um sich die Liebe, die ihm in seiner Jugend und auch später auf eine unwiederbringliche Weise fehlte, zu ersetzen. Selbst im hohen Alter klammerte er sich trotz seines Millionenvermögens, trotz seiner fürsorgenden und geliebten Frau Oona an jede Möglichkeit, sein Geld noch zu vermehren, war er verfolgt von der Angst, diese äußere Sicherheit, und damit die innere, wieder zu verlieren.

Von der ersten Gage eines Londoner Bühnenvertrages, die zwei Pfund die Woche betrug, legte der 16jährige Chaplin bereits einen Teil zur Seite. Vier Jahre später konnte er schon 50 Dollar pro Woche auf die Bank von Manhattan bringen, ein Angebot aus Hollywood lehnte er ab, weil man ihm zu wenig Geld bot. Erst als Keystone das Angebot verdoppelte, nahm er an.

1915, mit 25 Jahren, unterzeichnete er einen Einjahresvertrag über 65000 Dollar für 16 Kurzfilme. Nach Ablauf dieses Vertrages bezahlte ihm eine andere Produktionsgesellschaft das Zehnfache: 670000 Dollar für ein Jahr. 1918 bekam er mehr als eine Million und gründete mit Mary Pickford und Douglas Fairbanks die United Artists.

Damit wuchs das Vermögen Chaplins ins Unermeßliche. Er investierte sein Geld in seine eigenen Filme und behielt daran alle Rechte. Bald war er mehrfacher Millionär, obgleich diverse Ex-Frauen und der Fiskus ihn tüchtig schröpften. Längst hatte er ausgesorgt. Seine Beziehung zum Geld war Liebe auf den ersten Blick, und er scheute sich nicht, das offen zuzugeben.

1971 gelang es dem Schöpfer des unsterblichen Filmes und zeitkritischen Dokumentes *Goldrausch,* seine eigene Goldader noch weiter auszubeuten. Er überließ die Rechte an zehn seiner Spielfilme einem gewissen Mister Rotmann, einem ehemaligen Vizepräsidenten der Columbia, für den fabulösen Betrag von 30 Millionen und einer zusätzlichen enormen Beteiligung von 30 bis 40 Prozent für einen begrenzten Zeitraum von zwanzig Jahren.

Schon nach kurzer Zeit brachte ihm das allein in Frankreich fast sechs Millionen Francs ein, zusammen mit anderen Ländern 25 Millionen Dollar, die Rechte für Amerika nicht eingerechnet.

Noch immer nicht genug abgesichert, legte er sein Riesenvermögen so an, daß nach seinem Tod die Erben nicht zuviel Erbsteuern bezahlen mußten – bekümmert und beschäftigt mit dieser (Ersatz-)Liebe bis über den Tod hinaus, hat er sein Verhältnis zu ihr so gerechtfertigt: «Arm zu sein ist eine solche ungeheure Demütigung, daß man das Geld durch diese Erfahrung richtig lieben lernt.»

Solch offene und ehrliche, chaplineske Liebe zum Mammon fehlte Liselotte. Sie war nicht wie Chaplin in richtiger

Armut, in einem Elendsviertel einer Weltstadt, sie war im sogenannten guten Mittelstand einer Schweizer Hauptstadt, in diesem gesegneten Land, wo es laut Adolf Guggenbühl «keine wirklich armen und keine wirklich reichen Leute gibt», also im besänftigenden, alles Extreme ausbügelnden Mittelmaß aufgewachsen.

Leute wie Chaplin aber, die aus dem richtigen Elend, den Slums der Großstadt kommen, hegen nur einen Wunsch: daraus herauszukommen, d.h. selbst reich zu werden und sich an dieser Gesellschaft, die sie verstoßen hat, zu rächen, sich schadlos zu halten und sie konsequent zu verspotten und zu kritisieren.

Das ist die Basis von Chaplins Humor und Unsterblichkeit: der Spiegel, den er der Menschheit mit seinem tragisch-komischen Charlot vorhält, die Unerbittlichkeit und Konsequenz, die nur aus konsequentem Haß und Elend, aus einem bewußten Nachholbedürfnis, das vor allem ein Liebesbedürfnis ist, entstehen.

Bei uns aber, hinter der sauberen Fassade eines bescheidenen Wohl- und angestrebten Mittelstandes, gab man eben nicht die Schuld der Gesellschaft, die man ja selbst so repräsentierte, sondern einem höheren ‹Schicksal› oder sogar Gott. Arm zu sein war eine Strafe, reich zu sein war gottgefällig nach der puritanischen Tradition, der man sich gehorsam beugte.

Nur so ist es zu erklären, daß viele Schweizer mit dem Geld ein Verhältnis pflegen wie anderswo nur mit einem Liebespartner.

Die Wichtigkeit von Geld, von Ansehen und einer intakten Fassade wurde Liselotte von Kindsbeinen an eingebleut.

Der Vater setzte Maßstäbe, unwiderrufliche, von denen

sie sich scheinbar leiten ließ, obschon eine innere Stimme sie davor warnte und ihr oft was anderes riet, was eben diesen Zwiespalt in ihr erzeugte, diese Unentschlossenheit und Unsicherheit, den Drang, auf der einen Seite den inneren, eigenen, auf der anderen den aufgezwungenen Bedürfnissen zu gehorchen.

Ganz bewußt hat Liselotte aus diesem Grund ein Anti-Vaterbild gesucht und zu ihrem Ideal des (Ehe-)Mannes gemacht: den starken, maskulinen, lieber urwüchsigen, aber um Gottes willen nicht sensiblen männlichen Helden, das gstandne Mannsbild, wie man in ihrem geliebten München sagt, der von ihr aus alles machen darf, eben «huren, saufen und mit der Faust auf den Tisch schlagen», nur nicht sich «weich», d.h. schwächlich oder feige gegenüber dem Leben – den Frauen – zeigen.

Sie hat auf diese Weise ihren Ehemann gewählt und ist jetzt restlos glücklich, daß er ihr viele Entscheidungen und «Sorgen» abnimmt.

Denn jede Entscheidung, auch solche, die eigentlich jedermann Spaß machen, ein Haus, ein Kleid, ein Auto zu kaufen, einen Film, eine Rolle, ja einen Liebes- oder gar Ehepartner auszusuchen, das ist oder war für sie immer «eine Sorge».

Sie sorgt sich viel und gern, sie sorgt sich sozusagen unentwegt, es ist dieses schwermütige ‹Grübeln› ihrer Landsleute (darüber, ob es wohl hinter dem ‹Gurten› – Berg bei Bern – auch Leute gibt), das Jeremias Gotthelf beschrieben hat und das man der heiteren Liselotte gar nicht ansieht.

So fing sie als Kind schon im August an, sich für Weihnachten zu sorgen, d. h. Unterhosen, Strümpfe, Bauch- und Seelenwärmer für die gefürchtete Großmutter, die verhaßten Tanten und die ganze restliche Verwandtschaft zu stricken.

Sie ‹lismete› in der heißesten Jahreszeit warme Wollsachen, obschon sie dabei ganz fürchterlich schwitzte.

Da sie damit aber bei den mißmutigen und hartherzigen Tanten, Großtanten und allen anderen mehr oder weniger gefürchteten Familienmitgliedern überraschenderweise Dankbarkeit und freundliches Lob erntete, kann man annehmen, daß es eine andere, raffinierte und mühselige Art war, auf sich aufmerksam zu machen, auf Umwegen doch noch zu ein wenig Liebe von dieser bösen Umwelt zu kommen.

Hinter diesem schwierigen Arrangement mit einer häßlichen und banalen stand natürlich die heimliche Sehnsucht nach einer schönen, großen, der uns «nicht gemäßen» Welt, in der Feen mit einem Zauberstab das Böse ins Gute, mickrige Häuschen in Schlösser und häßliche, kleine Entlein zu Schwänen, unscheinbare Aschenputtel zu glanzvollen Königinnen auf einem goldenen Thron und in die Arme blondgelockter Prinzen erheben. Hinter dem lustigen, leicht-sinnigen kommt ein eher komplizierter Mensch zum Vorschein, stets ein wenig in den Wolken, fern von der Realität, der mit den banalen Tatsachen des Alltags meistens auf Kriegsfuß steht. Das aber gibt ihr gerade diese spezielle Ausstrahlung, vor allem später auf der Bühne, die der Bühnenbildner Teo Otto «stets mit einem Bein über dem Abgrund stehend» nannte.

Sie kommt von der Schwere, die der Leichtgewichtigen im Genick hockt, wenn sich Wunschdenken und Vernunft, Vorsicht und Ehrgeiz, Geld und künstlerischer Drang wie unversöhnliche Krieger gegenüberstanden und die simple Wahl zum Beispiel einer Frisur, eines Hauses oder einer Rolle zur Qual, das süße Leben eines verwöhnten Filmstars zur Bürde eines geplagten Sorgenmenschen und schließlich eben das gesuchte Traumhaus zu einem ganz gewöhnlichen Dutzendhäuschen machten.

Daß ihr Traumhaus oder der Traum von einem Haus an der Schweizer Goldküste im Steuerparadies zwischen Lausanne und Genf stehen würde, stand seit je für sie fest, ungeachtet der Tatsache, daß hier die Rothschilds, Aga Khans und Napoleons, abenteuerliche Hochstapler und charmante Playboys, verrückte Millionäre, echte Könige aus der großen Welt und falsche aus der Unterwelt sowie die internationalen Stars von Film, Sport und Jet-Set wohnen.

Schon vor zweihundert Jahren war es Tradition, daß hier die Großen und Reichen dieser Welt hinter der Diskretion jahrhundertealter Bäume und Quadratkilometer sanften Rasens Schutz vor Verfolgung aller Art oder einfach ihre Ruhe suchten. Man könnte meinen, Liselotte hätte diese Gegend aus Prestigegründen oder anderer Vorteile wegen ausgewählt.

In Wahrheit ist sie hier auf der Suche nach einem verlorenen Kindheitsparadies, in dieser «schönsten Gegend der Welt», wie Chateaubriand sie vor 150 Jahren genannt hat, die heute längst durch häßliche Zweckbauten, Flugzeuglärm, Autobahn und Dutzendhäuschen weitgehend verschandelt ist.

Das berühmte und damals fortschrittliche Wort des legendären Nationalrates, Migros-Begründers und echten Volksvertreters Gottlieb Duttweiler – «dem Schweizervolk die Schweizerseen» – hat sich im Zuge der Zeit und vor allem der Umweltverschmutzung schon wieder ins Gegenteil verkehrt.

Heute müssen die Seen vor dem Volk geschützt werden, da es noch nicht gelernt hat, mit seinem Eigentum sorgfältig umzugehen, sondern es hemmungslos mißbraucht als Mittel zum Zweck. Für ein von der Vergnügungsindustrie schamlos ausgenütztes Bedürfnis nach Freizeitsport und Freiheit, was Lärm und Verschmutzung mit sich bringt, sind die wenigen noch übriggebliebenen ausgedehnten Privatbesitze durch die Invasion einer rücksichtslosen Wohlstandsgesellschaft endgültig zum Tode verurteilt.

Man teilt sie auf in kleine bis kleinste Hauptparzellen, meistens Zweitwohnungen. Vor jeder schwimmt zumindest ein kleines, wenn nicht größeres Vergnügungsvehikel, das mit lärmigem und stinkendem Benzinmotor endgültig die Ruhe zerstört, die Fauna und Flora zum Gedeihen brauchen.

Jahrhundertealte Baumriesen müssen rationelleren Gartenzwergen oder Zwerggärten weichen (die ehrwürdigen Bäume sind zwar geschützt, aber es ist hier Brauch, wenn die [Geld-]Mittel den Zweck heiligen, sie trotzdem zu fällen und einfach eine Buße zu bezahlen, wie das zum Beispiel mit einer ‹geschützten› Pappelgruppe in der Nähe unseres Ferienhauses geschah) – Sträucher und Schilf werden ausgeholzt und die berühmte Côte immer mehr zu dieser Betonlandschaft gemacht, die heute das Symbol für Fortschritt, Demokratie, Gerechtigkeit und Freiheit zu sein scheint. Das sogenannte Steuerparadies hat da wenigstens noch den Vorteil, daß die offiziellen und inoffiziellen Flüchtlinge die wenigen sind, die sich große Häuser und große Parks leisten können, und da sie diese meist nicht regelmäßig als Wohnsitz benutzen, bieten die wenigen bewohnten Residenzen seltenen und gefährdeten Vögeln, Tieren und Pflanzen willkommenes Refugium.

Hier hatte die Großmutter nach dem Ersten Weltkrieg einen kleinen Besitz gekauft für die jüngste Tochter, die hochbegabte Malerin, Lieblingsschülerin von Paul Klee,

Gertrud P., der man eine große Zukunft voraussagte und die kurze Zeit darauf an dem anscheinend unüberwindlichen Zwiespalt zwischen anerzogener Bürgerlichkeit und angeborener Künstlernatur und dadurch einer immer größer werdenden Angst vor dem Leben zugrunde ging und seelisch zerbrach.

Das Haus wählte man wegen seiner malerischen Lage mitten in der sonnigen Weite der nur durch sanfte Hügel und steife, in den Himmel ragende, wie Gestalten wirkende Pappeln (die heute fast alle gefällt sind) durchbrochenen und an das Südfrankreich van Goghs erinnernden Landschaft. Man hoffte, daß die junge Malerin hier arbeiten und Erholung finden könnte.

Es war ein kleines, romantisches Bauernhaus aus dem 17. Jahrhundert, ohne jeglichen Komfort, aber mit dicken Mauern und knarrendem Gebälk, das die kindliche Phantasie nachts, wenn die keuchende und wie die Großmutter sich räuspernde und hustende Eßzimmeruhr Mitternacht schlug, schaurigschön anregte.

Das Haus war von der Großmutter streng eingeteilt und wie unter militärischer Herrschaft verwaltet und gestaltet worden, ein hundertprozentiger Gegensatz zu unserem unordentlichen und finsteren, liberalen Haushalt am Berner Malerweg.

Dabei schien uns das ehemalige Bauernhaus viel unorganischer und unübersichtlicher, ‹unbürgerlicher› eingeteilt, mit kleinen Stiegen und Treppenstufen romantisch verwinkelt, sie führten zu den einzelnen Zimmern hinunter oder hinauf. Durch die Küche mit den dicken, rauchgeschwärzten Balken kam man in das Haus hinein, von ihr gelangte man in das ‹Remisen›, den ehemaligen Heuboden, jetzt ein riesiger, finsterer, doppelstöckiger Raum mit einer Galerie.

Ein paar Stufen hinunter ging es von hier in den ‹Salon› linksab, während man rechts durch eine Brettertüre mit Oberlicht in einen Abstellraum, in dem mehrere Handkarren, ein Sortiment Waschkübel aus Zinn, Waschbretter, Säge- und Holzböcke und weiteres Handwerkszeug aufbewahrt wurden, gelangte, von wo aus man dann durch eine Art gotische Pforte und den fensterlosen Keller, durch dessen ewige Finsternis erst und unweigerlich auf den ‹Abtritt›, das gewisse Örtchen, stolperte.

Eine Treppe aus blassem Holz mit blankgewetztem Geländer führte einen, begleitet von den strengen Blicken der in geschnitztes Holz eingerahmten Fotos von Urgroßmutter mit Gemahl, auf die Galerie, von der man rechterhand, wieder über ein paar steile Treppenstufen, in unser Schlafzimmer, das ‹Atelier›, gelangte. Daneben lagen zwei weitere, das etwas düstere ‹Tante Anna-› und das blumige ‹Mädchenzimmer›, schließlich über nochmals drei Treppenstufen das der Großmutter, zu dem wir aber keinen Zutritt hatten.

Rechts von dieser kleinen Treppe waren zwei eingebaute Holzschränke, mahagonibraun gebeizt, in welchen die Großmutter stets allerhand mysteriöse Vorräte, altmodische Schirme, Hüte und ihre priesterähnlichen, schwarzen «Madame de Meuron-Gewänder» aufbewahrte und mit Schlüsseln dreimal abschloß, davor tropfte ein einsamer Wasserhahn, der mit dem in der Küche einzigen im ganzen Haus, darunter stand ein grüner, von unserem Vater wie die Eßzimmerdecke und die Petroleumlampe im Salon lustig bemalter Metallkübel, der Tag und Nacht durch das regelmäßige Wassertropfen wie eine mahnende Uhr schlug und den man am Morgen, zusammen mit dem geblümten Nachtgeschirr und der dazu assortierten Waschcuvette, auf Großmutters Mist am anderen Ende des Gartens leeren gehen mußte. (Tante Anna, die ältere Schwester des Vaters, tat das mit Vorliebe zu ungebührlicher Zeit, um Mitternacht, im weißen, wallenden Nachthemd und barfüßig, das war in dieser Familie, wo man mit den Vögeln zu Bett zu gehen pflegte, ziemlich ungewöhnlich und verrückt und trug nicht unwesentlich bei zu unserem Glauben an Gespenster.)

Auf der andern Seite von Großmutters Heiligtum schließlich, am Ende der Galerie, führte eine weitere verschlossene und kompliziert zu öffnende, abenteuerlich quietschende und knarrende Holztür in einen romantischen Estrich, wie er nur im Märchenbuch steht.

Da gab es auch wieder Treppchen und verborgene Winkel und Ecken, rauchschwarze Balken und Koffer, Möbel, Schneiderbüsten und Kisten, alle unter weißen Tüchern und Spinnweben und Staub begraben, verhüllt und geheimnisvoll wie Phantome, die an trüben Regentagen unsere stummen Spielkameraden waren und zusammen mit dem auf das Dach tropfenden Regen unsere Phantasie, aber auch die sich im polternden Spiel austobenden Körper erhitzten.

An der Hausordnung und Einteilung der Schlafgelegenheiten war nichts zu rütteln, so gern wir sie uns auch selber ausgesucht hätten. Großmutter bewohnte natürlich das schönste Südzimmer mit der wundervollen Aussicht und wir das unheimlichste, das Atelier.

Es wurde so genannt nach seinem früheren Besitzer, des Genfer Malers Barthołémy Menn, dem zu Ehren eines Tages eine kulturelle Vereinigung mit Musik, Trompeten- und großen Wortklängen eine Gedenktafel – Marmorrelief mit Widmung – an unserem Haus anbrachte, wo sie noch heute zu sehen ist.

Der Maler ließ sich im ersten Stock den größten Raum mit einem Nordlicht einrichten, das zu seiner Zeit, Ende des letzten Jahrhunderts, für einen Kunstmaler noch als unentbehrlich galt.

Gerade dieses Nordlicht machte unser Schlafzimmer besonders ungemütlich. Es bestand aus einem großen Fenster in dem im hinteren Teil auf etwa vier Meter erhöhten Zimmer, wie der Name sagt, gegen Norden liegend, was für den Künstler ein besonders kaltes, ‹ehrliches› Licht geben sollte, uns aber schon allein durch den Namen frösteln machte.

Zudem schien in der Nacht durch dieses überdimensionale Fenster die kümmerliche Straßenlaterne und ließ die Schatten der Bäume gespenstisch über die Wände tanzen, die Betten standen weit auseinander in diesem für unsere Begriffe ebenfalls riesigen Raum, man fühlte sich ganz verloren, die eine in der hintersten, die andere in der vordersten Ecke, durch einen dunklen, endlosen, an kühlen Tagen eiskalten, im Sommer heißen, von heimtückischem, tausendfältigem Mückengesang ebenso belebten wie drohenden Zwischenraum getrennt.

Liselotte und ich steigerten uns noch mit gruseligen Geschichten, die unser Bruder uns erzählte, in die Angst vor dieser großen Nacht hinein, wo über uns auf dem Estrich die Mäuse und Marder tanzten und im Park die Fledermäuse herumschwirrten und manchmal gegen die Fensterscheiben klatschten und dazu die Käuzchen schrien.

Unser Bruder Emanuel machte sich einen besonderen Spaß daraus, unsere Furcht noch anzuheizen, um damit wahrscheinlich seine eigene Angst zu überspielen.

Wenn wir tagsüber auf den unheimlichen ‹Abtritt› mußten, dann schlug er von außen den Fensterladen zu (er machte sich eine teuflische Freude daraus, darauf stundenlang zu lauern), so daß wir uns hilflos und zitternd im Finstern befanden. Der Raum war auch im Hochsommer kühl und feucht, da er am Ende des von dicken Mauern umgebenen Kellers lag. ‹Buebi›, wie wir unseren Bruder noch heute nennen, lauerte von überall, um uns zu erschrecken mit Überraschungseffekten und gruseligen Geschichten, von denen wir so angeregt und aufgeregt wurden, daß wir zähneklappernd vor lauter Furcht zueinander ins Bett zu schlüpfen pflegten.

Das war aber von der Großmutter streng verboten, sie wußte um diese ‹Unfolgsamkeit› und machte abends immer noch einen Rundgang. Wenn sie uns erwischte, dann mußten wir zur Strafe in getrennten Zimmern schlafen, eines bei ihr, im ‹gefangenen›, das neben ihrem Schlafzimmer lag und in das man nur durch dieses Heiligtum gelangte.

Liselotte war, wie in allem, auch besonders originell in ihren Ängsten. So bildete sie sich ein, eine Schlafwandlerin zu sein. Irgendwo hatte sie davon gelesen und fürchtete, daß sie schlafend aufstehen und dann irgendwo in dem großen Haus, im Keller oder auf dem Dach erwachen würde.

Natürlich steckte sie mich mit ihrer Angst an, und ich erhielt den Auftrag, das Zimmer mit dem Schlüssel von innen abzuschließen und diesen so zu verstecken, daß die Nachtwandlerin ihn bestimmt nicht finden könnte.

So mußte ich abwarten, bis die Großmutter ihren Rundgang beendet hatte (auf ihre schweizerische Pünktlichkeit konnte man sich wie bei unserem Vater verlassen) und keuchend in ihrem Zimmer angelangt war, worauf ich die Türe verschloß und abriegelte.

Manchmal fanden wir am Morgen den Schlüssel nicht mehr und mußten zum Fenster hinaus klettern, was ebenfalls verboten war, und wir hatten unsere liebe Mühe, dies alles vor der schwerhörigen Großmutter zu verbergen, die wie alle Schwerhörigen immer gerade das verstand, was nicht für ihre Ohren gemeint war.

Unvergeßlich ist in dem Ferienhaus die Nacht, als Ende des Krieges die Deutschen mit einem Luftangriff Savoyen überfielen. Dieses lag uns genau gegenüber in der Luftlinie, und etwa um zehn Uhr abends ging es los.

Wir hatten keine Ahnung, was das war, schrecklicher und unheimlicher als all die vertrauten, haßgeliebten Gespenstergeräusche, ein unheimlich reales Brummen dicht über unserem Dach, das nicht aufhörte; ganz instinktiv ahnten wir, daß das etwas Schreckliches, Krieg und Tod – wenn nicht für uns, doch für andere Menschen – bedeutete.

Liselotte bekam vor Angst Durchfall und verbrachte die halbe Nacht zitternd und schlotternd auf dem Nachttopf, so hatte ich sie noch nie gesehen, und diesmal war auch sie diejenige, die unbedingt zu mir ins Bett wollte. So steckten wir uns gegenseitig mit unseren Ängsten und Phantasien an. Wenn ich mir etwas einbildete, ein Geräusch, eine Krankheit, seltsame Schritte, Laute um Mitternacht, dann hörte sie es auch; wenn sie Angst hatte, zu schlafwandeln, dann verging auch mir das Lachen davor, und ich fing an, mich dagegen zu schützen.

Dabei war Liselotte oft widerspenstig und ablehnend, sie wollte nicht an alles glauben und nicht feige sein, sie lachte mich aus oder wurde wütend; einmal wollte sie mich beim Zähneputzen wegen einer Bemerkung mit Wasser aus dem Zahnglas bespritzen, es glitt ihr aus der Hand und zerschellte dicht neben meinem Kopf an der Wand. Liselotte wurde schreckensbleich, in jeder mißlichen Lage meldete sich bei ihr ein sehr ausgeprägtes Schuldbewußtsein und rabenschwarzes Gewissen, und ich mußte mich – nicht sie sich bei mir – entschuldigen und sie trösten.

Das hing damit zusammen, daß Liselotte wie unser Vater ein ausgesprochener Hypochonder ist. Sie hat übertriebene Angst und Respekt vor körperlichen Wehwehchen und Krankheiten nicht nur bei sich selbst, sondern auch bei den andern. Nie kann man mehr auf sie zählen, als wenn man krank ist oder einem etwas Handfestes passiert ist. Liselotte gehört zu jenen Menschen, die zu Hause keine Unordnung und kein Stäubchen dulden, die aber ohne Wimpernzucken das teure Polster ihres Autos mit Blut verschmieren lassen, wenn es gilt, ein verletztes Wesen, sei das nun ein menschliches oder auch ein Tier, ins Krankenhaus zu bringen. So reagiert sie vor allem da übertrieben erschrocken und hilfsbereit, wenn sie meint, jemandem körperlich wehgetan zu haben, während sie einen seelisch, ohne es zu bemerken, oft tief verletzt. Aber das war auch hier ihre Art, Spannungen, die in dem paradiesischen Ferienhaus nicht weniger als bei uns zu Hause regierten, zu bewältigen. Es schwebte wie stetige, unheimliche, schwüle Gewitterstimmung, wie Stille vor dem Sturm über allen Familienangehörigen und in der Luft. Die Großmutter regierte wie ein alter General, sie hielt uns an einer unsichtbaren, kurzen Leine.

Wenn wir die Betten gemacht hatten, kam sie herauf, um die Arbeit zu kontrollieren. Regelmäßig war sie ihr nicht gut genug. Sie riß uns alles wieder auf, die mühselig unter die schweren Roßhaarmatratzen gestoßenen, steifen Leintücher, damit wir unter ihrer Aufsicht wieder von vorne begannen: Unterleintuch an jeder Ecke, übers Kreuz unter der hochgehobenen Matratze eine nach der andern einschlagen, bis das harte Leinen fältchenlos wie gebügelt straff lag. Dann darüber das Oberleintuch, den gestickten, großen Saum mit Monogramm seitenverkehrt, um ihn dann über die ebenfalls kunstvoll und fachmännisch glattgestrichene und eingeschlagene Wolldecke zurückzuschlagen. Dann noch das riesige Dachbett schütteln, bis die Federn sich in der unteren Hälfte gesammelt und dicht gebauscht hatten, die obere, fast leere Hälfte darunterfalten und nun in Querlage hinlegen und so lange darüber streichen, bis es makellos glatt, prall und ein ordentlicher, schneeweißer Berg war, ebenso das Kopfkissen und dann noch die handgehäkelte Decke darüber – ein mühseliges, aber richtiggehendes Kunstwerk, so ein Bett zu machen.

Den ganzen Morgen mußten wir so mit Helfen im Haushalt verbringen. Erst nachher durften wir zur Belohnung im Garten spielen oder an den See gehen, aber auch das erst, nachdem wir uns nach dem Mittagessen «aufs Ohr gelegt» hatten, was hieß, daß wir uns bei schönem Wetter im Schatten der riesigen Linde, der Silberesche und des Ahorns auf groben roten Wolldecken, auf denen ebenfalls feuerrote Käfer, Ameisen und Heuschrecken herumkreuzten, bei Regen auf dem Boden des Salons, hinlegen mußten, während unser Vater uns überwachte und aus Gotthelfs Werken vorlas.

Liselotte riß manchmal aus, etwas, was ich nie gewagt hätte; dann ging die Großmutter sie suchen und fand sie meist beim Nachbarn, einem Weinbauern, der mit staunenden Augen zusah, wie die alte Frau das schreiende und zappelnde Kind aus irgendeinem Versteck, aus dem Stall, dem Weinkeller oder hinter dem Misthaufen hervorzog und schimpfend, an den Haaren oder wie ein Stück Vieh vor sich hertreibend, heimkomplimentierte – nein, mit dieser herrischen, unerbittlichen, tüchtigen und wahrscheinlich im letzten tödlich einsamen Frau war wahrlich nicht gut Kirschenessen.

Aber daneben machte sie mit ihren knochigen Händen wunderbare Handarbeiten und großartige Essen, sie holte, wenn es regnete und wir brav waren, aus dem großen Schrank im Salon die wahrsten Wunderdinge: zwei riesige Puppen mit echtem Haar und kohlschwarzen, lebendigen Augen im blassen und zarten Porzellangesicht, einen Koffer voll der kostbarsten, handgenähten, gestrickten und gestickten Kleider aus Samt und Seide und Spitzen für die großen und traurigen Puppendamen, auch altmodische Spiele, farbige Reifen, Ballschläger aus Kuhhaut, oder mit glänzendem, grünem Papier eingefaßte Bücher und illustrierte Zeitschriften wie *Das Kränzchen* oder *Die Gartenlaube,* in denen es von edlen, reichen und schönen Menschen nur so wimmelte.

Der Salon war übrigens nichts weiter als ein großer, rustikaler Raum mit gemusterten Steinfliesen, sein einziger Luxus ein Kamin, der am Abend und auch an kühlen Tagen immer brannte, tröstend und wärmend für die Familie, die sich schweigend darum vereinte.

Alles, Abtritt, Keller, der große, verwinkelte Estrich, die stets nach Äpfeln riechende gedeckte Laube, vor allem aber die Küche, war trauliches und märchenhaftes Paradies.

Den ganzen Tag wurde da auf dem vor Sauberkeit blitzenden Holzherd kochendes Wasser im großen Kupferkessel als Vorrat gehalten, wurden selbstgepflückte Beeren zu himmlisch durchs ganze Haus riechender Konfitüre und ein auf der Zunge zergehender Pudding, das Sidemüesli – nur mit viel Eier und Rühren, gänzlich ohne anderweitige, unnatürliche Zutaten –, gemacht.

Das Haus lag in einem Garten voller Obst- und jahrhundertealter Zierbäume, voller Sonnenschein und lichtem Schatten, voller Schmetterlinge und Schwalben, die an den

Balken des gedeckten Eingangs ihre Nester bauten, auf einem der schönsten Punkte in der damals noch völlig unberührten Landschaft.

Jedes Jahr, wenn die Ferien zu Ende waren und wir Abschied nehmen mußten, gab es dasselbe traurig-komische Abschiedszeremoniell. Das Hausmädchen begleitete uns mit dem vierrädrigen Handkarren, auf dem unsere Koffer standen, bis zu dem einige Kilometer entfernten Tram, einer quietschenden, lebensgefährlich wackelnden, gemütlichen Spielzeugstraßenbahn – die natürlich heute längst durch einen häßlichen Bus ersetzt ist –, mit der wir bis zur Bahnstation fuhren.

Die Großmutter kam mit bis zu einem Punkt, von dem aus man das Haus noch sehen konnte, wir drehten uns dann um und winkten ihm noch einmal zu, bevor es hinter einem Hügel verschwand, und die Großmutter sagte die Worte: «Nächstes Jahr bin ich dann vielleicht nicht mehr da.» Aber jedes Jahr war sie natürlich noch immer da, und wir gewöhnten uns daran, diesen Satz nicht ernst, sondern wie die dazugehörige Marotte einer alten Frau zu nehmen. Als sie aber dann wirklich starb und nicht mehr da war, verlor das Ferienhaus schlagartig seine gute Seele, wenn sie uns auch oft hart und schwer erträglich vorgekommen war.

Trotz der Strenge der Großmutter, die den rustikalen Besitz auf Hochglanz hielt und daraus in unseren Tagen ein kleines Schloß, ein Schatzkästlein der damaligen Wohn- und Haushaltskunst machte, trotz der seltsamen, schattenhaften Tanten, der spürbaren, schwermütigen Atmosphäre, die vor allem nachts geistergleich aus allen Spalten und Ritzen stieg und von etwas ängstlich Verschwiegenem, Geheimnisvollem und Unsagbarem kündete, trotz vieler langweiliger Pflichten und strengster Ordnung und Disziplin, der sich die Kinder unterordnen mußten (die Großtanten enterbten uns später wegen Liselotte, die ihnen nach einem Besuch zu sagen gewagt hatte: «Adiö, du bisch geng bös gsi» [adieu, du warst immer böse], trotz alledem bedeuteten diese regelmäßigen Sommerferien für uns paradiesische Freiheit, Wärme und Sonnenschein, strahlende Heiterkeit und Weite, regelmäßiger Trost und sehnsüchtige Hoffnung.

Hier, auf dem Land, am Ufer des Sees, und nicht in der Stadt fühlten wir uns, fühlte besonders Liselotte sich zu Hause, und hier, nicht nur in der Nähe, sondern direkt am Genfersee zu wohnen war ihr Traum, er nahm schon damals bei ihr feste Gestalt an.

Es schien ihr das Ziel aller Wünsche, nicht nur, weil es übermütiges Spiel, Austoben und Leichtsinn bedeutete, sondern von allen unangenehmen Fesseln, Zwängen, Sorgen und Ängsten des Alltags befreite, scheinbar direkt in eine großartige Märchenlandschaft führte.

Es war die Zeit nach dem Krieg. Alle die in ausländischem Besitz befindlichen Villen und Schlösser standen da mit traurig geschlossenen Fensteraugen, in romantischem Dornröschenschlaf, ein Paradies für alles, was da frisch und fröhlich und wild gedeiht, Unkraut, Blumen und Sträucher, Vögel und sonstiges Getier, nicht zuletzt neugierige Ferienkinder mit Abenteuerlust und Märchenglauben im Herzen.

Wir überstiegen brüchig gewordene, verrostete Zäune, schlichen durch dichtes Schilf und überwucherte Wege immer näher, bis schließlich ganz heran an die verschlafenen Häuser, immer kühner und mutiger. Und schließlich wurden sie unsere Freunde, ja unser ganz persönlicher Besitz. Da war das faszinierendste und geheimnisvollste von allen: das dunkelbraune Wasserschloß mit seinen Türmen und Türmchen, seinen über dem Wasser schwebenden geschnitzten und schon ein wenig morschen Holzterrassen und Erkern, den Platanenalleen mit Resten der worthblauen Fayencevasen des weltberühmten französischen Couturiers gleichen Namens, der dieses Traumhaus erbaut und sich später darin erschossen hatte und dessen Geist, wie man uns glaubhaft versicherte, in klaren Mondnächten durch den Schloßpark spukte, und das später der nicht minder geheimnisvolle, ‹verrückte› Graf Bendern übernahm, um daraus ein noch gespenstischeres ‹Vogelschloß› zu machen.

Da war nebenan aber auch das majestätisch vor sich hindösende Schloß aus rotem Backstein von Prinz Napoleon, das kühl und vornehm zwischen Seerosenteich und dem rostenden stolzen Adler verwilderte und dem zaghaften Besucher erlaubte, an phantastische andere Welten, an Könige und Prinzen und Aschenputtel zu glauben.

Besonders Liselotte mit ihren vielen ‹Zimmerherren› und einer Fülle anderer Thronanwärter im Herzen entwikkelte eine vor Liebessehnsucht überfließende Einbildungskraft. Sie fixierte stundenlang die mit Spinnweben und Efeu überwachsenen Fensterläden des vor sich hin träumenden Wasserschlosses und bildete sich ein, daß Herr Burri oder Herr Gnägi oder sonst ein schöner Prinz sie öffne und ihr zuwinke, um sie zu seiner Herzallerliebsten, einer Schloßherrin oder zumindest einem Schloßgespenst zu machen. Was ihr nicht immer am hellichten Tag, in der langweiligen und anstrengenden Wirklichkeit, aber dafür um so mehr in der Nacht unter dem über die Ohren gezogenen Leintuch zähneklappernd und zugleich wonneschaudernd, gelang.

So vermischte sich Liselottes Sehnsucht, von schönen Märchenprinzen geliebt zu werden, mit der nach märchenhaften Häusern. Sie träumte ebenso wie von einem großen, schönen Mann von einem großen, schönen Haus. Sobald sie ein wenig Geld beisammen hatte, fing sie an, es mit der gleichen Leidenschaft zu suchen, wie sie den männlichen Partner suchte.

Und das Schicksal war gnädig, fast alle Schlösser und Schlößchen, die skurrilen und phantastischen Auswüchse menschlicher Wohn-Bau- und Wohn-Traum-Kunst waren hier am Genfersee zu dieser Zeit zu verkaufen. Viele Residenzen der Ausländer, die durch den Krieg ihr Geld verloren hatten oder nicht mehr lebten, standen leer.

Als erstes wurde Liselotte auf das Schloß in dem Dorf, wo wir als Kinder in den Ferien weilten, aufmerksam: Schloß Coinsins.

Die Nostalgie der Kindheitserinnerungen machte Liselotte ‹gluschtig› wie die Biene auf den Honig. Der Feriensitz der Großmutter war in einem Familienstreit geteilt und schließlich von einem Vetter übernommen und in einem Anfall von Erneuerungswut um seinen romantischen Zauber gebracht worden. Das Haus hat jetzt Badezimmer, eine rationell-funktionelle Küche, das schiefe Dach mit den moosüberwachsenen Ziegeln ist brav und gerade, mit Kunststoffmaterial wasserdicht gemacht, und die jahrhundertealten Mauern mit einem modernen Verputz verdeckt, das Atelier, die Laube mit den Schwalbennestern, Großmutters Mist – kurz: die Seele des Hauses ist verschwunden; voller Enttäuschung wandte sich Liselotte ab und dem schönen, etwas weiter oben gelegenen Schloß zu, das, verwinkelt und ein wenig verwahrlost, genau diese unvergeßliche Märchenatmosphäre wie der Kindertraum, den Liselotte in ihrem Herzen trug, ausströmte.

Das stattliche Gebäude stammte aus dem frühen 18. Jahrhundert, wurde wie viele der damaligen Schlösser seitenverkehrt, das heißt, mit dem Gesicht zu den Bergen und nicht dem See hin gebaut, was den vorausblickenden Napoleon veranlaßt haben soll, die in Aussicht genommene Schloß-Aquisition dann doch nicht zu tätigen. Es gehörten Weinberge, Wiesen, ein ganzer Eichenwald, der berühmte ‹bois de chêne›, und ein kleiner Friedhof mit den halbversunkenen Gräbern der ehemaligen Besitzer dazu.

Das ganze Schloßgut des kleinen Dorfes, in dem man auch noch heute nur wenig Steuern bezahlt und wo das Wasser nichts kostet, weil es eine eigene Wasserquelle besitzt, sollte 450 000 Franken kosten. So viel hatte Liselotte noch nicht verdient; aber wäre sie so leichtsinnig gewesen wie ich, hätte sie das Geld einfach als Hypothek aufgenommen. Die kleine Dorfgemeinde hätte es als eine Ehre empfunden, die berühmte und beliebte Schauspielerin als zukünftige Schloßherrin zu sehen.

Doch ist es oft leichter, aus der Wirklichkeit einen Traum, als aus dem Traum eine Wirklichkeit zu machen.

Das Schloß war später wieder zu verkaufen, für mehr als den zehnfachen Preis. Der Besitzer, ein achtzigjähriger Engländer, hat fast das ganze dazugehörige Land aufgeteilt und allein damit ein Vermögen verdient. Er ist inzwischen verstorben und hat den Besitz der Gemeinde vermacht.

Der Preis, den man heute für das Schloßgebäude mit dem Land, das dazu übrig bleibt, verlangt, beträgt 6 Millionen.

Das nächste Traumhaus, das Liselotte anschaut, steht neben dem Vogelschloß, direkt am See. Ein langgestrecktes, etwas strenges, vornehmes Herrenhaus mit riesigem Schieferdach, 25 000 Quadratmetern Ufer, einem eigenen Hafen und einer prachtvollen Platanenallee, einer der schönsten und elegantesten Besitze dieser Gegend. Der Preis wäre

300 000 Franken, Liselotte meint, daß sie noch nicht so viel beisammen hat.

Eine Hypothek darauf aufzunehmen sei absolut kein Problem, meint der Verkäufer, und mache sich bei einem solchen Wertobjekt schon innerhalb kurzer Zeit bezahlt.

Liselotte schwankt hin und her, zittert vor Verlangen. Sie kennt das Haus genau, es ist eines unserer Lieblinge, eines von denen, in deren Park wir uns vom nahe gelegenen Schwimmbad aus oft einschlichen (um uns auf den mit Unkraut überwucherten Wegen die Füße und das sehnsüchtige Herz wund zu reißen.)

Der Vater, mit dem Liselotte es wohlweislich anschaut (wohlweislich nicht mit mir), rät händeringend ab. Für ihn bedeutet ein solch behäbiges, mit stiller Vornehmheit in sich ruhendes Herrenhaus die Assoziation vom Niedergang unserer Familie, nein, niemals dürften arme Leute wie wir sich eine solche Herausforderung des Schicksals leisten.

Liselotte ist im tiefsten Herzensgrunde dankbar. Denn sie hat das, was der Vater hier jetzt wie ein Orakel ausspricht, auch gespürt, diesen unsichtbaren Mühlstein, der ihr plötzlich, immer wenn sie sich entscheiden will, um den Hals hängt.

Aber kaum abgesagt, bereut sie es und geht schon wieder zum nächsten Angebot über.

In La Tour-de-Peilz hat eine Arztwitwe ihre hochherrschaftliche Villa zu verkaufen. Ein großes, komfortables Jugendstilhaus mit hellen, repräsentativen Räumen, einem Park von 6000 Quadratmetern, direkt am See gelegen, natürlich mit Privathafen und eigenem Boot. Der Preis ist nicht hoch, nicht zu hoch; hier, die ‹Riviera Vaudoise›, unterhalb Vevey, wo auch Charlie Chaplin und der ehemalige Schweizer General Guisan wohnten, ist zwar noch teurer als gegen Genf zu, aber man würde ja ohnehin mit sich reden lassen.

Liselotte ist begeistert.

«Genau das, was ich mir vorstellte», flüstert sie mir zu und wiederholt es nachher in dem Tea-Room, in dem wir uns beraten.

«Soll ich oder soll ich nicht?» – Ja – natürlich, denn es ist in jedem Fall auch eine ausgezeichnete Kapitalanlage.

Aber wie wir dann in Liselottes rotem Studebaker nach Bern zurückfahren, da wachsen ihr mit jedem Kilometer auch die Zweifel.

War nicht die Eingangshalle mit der Holzverkleidung zu altmodisch und zu düster? Lag das Haus nicht zu nahe an der großen Straße? War es nicht zu teuer? Und mit dem Hinweis, daß es ja doch nicht die eigentliche Lieblingsecke des Genfersees sei, die wir die unsrige nannten, ließ sich Liselotte gleich anschließend vom Vater bestätigen, daß auch dieses Objekt ja verrückt, zu groß, zu teuer, für unsere Verhältnisse unangemessen sei. Nun forderten solch väterliche Ratschläge zwar bei Liselotte immer eine rasche Entscheidung heraus, aber zugleich auch ihren Widerstand und Trotz gegen seine Angst und falsche Bescheidenheit.

Jede Absage bereute sie im geheimen, und daraus wuchs doppelt der Wille, doch noch ein richtiges Traumhaus zu finden, jede Hürde war ja nur Herausforderung, nicht wirkliches Hindernis bei Liselottes atemlosen Steeplechase.

Das nächste Objekt war ein zweihundertjähriges Waadtländer Bauernhaus in dem kleinen Dorf Les Muids oberhalb Begnins, dem schon Napoleon und Kaiserin Marie Louise die Ehre erwiesen hatten und wo heute der Welt berühmteste Autorennfahrer oder deren Witwen wohnen.

Dieses stattliche Haus mit seinen dicken Mauern und den zehntausend Quadratmetern dazugehörigen Bodens hatte seinen ganz besonderen Zauber, weil es wie eine größere und bessere Ausgabe unseres Ferienparadieses war.

Liselotte fing sofort Feuer, die Besitzerin, eine weitere trauernde Witwe und in Eile, dem Ort, an dem sie sich vereinsamt fühlte, den Rücken zu kehren, hätte es ganz besonders gerne ihrer ‹Lieblingsschauspielerin› gegeben, und über den Preis von 275 000 Franken würde sie noch gerne mit sich reden lassen.

Nach Tee und Kuchen ging sie mit uns durch das Wiesenland, das zum Haus gehörte, bis auf den höchsten Punkt, auf dem man wie in einem Flugzeug scheinbar über dem in zartem Dunst liegenden Seeplateau, den Weinbergen, dem See, dem von hier aus ganz klein wirkenden Montblanc mit seinem ewigen Schnee schwebte. Die Aussicht war noch freier, noch großartiger als von ‹unserem› Haus aus.

Überzeugt, hier nun wirklich das richtige Objekt ihrer Träume und durch seine Verwechselbarkeit mit dem Traumhaus ihrer Kindheit einen Wink des Schicksals gefunden zu haben, verließ Liselotte lachend und dankend die freundliche und überglückliche Besitzerin.

Aufatmend setzte sie sich ans Steuer ihres roten Studebakers, den sie hegte und pflegte wie ihren Augapfel und ohne jegliches Zaudern gekauft hatte, und fröhlich pfeifend gab sie Gas.

Ich drückte mich in die Ecke, schweigend, erwartungsvoll darauf bedacht, mit keinem Wort zuviel oder zuwenig die gute Stimmung und Entscheidung zu gefährden.

Auch Liselotte schwieg. Ihr Pfeifen hörte allmählich auf, immer steifer blickte sie nur noch geradeaus, und je weiter wir hinunterfuhren, desto stiller wurde sie. Sie litt jetzt wieder Höllenqualen, die Zweifel wuchsen und überfuhren sie rücksichtslos und begruben ihre Entschlußkraft unter sich. Heimlich verfluchte sie das Geld, das Träume zu harten Realitäten und die Würde nur zur Bürde machte.

Ich versuchte ihr in solchen Augenblicken zu helfen, für mich war der Entschluß längst gefaßt. (Aber – «du hast ja auch kein Geld».)

«Das wäre eine gute Gelegenheit», sagte ich vorsichtig, «eine schönere Ausgabe unseres Vieux Clos.»

«Ja», antwortete sie.

«Das Haus ist wirklich einmalig schön.»

«Ja.»

«Die Besitzerin ist reizend, der Preis vernünftig, man könnte ihn zudem noch etwas herunterdrücken.»

«Ja.»

Dann wieder Schweigen.

«Eigentlich ist es genau das, was du wolltest.»

Jetzt drehte sie den Kopf zu mir.

«Ja, aber es ist mir zu weit weg vom See. Ich will ein Haus am See. Du weißt doch, ich brauche die Nähe des Wassers. Es gibt mir Halt. Je weiter weg ich von ihm bin, desto unwohler fühle ich mich.»

Damit war die Entscheidung gefallen. Ein anderer Käufer nutzte die Gelegenheit, kaufte das Haus, baute es um und verkaufte es weiter: für 2 Millionen an den schwedischen Rennfahrer J. Bonnier, Freund des ebenfalls berühmten Rennfahrers Jochen Rindt, der sich eine Türe weiter ebenfalls ein Millionen-Traum-Haus baute.

Der Käufer, der anstelle von Liselotte zugegriffen hatte, konnte sich ins Fäustchen lachen: Er hatte allein durch sein schnelles Zugreifen ein Vermögen gemacht, einen Gewinn, den er dann in ein eigenes Schlößchen steckte.

Es ist unmöglich, alle die Häuser, Villen, Schlösser und Bauernhöfe aufzuzählen, die Liselotte im Laufe der Jahre – denn in der Zwischenzeit dauerte ihre Suche nach dem Traumhaus und der guten Anlage bereits Jahre – angeboten wurden.

Die vielen guten Gelegenheiten kann man gar nicht mehr nennen, bei denen die Besitzer sich eine besondere Ehre daraus gemacht hätten, gerade ihr, der sympathischen und natürlichen ‹Lieblingsschauspielerin›, zudem Schweizer Landsmännin, ihr Verkaufsobjekt zu überlassen, meist mit entsprechendem Entgegenkommen in Preis und Zahlungsbedingungen.

Aber je mehr man ihr entgegenkam, je leichter man es ihr machte, desto mißtrauischer wurde sie, desto schwerer hatte sie es, sich zu entscheiden.

Während ihr das eine zu weit vom See entfernt lag, war ihr das nächste zu nahe, während eines ihr zu teuer schien, erregte gerade der «zu günstige Preis» beim anderen ihre Zweifel.

Niemand hat jemals ganz begriffen, warum Liselotte, die doch das Geld so wenig verachtete und dringend ein Haus oder sogar mehrere ‹Mietshütten› als gute Anlage suchte, so wenig Mut und Risikofreude besaß oder zeigte.

Aber sie hatte eben einen großartigen Horror vor allem, was ihr das Leben an eigenen Entscheidungen so abforderte.

Das neurotische Wesen des Vaters ging ihr auf die Nerven, ohne daß sie es begriff; sie haßte und fürchtete einfach die von ihm ausgehende ungemütliche Stimmung und hat für ihr Leben eine Abneigung gegen schimpfende und streitende, diskutierende Menschen behalten. Um sich davor zu schützen, verschloß sie sich allem Unangenehmen, Problematischen immer mehr. Man hatte versäumt, sie die Konfrontation mit der Wirklichkeit, das Zuhören und Nachdenken zu lehren. Wenn man mit ihr ernsthaft sprechen wollte, lief sie schon als Kind einfach davon.

Im übrigen haben viele ihrer Schauspielerkollegen dieselben Probleme und in finanziellen Dingen ebensowenig Mut. Die Ehrlichkeit und geniale Verachtung eines Charlie Chaplin dem Gold und Geld gegenüber ist eben selten.

So erinnere ich mich, wie Curd Jürgens, dem man im Häuserkaufen und in Gelddingen zumindest soviel Fingerspitzengefühl und Risikofreudigkeit wie im Umgang mit Frauen nachsagt, sich auch nicht entschließen konnte, als man ihm für einen durchaus erschwinglichen und diskutierbaren Preis das sagenumwobene und wie eine echte Filmkulisse dastehende Vogel- bzw. Wasserschloß des geheimnisumwobenen Grafen von Bendern – von dem nie jemand gewußt hat, woher sein sagenhafter Reichtum kam, noch wohin er nach seinem Tod verschwunden ist – anbot. Allein die dazugehörenden 35 000 Quadratmeter Park und Seeufer in der schönsten Süd- und Seelage bedeuteten ein Vermögen.

Ich fuhr damals mit Curd und seiner Frau Simone im offenen Rolls Royce, den er in lebengefährlicher Manier über die unübersichtliche alte Seestraße steuerte und dabei ohne Wimpernzucken unser Leben aufs Spiel setzte. Für die Aquisition eines solchen Märchen- und Gespensterschlosses aber fehlte auch einem Curd Jürgens der Mut. Es sei ihm «zu groß», sagte er nicht überzeugender als Liselotte; ebenfalls lehnte er ein anderes, preisgünstiges und wesentlich kleineres Schloß mit der Begründung ab, daß es keine richtige Heizung habe.

Andere, wie zum Beispiel der Schriftsteller Georges Simenon, machten aus dem Häuserkaufen ein Hobby. Simenon erstand ein Riesenschloß nach dem andern, eines schöner und großartiger oder auch verlotterter als das andere, setzte sie instand, lebte sich darin ein, nur um es dann wieder zu verkaufen. Im ganzen sei er, wie er einmal schmunzelnd sagte, dreiunddreißig Mal in vierzig Jahren umgezogen.

Aber Geld verdienen und Geld ausgeben sind zwei grundverschiedene Begabungen. Es gehört zu den rätselhaften Tatsachen, warum sie sich so selten in ein und demselben Menschen befinden.

Im Jahre 1958 kaufte Liselotte mehr aus dem Drang, sich nun endlich zu entschließen, als aus richtiger Überzeugung die Villa *Les Pierrettes,* die sie für kurze Zeit nach ihrer Hochzeit bewohnte.

Von Anfang an wußte sie, daß das nie ihr ‹Traumhaus› sein würde. Da sie aber noch unverheiratet war und mit fast dreißig Jahren nicht mehr so recht an den Mann ihres Lebens glaubte, war es eher als Ersatz für das durch den Erbstreit verwahrloste und als verloren angesehene Ferienhaus der Kindheit gedacht.

Liselotte kaufte *Les Pierrettes,* wie sie sagte, für die ganze Familie, vor allem für unsere Mutter, die in der Zwischenzeit das einmalige Kunststück zuwege gebracht hatte, sich von ihrem Mann zu trennen, ohne daß er diese Trennung bemerkte.

Diese Villa *Les Pierrettes* war also ein Kompromiß zwischen Gefühl und Vernunft, günstig im Preis, am See gelegen, mit einem gewissen, wenn auch etwas merkwürdigen Charme: die eine Seite des Hauses war gerade abgeschnitten wie ein Stück Kuchen, das Gelände nicht viel breiter als das Haus selbst; immerhin aber ganze 4000 Quadratmeter groß zog es sich, wie eine grasbewachsene Autobahn (das ‹schmale Handtuch›, wie Liselotte es nannte) bis zum See hinunter.

Es besaß, auf diese Weise eingepfercht zwischen zwei anderen, größeren Besitzen, nur wenig, höchstens 25 Meter dazugehörendes Seeufer, schien aber doch mit der zweihundertjährigen Linde, den dicken Mauern und dem traulichen Kaminfeuer einen würdigen Ersatz für das Ferienhaus der Kindheit abzugeben. Besonders unsere Mutter fühlte sich darin ‹vögeliwohl› und ließ sich häuslich mit Hund, Kanarienvogel und Bösendorfer-Flügel darin nieder. Daß Liselotte in dieser ‹Mißgeburt mit Charme› selbst nie wohnen würde, das hatte sie schon von Anfang an gesagt.

Sie kaufte es, weil sie die Häusersuche für eine Weile satt hatte und unsere Mutter durch die inoffizielle, aber ärztlich vorgeschriebene Trennung vom Vater eine Zweitwohnung brauchte.

Im Jahre 1960 veränderte sich dann alles, Liselotte lernte Helmut kennen.

Als es feststand, daß sie heiraten würden, fing sie sofort wieder mit ihrer bereits in den Kamin geschriebenen Suche nach dem Traumhaus an.

Und auch alles andere fing wieder von vorne an: die Gelegenheiten, bei denen sie nicht zugreifen konnte oder wollte, etwa die Villa am See, für die später Bernie Cornfeld zwei Millionen auf den Tisch blättern mußte, während Liselotte sie samt wertvollem Mobiliar, antiken Möbeln und Teppichen für weniger als die Hälfte bekommen hätte, oder das Schlößchen am See, das der Besitzer vollautomatisiert hatte und es Liselotte, die über die Vorhänge, Türen und diversen Gebrauchsapparate, die sich von selbst öffneten und schlossen, das Kaminfeuer, das sich von allein anzündete, den Tisch, der sich drehte, Tränen lachte, für diese Summe überlassen hätte, die sie später für ihr wesentlich kleineres, wesentlich einfacheres Traumhaus bezahlen mußte. Statt dessen kaufte sie plötzlich ein hübsches Landhaus.

Es lag in einem Dorf mit dem vielversprechenden Namen Gingins, und allein dieser Gag, auf Deutsch oder Englisch ausgesprochen, würde für den trinkfreudigen Helmut und die stets zu einem Spaß aufgelegte Liselotte für nie ausgehenden Stoff zum Lachen sorgen: «. . . also Gin-Gin – nein, ich meinte Gin-Gin, ja, so wie man es schreibt, so heißt der Ort, in dem ich wohne, also: Gin-Gin . . .» Zehntausend Quadratmeter Land gehörten auch hier dazu, ein Schwimmbad, ein blauweißer Kachelofen, ein Museumsstück aus ehemaligem Schloßbesitz, eine romantische, gedeckte Laube und im Garten ein alter, ausrangierter Tramwagen unter blühenden Obstbäumen.

Doch kaum nannte Liselotte diesen Besitz ihr eigen, da hing er ihr auch schon wie ein Mühlstein am Hals, dessen Gewicht ihr die Bewegungsfreiheit, die Luft zum Atmen und nachts den Schlaf raubte.

Es war wie eine Panik, die sie erfaßte, aus der vermeintlichen Freude an dem Besitz wurde eine unerträgliche Last. Sie entschloß sich überstürzt, das Haus wieder zu verkaufen, es wieder loszuwerden, wie sie sagte, denn nie, niemals würde sie da mit ihrem Helmut wohnen. Sie wollte damit sagen, daß die Nähe des Sees, welche Helligkeit, Freiheit, Freiheit und Trost bedeutete, ihr fehlte, die Einsamkeit von Gingings ihr dagegen die ungemütlichen Gefühle der Kindheit und deshalb Angst zurückbringe.

Gingins liegt nicht weit vom See, aber etwas versteckt in einer kleinen Mulde, schon fast am Fuß des rauhen Juras, also nicht mehr im milden Seeklima, etwas eingeengt, wenn auch in der freien Natur, die aber hier mehr an das bernische, etwas schwermütige Mittelland als an die heitere Ebene der ‹Côte› erinnert, und zudem befand sich das Haus noch – nur durch die Zufahrtsstraße getrennt – gegenüber dem Friedhof.

«Nein», sagte Liselotte kategorisch «hier könnte ich es nicht eine einzige Nacht aushalten», und in einem Brief schrieb sie mir: «Diese Sauhütte in Gingins ist sehr schwer zu verkaufen. Bitte vergiß nicht, in der Frankfurter Allgemeinen zu annoncieren. Ich glaube auch, daß Ausländer sich eher dafür interessieren.» Der Verkauf erleichterte Liselotte sehr: «Ich bin elend froh, daß die Sauhütte in Doppel Gin verquantet ist, ich glaubte auch schon nicht mehr daran . . .», schrieb sie mir, nachdem ich zusammen mit einem Rechtsanwalt für sie den Verkauf unterzeichnete.

Und man versteht jetzt auch besser, warum und wie sie dann schließlich ihr ganz persönliches «Traumhaus» wählte.

Der Garten hat eine Seele. 4500 Quadratmeter am Seeufer, ein harmonisches Viereck, etwas länger vielleicht als breit, aber doch beinahe quadratisch, gegenüber dem majestätischen, unerschütterlichen Montblanc.

Der See wirkt hier fast wie ein breiter Strom. Mit Bootshaus, wuchernden Sträuchern, Schilf und wilden Wicken, dem mit Margeriten, Gänsefüßchen, violettem Thymian und gelben Primeln durchwirkten Rasenteppich, über den bis zum Haus hinauf die persilweißen Schwäne wackeln; dafür entschloß sich Liselotte schnell – und das daraufstehende Häuschen nahm sie fast unbesehen und auch zu dem übersetzten Preis in Kauf.

Hier hatte sie auf einmal ihre Entschlußkraft, ihren Mut, selbst für die Hypotheken, die sie dafür aufnehmen mußte, zurückgefunden. Dies ist nicht mit Vernunft, sondern mit

Instinkt, dem «coup de foudre», den sie braucht, um sich für etwas (selbst) zu entschließen, erklärbar.

Das Haus ist wirklich nur ein Häuschen. «Meine Hütte», wie Liselotte liebevoll und voller Erleichterung sagt. Es liegt etwas erhöht und wirkt durch die Perspektive noch hochgiebeliger, unprätentiöser, die Fassade ist schneeweiß, die Fensterläden grellgrün, und als einzige Extravaganz ist ein grünweißes Wappen mit den Buchstaben L. P. aufgemalt, was scheinbar Liselotte Pulver, in Wahrheit aber ‹Liberté et Patrie› – Freiheit und Vaterland – heißt und der Wahrspruch des Kantons Waadt ist. Eine dieser kleinen Launen des Zufalls, die Liselotte genießt und hervorhebt wie Schicksalsfügungen, sich gleichzeitig aber vor Wonne darüber totlacht.

Es ist, wie sie stolz sagt, ein durch und durch sauberes Haus, das sie ganz allein verdient und mit hartem Geld bezahlt hat, sie lobt es über den grünen Klee. Wie eine Mutter das mit Schmerzen geborene Sorgenkind, verteidigt sie jedem Kritiker gegenüber wild seine löblichen und weniger löblichen Seiten, so daß man es gar nicht wagen würde, etwas dagegen zu sagen, das tut sie dann selbst, wenn auf ihr überschwenglisches Lob höfliches und betretenes Stillschweigen einsetzt.

Dann ist sie irritiert und gibt plötzlich zu, daß das zwar ein Traumhaus, aber keinesfalls etwa das Haus ihrer, Liselotte Pulvers, heimlichsten Träume sei.

«Man hätte es, als ich es kaufte, in die Luft sprengen sollen und ein neues bauen», sagt sie, «aber dafür ist es jetzt zu spät.»

Zuviel Geld, Mühe und schlechte Laune hat sie ihrer Meinung nach schon hineingesteckt, um mit Umbauten und Reparaturen die brave Durchschnittlichkeit des Häusles ein wenig aufzuwerten, es attraktiver, luxuriöser, eben etwas traumhafter zu machen. Doch es bleibt, was es ist: ein kleines, putziges Häuschen, das im großartigen Panorama gegenüber dem königlich hochragenden Montblanc wirkt wie ein störendes ‹Bibeli› (Pickel) in einem schönen Gesicht, der Größe und Erhabenheit der Umgebung aber wie weiland Wilhelm Tell dem Geßler mutig trotzt und keck die lautere Stirn zeigt und in seiner bescheidenen Wohlanständigkeit seltsam auffällig an Liselottes Geburtshaus, das Reihenhäuschen im vornehmen Bürgerquartier an der Tillierstraße, und das, was man ihr an bravem Geist in die Wiege legte, erinnert.

Ein Brief der zehnjährigen Liselotte aus dem Ferienhaus am Genfersee an ihre französische Großmutter:

Ma bien aimée Madame Miracle,
comment vas-tu, ma chérie? Ta maladie, s'est-elle sauvée? Je l'espère. Ici, nous avions jusqu'aujourd' hui de la bonheur avec le temps. Seulement hier vers le soir un petit orage est arrivé.

J'étais déjà deux fois au lac, mais toujours sans maman. Premièrement, elle ne voulait pas, à cause de Papa, et elle était aussi indisposée.

Je suis de nouveau pleine de piques de moustaches (moustiques) je voulais dire. A, sales bêtes, j'ai toujours une cruelle joie, si j'ai tué un de ces idiots.

Que fait ton chéri Mr. Hemmeler? Il est sûrement enthousiasmé de toi, parce que tu es une charmante personne.

Maintenant mon amour, je te salue mille fois.

Liselotte

Meine geliebte Frau Wunder,
wie geht es Dir, mein Liebling? Ist Deine Krankheit weggegangen? Ich hoffe. Hier hatten wir bis heute Glück mit dem Wetter. Nur gestern abend kam ein kleines Gewitter.

Ich war schon zweimal am See, aber immer ohne Mama. Erstens wollte sie nicht, wegen Papa, und dann war sie auch indisponiert.

Ich bin wieder voll von Stichen von Schnurrbärten, Mükken wollte ich sagen. Ah, Drecktiere, ich habe immer eine grausame Freude, wenn ich einen von diesen Idioten getötet habe.

Was macht Dein Liebling, Herr Hemmeler? [der Pfarrer, sic.]

Er ist sicher begeistert von Dir, da Du eine charmante Person bist.

Jetzt, meine Liebe, grüße ich Dich tausendmal.

Liselotte

7

Eine Bekannte von uns besaß ein Pony.

Aber Ponies können nicht allein sein. Man stellte ein kleines Schaf zu ihm in den Stall, das die Mutter verloren hatte, und beide waren glücklich. So sehr gewöhnten sie sich aneinander, daß das Schaf mitgehen mußte, als man das Pony für einen kleinen Eingriff ins Tierspital brachte.

So etwa könnte man auch die Beziehung zwischen meiner Schwester und mir sehen.

Als wir aus der Schule kamen, aber eigentlich schon lange vorher, trennten sich unsere Wege, obschon wir dauernd zusammenklebten.

Wir haben Tag und Nacht unserer Kindheit miteinander verbracht, besonders die Nächte, im gleichen Zimmer, wo ich zu ihr unter die Decke kroch, wenn ich Angst hatte, und sie mich auslachte, obschon sie sich natürlich nicht weniger fürchtete.

Aber schon da merkte ich, daß sie etwas anderes brauchte als ich, um sich zu trösten, um zufrieden und glücklich zu werden. Ich war ihr oft lästig, wenn ich ihre Nähe, ihre Wärme und ihren körperlichen (später: seelischen) Kontakt suchte, sie nannte mich eine Klette und verletzte mich mit ihrem Spott.

Es muß eine andere Form von Zärtlichkeits- und Liebesbedürfnis sein, das sie hat. Sie konnte sie nur von außen empfangen. Sobald ihr mehrere Personen zuhörten (oder auch nicht), schien sie mir den unwiderstehlichen Drang zu haben, sich zu produzieren, auf sich aufmerksam zu machen, laut zu sein und zu lachen, während ich genau umgekehrt reagierte, mich in mich selbst zurückzog und schwieg und mich am liebsten unsichtbar gemacht hätte, am liebsten in einem eigenen Haus auf dem Rücken wie eine Schnecke.

Trotzdem waren wir uns nahe wie zwei Schiffbrüchige im gleichen Boot, deren Schicksal die gleiche Ursache und notgedrungen auch das gleiche Ziel hat.

Liselotte beneidete mich um meinen ‹Schris› (Erfolg bei den Männern), ich sie um ihre Extravertiertheit und die stets gefüllte Sparbüchse.

Wenn ich krank war, wurde sie auch krank, und wenn ich mich verliebte, verliebte sie sich (in denselben) auch.

Erst in der Berufswahl zeigte sich dann wirklich unsere Verschiedenheit. Liselotte wollte Schauspielerin werden und fügte sich diplomatisch der väterlichen Vernunft, zuerst «etwas Seriöses», das Handelsdiplom zu machen. Ich schaute sprachlos zu, wieviel leichter sie damit ihr Ziel erreichte als ich, die Widerspenstige, die man, als sie Malerin werden wollte, gegen ihren Willen in eine klösterliche Haushaltungsschule steckte.

Was also macht eine frischgebackene Diplom-Kaufmännin, die die reale Möglichkeit, schnell viel Geld zu verdienen, in der Hand und den etwas irrealen Wunsche, einen ‹brotlosen› Traumberuf zu ergreifen, in der erwartungsvollen Seele hat?

Nun, wenn man Liselotte Pulver heißt, dann wählt man wie immer den goldenen Mittelweg.

Bedrohlich gähnt vor ihrem Auge stets die Leere des väterlichen Portemonnaies. Er hat wohl oder übel zum Schauspielstudium ja gesagt, aber nur unter der Bedingung, daß er selbst von einem finanziellen Aderlaß verschont bleibt.

Noch immer wissen weder die eigene Frau, geschweige denn die Kinder, wieviel der höhere Staatsbeamte, Chef der landwirtschaftlichen Abteilung des Kantons Bern, verdient. Es kann augenscheinlich nicht viel sein, denn selbst für die Straßenbahn, die zu dieser Zeit 20 Rappen für eine Fahrt kostet, haben wir kein Geld.

Wir kommen deshalb vom sonntäglichen Schlittschuhlaufen auf dem Weyermannshaus immer ganz durchfroren, mit roten Nasen und blauen Händen heim. Beim Skifahren haben wir noch nie einen Skilift benutzt, aber das ist, wie der Vater sagt, gesund fürs Herz und fürs Portemonnaie und härtet in jeder Beziehung ab. Das ewige Nein-Sagen tut dies offenbar im Guten wie im Schlechten.

Für den Körper mag das ja gut sein, für die Seele, die sich durch die Nerven Ausdruck verleiht, weniger; die Mutter ist mit den ihrigen schon bald am Ende, man gibt ihrer Singerei und ihrem ‹verrückten› Lebenswandel die Schuld und sieht nicht, daß der Geiz an Geld und Gefühl, die übertriebene Sparsamkeit in allen Belangen die Menschen in dieser Familie entweder zu hart oder zu zerbrechlich macht. Auf jeden Fall will Liselotte sich davor schützen und nimmt sofort eine Halbtagsstelle an.

Mit Stenographie und Maschinenschreiben in vier Sprachen, Buchhaltung und allen anderen kaufmännischen Kenntnissen kann sie wählen; sie geht zu Couturier Roth, einem bekannten Berner Modehaus.

Gleichzeitig reicht der Vater bei der «Zunft zu Zimmerleute», der wir angehören, ein Gesuch um ein Stipendium ein. Wenn es akzeptiert wird, dann steht dem Schauspielstudium von Liselotte nichts mehr im Wege.

Die Zünfte sind eine Einrichtung, die es in dieser Form nur noch in der Schweiz gibt. Mit ihnen hat sich eine Fürsorge- und Ordnungseinrichtung vergangener Jahrhunderte, die heute sonst dem Staat untersteht, erhalten.

Entstanden sind sie als Vereinigung zum Schutze der Stadtbürger, vorwiegend der Handwerker. Auch heute dürfen sich in Bern die Nachkommen der Zunftangehörigen noch Burger und nicht ‹nur› Bürger nennen, denn die Zünfte bilden hier die sogenannte Burgergemeinde. Sie verfügt auch heute noch über einen ausgedehnten Grundbesitz in Stadt und Kanton, und aus diesem Vermögen bestreiten die Zünfte kulturelle Aufgaben und Fürsorgepflichten.

Die eigentlichen Privilegien sind längst abgeschafft, jedoch stellt die Fürsorgetätigkeit in diesem persönlichen Rahmen eine viel individuellere und wirksamere Geborgenheit dar.

Geschätzt ist die Institution des Bürgerspitals oder Burgerspittels, wo der betagte Burger (wie unsere Großmutter) Anspruch auf Aufnahme hat. Für die Berufsbildung der jungen Leuten richten die Zünfte Stipendien aus, und durch gesellige Zusammenkünfte wird der gegenseitige Kontakt lebendig erhalten. (Liselotte hat unserer Zunft später ein ‹Liselotte-Pulver-Stipendium› für angehende Schauspieler gestiftet. Es ist bis auf den heutigen Tag noch von niemandem beantragt worden. Entweder sind also die Berner so reich, oder aber so arm an Theaterbegeisterung . . .)

Das Stipendium wird von der Zunft bewilligt – übrigens nach absolvierter Haushaltungsschule auch für mich, als

Malerin –, Liselotte vollführt einen Freudentanz; sie kann das Schauspielstudium beginnen. Sie meldet sich bei Margarete Schell-von Noé an, die in Bern eine Schauspielschule eröffnete, als die Familie aus Wien emigrierte: Sie ist die Mutter des Schauspielerquartetts Maria, Maximilian, Immy und Carl Schell, die später alle auf ihre Weise von sich reden machen, denn die Mutter setzte zusammen mit ihrem Mann, dem Schriftsteller Herrmann Ferdinand Schell, den die ganze Familie als ‹Goethe des 20. Jahrhunderts› tief verehrt, in die Kinderschar die ‹höchsten Ansprüche›, womit sie, vor allem bei den beiden älteren, Maria und Maximilian, die weltberühmt wurden wie man sieht, Erfolg hatte.

Aber für solch hohe Selbsteinschätzung und den damit verbundenen Ehrgeiz brauchte es in erster Linie die seelische Robustheit der Familie Schell. Sie besaß diese durch das intensive Familienleben und die gegenseitige Anbetung, was uns, die wir aus einer Familie stammten, in der man sich gegenseitig eher zerstörte, völlig fehlte.

Die kurze Zeit als Schülerin von Margarete Schell-von Noé, die auch in allen ihren Schützlingen das Bedürfnis nach den höchsten Ansprüchen als Basis der Schauspiel-(und jeder anderen) Kunst zu wecken suchte, hat zumindest einen Bruchteil des Schellschen Lebensanspruches in Liselotte zum Klingen gebracht und ihren Ehrgeiz, «es der Welt zu zeigen», faßbar gemacht, wobei Maria Schell mit ihrer Durchschlagskraft für Liselotte wie seinerzeit Ingrid Bergmann eine nicht unwesentliche Rolle spielte.

Die Unterstützung der Zunft ist nicht sehr hoch, 500 Franken für das erste und je 300 Franken für die weiteren zwei Jahre. Das reicht nicht, um Liselotte die Angst vor der eigenen Courage zu nehmen.

Sie macht deshalb etwas für Bern ganz und gar Ungewöhnliches: Sie wird für den Modeschöpfer und seine Modeschau Mannequin, zu deutsch: Vorführ- oder Gliederpuppe. Ihre Knabenfigur hat internationales Format und kommt dem pariserischen Chic des Modeschöpfers sehr entgegen. Er schneidert alle Modelle direkt auf ihre Figur, ja er erkennt mit dem Blick des Fachmannes, wo Liselottes Pluspunkte liegen: in der sylphidenhaften Zartheit ihres Körpers, dem aparten, fast asiatischen Einschlag ihrer Gesichtszüge.

Er zauberte einen Traum aus plissierter, gelber Seide um sie herum, zog ihre Augenwinkel mit schwarzem Stift noch kühner in die Höhe, setzte ihr eine streng gescheitelte, dunkle Perücke auf.

Die Wirkung war verblüffend, Liselotte eine hinreißende kleine Geisha.

Die Vorführung wurde durch sie noch ein zusätzlicher Erfolg, man klatschte im vornehmen *Schweizerhof* nicht nur den Meisterwerken eines großen Couturiers Beifall, sondern auch diesem zauberhaften Geschöpf, das da ganz unbernisch mit leichtem und schnellem Schritt über den Laufsteg tänzelte.

Was Liselotte hier schon und heute noch immer auszeichnet, das war dieses Leichte, Schwebende, fast Durchsichtige ihrer Erscheinung, eine bildhaft gewordene Irrealität, die rührte und berührte. Später wurde ihr das vom deutschen Film in handfestere Kost, in das Burschikose und das Lausbubenhafte umgewandelt, der Reiz der Unschuld ging wie der Tau durch zu starke Sonneneinstrahlung verloren.

Für Liselotte bedeutete dieser Erfolg nichts weiter als klingende Münze. Sie konnte mit dem selbstverdienten Geld jetzt mit gutem Gewissen den Schauspielunterricht bei Margarete Schell-von Noé beginnen. Die erfahrene Frau Schell nahm das kuriose Gemisch aus unbernischer Zartheit und polternder Aufdringlichkeit in den Stall ihrer übrigen Küken, die sie alle wie eine Glucke wohlwollend und eifersüchtig bemutterte.

Ob sie Liselotte besondere Begabung oder gar eine große Zukunft zuschrieb, das ist im nachhinein kaum mehr festzustellen und eben zweifelhaft, sicher ist nur, daß sie sie nicht bevorzugte, denn die große Hoffnung hieß damals Marie Louise Willy, ebenfalls eine junge Bernerin, die Liselotte alle Hauptrollen vor der verdutzten Stupsnase wegschnappte, aber nichtsdestoweniger schon wenige Jahre später aus dem Bewußtsein der Öffentlichkeit völlig verschwand.

Dann war da auch noch Schell-Sohn Maximilian, der in der gleichen Schauspielklasse den Schatten seines zukünftigen Ruhmes voraus- und über die bescheiden im Hintergrund harrende Liselotte warf. «Maximilian Schell als Leander und Franz Matter als Nakleros überzeugten durch ihren jugendlichen Elan, während Liselotte Pulvers Anmut die sympathische Gestalt Janthes noch anziehender machte . . .», hieß es über die Schlußaufführung nach dem ersten Semester bei Margarete Schell-von Noé im Konservatorium, und: «Es war ein Abend der Jungen, der der Schulleiterin alle Ehre machte».

Bald zeigte es sich, daß Liselotte, die nie gelernt hatte, sich in einer Gemeinschaft richtig ein- und wohl zu fühlen, nicht so recht glücklich werden konnte und sich nicht so, wie sie es sich vorstellte, entfaltete:

Grillparzers *Des Meeres und der Liebe Wellen* schlugen noch nicht so hohe Wellen, wie sie im stillen erwartete. Nach einem Semester schon hörte sie bei der sie erdrückenden Frau Schell-von Noé auf – «Es war mir einfach zu teuer», meint sie im nachhinein –, um sich statt dessen bei Professor Kalbeck für Privatstunden anzumelden.

«Wir haben jetzt Ferien, aber ich weiß nicht recht, ob ich es verantworten kann, einfach nichts zu machen! Jede Minute, die ich nicht arbeite, dünkt mich verlorene Zeit – es ist direkt ein Komplex. Aber ich glaube, ich muß doch ein wenig ausspannen, um dann neue Kraft zu haben», schrieb sie mir, die ich dank dem Stipendium der Zunft zur weiteren Ausbildung mit der Mutter in London weilte, und fügte bei: «Wie ist das eigentlich mit Deinem neuen Bekannten – gefällt er Dir oder bist Du eine kalte Hundeschnauze? (pardon pour l'exprässiong). Und ist der Bill wirklich so unerträglich oder übertreibst Du ein bißchen, weil Du ihn nun einmal überdrüssig bist? Das wäre nun noch zum Untersuchen übrig. Du malst ja oft andere Personen in den schwärzesten Farben und bist immer ein bißchen subjektiv. Deshalb wehre ich mich so dagegen, alles zu glauben. Jedenfalls mußt Du ihn nicht so sehr vor den Kopf stoßen, da er sonst unter Umständen gemein werden könnte. Ich würde eher ein wenig diplomatisch vorgehen und nicht umgekehrt ihn immer mehr oder weniger reizen. Wenn Du nämlich jemanden nicht magst, dann wehe – man merkt Dir immer zu viel an.

Mir merkt man's nicht so an, oft nicht das geringste.

Vielleicht bilde ich mir das zwar ein, schon möglich. Jedenfalls kann ich, wenn ich will, jemand glauben machen, ich achte sie, wie sie's verlangen, wobei ich sie im tiefsten Herzen verachte und verhöhne. Auch kann ich dergleichen tun, es sei mir jemand komplett egal, wenn er mich brennend interessiert, und niemand merkt etwas davon. Das ist das Theater im täglichen Leben. Viele Grüße und ein Küßchen von Deiner *ergebenen* Liselotte.

Bern, 1. Juli 1948»

«Liebe Mama,
vielen Dank für deinen langen Brief.

Ich habe mir alles genau gemerkt, was Du haben solltest, den Pelzmantel und, wie ich schon Corinne schrieb, einen Haufen Unterwäsche dabei, die Ihr sicher brauchen könnt. Ich habe die Schränke so vollgepfropft, daß ich kaum dazu komme, alles zu tragen.

Also auf Deine Vorschläge zurück. Ich glaube, daß Deine Lehrerin unheimlich gut ist und mich rasch zu etwas brächte. Nur darfst Du nicht vergessen, daß ich mein Schauspiel nicht wegen meiner zweifelhaften Stimme an den Nagel hängen kann, um mich ganz umzustellen. Auch wenn ich Schauspiel in England nähme, so müßte ja doch alles auf Englisch umgelernt werden und würde alles erschweren. Zudem ist die Konkurrenz in England sicher noch stärker als im deutschen Europa, und ich hätte sicher ziemliche Mühe, da Englisch nicht meine Muttersprache ist.

Ich befasse mich sehr stark mit dem Gedanken, nächstes Frühjahr nicht nach Zürich zu gehen, sondern nach Wien in das berühmte Reinhardt-Seminar. Dann könnte ich vielleicht bei der Cebotari oder so einer Größe Stunden nehmen und genau so weit kommen wie in England. Das Ganze in England kommt mir irgendwie zu gewagt vor – denn entweder komme ich durch unerhörtes Glück null komma plötzlich herauf (was nicht anzunehmen ist), oder ich muß mich langsam hinaufarbeiten, was ich ja in Wien geradesogut kann. Aber man wird dann noch sehen, wie sich alles entwickelt, so ist ja alles noch zu weit in blauer Ferne.

Jedenfalls bin ich hin in die Schauspielerei und fühle mich gerade so zum Gesang hingezogen, weiß also noch nicht im geringsten, welches ich dann endgültig ergreifen werde.

Hier regnet es seit einem Monat ununterbrochen. Manchmal hört's gegen Abend auf, so daß man etwas Tennis spielen kann, aber ziemlich rarerweise. Von Zeit zu Zeit gehe ich mit Zulliger und den Hunden spazieren, Beni ist musterhaft gehorsam und richtig erfreulich. Nur einmal ist er fort, und zwar *ohne Halsband,* da bekam ich ein Telefon von Tante Elsa, er sei plötzlich ganz geschäftlich bei ihr die Treppe hinaufgestiegen und habe sich dort niedergelegt zu ihren Füßen. Solch ein Schwein zu haben – denn wenn er nicht Tante Elsi besuchen gegangen wäre, so hätten wir wahrscheinlich hübsch Angst haben können, wie ihn wiederzubekommen.

Weißt Du was, mein schlechtes Wetter* hat komplett ausgesetzt, ich weiß nicht, was das ist – vielleicht bin ich plötzlich ein Zwitter geworden ...

Also ein ruhiges Gewissen habe ich schon, aber eklig ist es gleichwohl. Es ist doch irgendwie gut, wenn man so seriös ist. Eine andere müßte jetzt Todesängste ausstehen.

Ich gehe überhaupt *nie* aus, selten bis nie jemanden besuchen, der reinste Einsiedler. Aber was will man, es sodet mich doch an, so konventionelle Höflichkeitsaustausche vorzunehmen, ohne Salz und Schmalz. Ich ziehe vor, zu arbeiten oder zu schlafen, das ist ja auch schön, besonders wenn man dann Dinge träumt, die wahr sein könnten und doch nur im Traume genossen werden dürfen.

Ich bin ne Kuh und tu die Augen zu.

---

* gemeint ist damit die Periode, die Menstruation

Auf Luderwiegen* unterdessen, melde Bill, daß ich ihm für seinen Brief danke und demnächst schreiben werde.

Bye bye

Loselittle»**

Professor Paul Kalbeck war eine prominente und imponierende Persönlichkeit, er stammte aus Wien, hatte unter und mit dem legendären Max Reinhardt gearbeitet, ihm seine Frau, die ebenfalls berühmte Schauspielerin Helene Thiemig abgetreten und das Max Reinhardt-Seminar in Wien geleitet, bis er, wie die Familie Schell, schon bald nach Hitlers Machtübernahme in die Schweiz emigrierte.

Kalbeck war damals schon über Fünfzig, und der große, schöne Mann mit den weißen Schläfen hatte es wohl weit schwerer als die junge Margarete Schell mit ihren vier Kindern, in Bern Wurzeln zu schlagen.

Die frostige Beamtenstadt brachte einem solchen Vollblut-Theatermenschen sicher nicht genügend Respekt und vor allem keine Sympathie entgegen. Sie konnte weder seinem Temperament noch seinen Ansprüchen wirklich genügen.

Sein Ziel war, am Berner Stadttheater Oberspielleiter zu werden, und mit dieser Aussicht hatte man ihn auch hergelockt. Intrigen vor und hinter den Kulissen des bürokratisch verwalteten Theaters verhinderten das dann; an seiner Stelle wurde der junge Hans Lietzau als Oberspielleiter gewählt.

---

* auf Wiederlugen, auf Wiedersehen
** Liselotte

Paul Kalbeck ist darauf, erst 65jährig, im selben Jahr 1949 in seiner kleinen Einzimmerwohnung an der Junkerngasse gestorben; aus Kummer, wie man in Kollegenkreisen meinte.

Als Liselotte ihm im Herbst 1948 vorsprach, da galt er noch als der zukünftige große Mann am Theater, der Name Max Reinhardt, die Aura der Theaterstadt Wien mit ihren großen Namen und der Titel Professor umgaben ihn wie eine Gloriole, die Liselotte und ihren Vater, den sie in ihrem Schlepptau mitführte, vor Respekt den Atem anhalten ließ.

Die Szene, die nun folgte, war bemerkenswert.

Der sonst so herrschsüchtige Vater saß eingeengt und eingeschüchtert auf einem kleinen Schemel, mit großen Augen Zeuge werdend der Kästchen-Szene Gretchens aus Goethes *Faust,* die seine Tochter mit einer ‹Echtheit› aufführte, daß der ehrwürdige Parkettboden schmerzlich knarrte und die holzgetäfelten Wände der ehemaligen Patrizierwohnung zitterten.

Der Professor winkte erschrocken ab, er war hier nur zur Untermiete und respektierte durchaus die sonst vornehme Stille.

Schneller als erwartet, war er deshalb überzeugt von Liselottes Begabung. Er nahm sie als Schülerin an, um ihr in erster Linie die Wichtigkeit von etwas behutsameren Tönen beizubringen, und unter der individuellen Behandlung des imposanten Theatermannes blühte Liselotte auf. Sie nahm sich vor allem die wichtigen Grundlagen, die er ihr beibrachte, zu Herzen, exerzierte stramm wie ein Soldat und gehorsam wie eine Nonne die täglichen Pflichtübungen; die seltsam, wie unaufhörliches Stottern klingenden Sprechübungen macht sie täglich auch noch heute.

Im gleichen Jahr, Ende 1948, ließ Paul Kalbeck Liselotte in seiner Inszenierung von Grillparzers *Sappho* als Rhodope zum erstenmal im Stadttheater auftreten.

Die Aufführung wurde ein großer Erfolg, vor allem die Hauptrolle, gespielt von Friedel Nowack, und auch «Liselotte Pulver verdiente volles Lob», hieß es wohlwollend im *Berner Tagblatt.*

Am 16. Februar 1949 folgte die erste Hauptrolle: die Marie in Goethes *Clavigo* mit Adolf Spalinger als Partner.

Es war die erste Stufe des Erfolges, eines Erfolges, der für die noch nicht zwanzigjährige Liselotte plötzlich in atemberaubender Geschwindigkeit, ja, fast zu schnell kam.

Vor einem Jahr noch unbeachtet, einsam, von Unglück und Enttäuschung verfolgt: der stets unglücklich verliebten und durchschnittlichen Handelsschülerin lag jetzt schon ein Publikum, eine Schar von Verehrern, nicht zuletzt der blauäugige Adolf Spalinger, zu Füßen. «Liselotte Pulver, die gastweise die Marie Beaumarchais spielte, darf auf eine ebenso sicher fundierte als durchgeführte Leistung stolz sein. Da war kein Anflug von Lampenfieber, von Tastendem oder Zufälligem, man spürte aus der inneren und äußeren Haltung dieser jungen, begabten Schauspielerin heraus, wie Interpretation und Rolle in eins zusammenwuchsen und ein Format erhalten haben, das sehr viel für die Zukunft verspricht», hieß es im *Berner Tagblatt;* «Liselotte Pulver, eine talentierte Elevin, bringt für das an der Liebe und an Schwindsucht dahinwelkende Mädchen eine anmutige Erscheinung mit, und ihre beachtlichen darstellerischen und sprechkünstlerischen Mittel setzt sie mit geschmackvoller Reserve ein», in den *Berner Nachrichten,* und der *Bund* lobte «die schwindsüchtige Marie, von der zarten, ans Diaphane heranreichenden Liselotte Pulver ergreifend gestaltet».

Liselotte konnte fürs erste mehr als zufrieden sein. Doch anstelle von Paul Kalbeck wurde Hans Lietzau, anstelle von Liselotte Marie Louise Willy fest am Berner Stadttheater engagiert.

Man kann sich ausmalen, was wohl geschehen wäre, wenn Paul Kalbeck als Oberspielleiter und Liselotte als junge Naive in Bern ihren Vertrag bekommen hätten.

Paul Kalbeck wäre vielleicht nicht so früh gestorben, und Liselotte würde wahrscheinlich noch heute mit Adolf Spalinger oder einem andern jugendlichen Liebhaber zusammen den eisernen Bestand des Berner Stadttheaters bilden und als Lokalberühmtheit in die Theatergeschichte Berns – ehrwürdig ergrauend – eingehen. So aber wurde bei ihr alles wieder in Frage gestellt. Das kurze Gastspiel war nur eine kleine Hauptprobe, eine Seifenblase des Glücks gewesen, das sich bei Liselotte immer so schnell in ein Unglück, das Unglück sich aber auch immer wieder in ein Glück, auf jeden Fall in einen immer brennenderen Ehrgeiz verwandelte.

Liselotte gab noch eine Abschiedsparty im ersten Stock unseres Hauses am Malerweg, wo wir Schwestern inzwischen das zweite und dritte Zimmer bewohnten, seit unser Bruder zum Studium nach Zürich an die ETH (Eidgenössische Technische Hochschule) gezogen war und wo jetzt eine ‹künstlerische› Ambiance herrschte und unter anderem Großmutters Klavier, Marke Burger & Jacoby, Jahrgang 1888, empfohlen von Dr. Johannes Brahms (aha, schon damals machten berühmte Leute Reklame) stand.

Paul Kalbeck war eingeladen und der in Bern für ein Gastspiel weilende Kabarettist Walter Morath, der ohne seine Partnerin Voli Geiler erschien. Nach einem kleinen Imbiß gab Liselotte wie immer in traurig-schönen Momenten ihr Jazzen, ihre Louis Armstrong-Imitation zum besten, was Paul Kalbeck erbleichend über sich ergehen ließ – er meinte, nicht ganz unrichtig voraussehend, daß Liselotte ihrer Stimme, ihrem Schmelz und ihrer Persönlichkeit mit solchem Klamauk schade, er sah sie ja schon als zukünftige Burgschauspielerin –, während Walter Morath dagegen Tränen lachte und Liselotte eine Zukunft als Clown voraussagte.

Bald darauf nahm Liselotte gegen den Rat ihres Lehrers ihr Geschick selber in die Hand und klapperte mit ihrem letzten Geld sämtliche Theater der deutschen Schweiz ab.

Zuerst ging sie nach Luzern, ans Städtebundtheater, um dort ihre Glanzrolle, die Kästchen-Szene des Gretchens, vorzusprechen.

Aber bevor sie anfangen konnte, hatte sie schon ausgespielt. Der Direktor war der Meinung, daß jemand, der so geschmacklos angezogen sei, für das Theater zum vornherein nicht in Frage komme.

Fern war für Liselotte die Zeit, wo sie auf dem Laufsteg königliche Kleidermode demonstriert hatte, aber noch immer war es die bewährte Frau Vivian, die für uns die Modelle komponierte, manchmal aus alten Soldatenmänteln, die unsere Mutter jetzt im Brockenhaus billig erstand, manchmal aus einem vergessenen Überwurf eines verliebten ‹Zimmerherren›, der auf diese Weise unserer Mutter ein Pfand dalassen wollte, manchmal sogar aus einem vorteilhaften Stoff am Meter aus den aus der Ferne bewunderten Geschäften Loeb und Ciolina.

Doch niemals bekamen wir – o unbekannter Luxus – fertig gekaufte Kleider von der Stange, immer wurde für uns nur etwas ‹zusammengeschnurpft›.

Liselotte ließ sich durch diese Absage keineswegs einschüchtern, sondern lachte unter Tränen und hausierte weiter, bis sie eines Tages auch nach Zürich kam. Dort ergab es sich, daß sie gerade Kurt Hirschfeld und Leonard Steckel vorsprechen konnte. Diese störten sich nicht an ihrem Aussehen, im Gegenteil, sie sahen, wie der schwere, männliche Soldatenstoff die grazile Gestalt des seltsam distanzierten, knabenhaften und doch weiblichen Wesens noch betonte und es darin fast ertrinken ließ. Rührend war das und vielversprechend, zudem suchten sie für ihre *Faust-II*-Aufführung gerade den Wagenlenker und Euphorion.

Liselotte gefiel den beiden legendären Theaterdirektoren, und als man sie höflich fragte, ob sie Lust hätte, in *Faust II* mitzuspielen, da begriff sie gar nicht recht, was ihr geschah, sie stammelte nur etwas und stolperte von der Bühne, die damals die berühmteste des deutschsprachigen Europas war, um in dem kleinen Nebengebäude im Sekretariat den Vertrag und – ohne es zu ahnen – eine große Zukunft zu unterschreiben.

8

Durch die schwermütige abendliche deutsche Landschaft fliegt in wildem Galopp ein feuriger Vollbluthengst. Eine federleichte Reiterin treibt ihn an, muß sich immer heftiger nach vorne beugen, um sich noch oben zu halten, immer schneller, wilder und unaufhaltsamer wird der Ritt. Bei einem kleinen Graben geschieht es dann: Das Pferd bleibt im aufgeweichten Boden mit einem Vorderhuf hängen, überschlägt sich, und die kühne Amazone wird unter ihm begraben.

Erst im Krankenhaus wacht Liselotte wieder auf. Sie kann sich an nichts mehr erinnern, nur noch an das berauschende Gefühl von Freiheit und Herausforderung, bis dann die große Nacht kam.

Sie hätte endgültig sein können.

Aber Liselotte hatte Glück, außer einigen Prellungen und schmerzenden Gliedern ist ihr nichts geschehn, nichts ist gebrochen, sie hat keine inneren Verletzungen.

Und das Pferd? Es ist ihm nichts geschehen, und Gottseidank war es nicht ihr geliebter ‹Shakespeare›, denn der ist ihr ganzer Stolz, sie hat ihn gekauft, nicht eigentlich, um ihn selber zu reiten, sondern um ihn an offiziellen Rennen laufen und ... gewinnen zu lassen ... vielleicht der Anfang eines eigenen Reitstalls? Sie hat ihn sogar selbst zweimal bei offiziellen Rennen geritten.

Liselotte hat erst mit 22 Jahren reiten gelernt, ein Kindertraum ging damit in Erfüllung, etwas spät vielleicht, aber nicht zu spät für jemand mit soviel hartnäckigem Willen.

Für ihren Film *Fritz und Friderike* mußte sie es lernen.

Und da sie für alles, wofür sie sich begeisterte, immer auch mich begeistern wollte, bestand sie darauf, daß auch ich reiten lernte und mich eines Tages – als sie bereits eine fortgeschrittene Reiterin war – in die Reitstunde mitzunehmen, in die alte Reitschule in Bern, die zur näheren Umgebung unseres Kinder-Ausflugsgebietes gehörte, das heute zerstört ist.

Gegenüber der Reitschule befindet sich der Rangierbahnhof, auf dem unser Bruder ganze Tage verbrachte, um uns dann zu Hause die verschiedenen Pfiffe zum Rangieren der Eisenbahnwagen vorzupfeifen und die Nummern jeder einzelnen Lokomotive vorzusagen. Gleich über diesem Paradies unseres Bruders begann das unsrige, der Schlangenrain, in dem es alles, nur keine Schlangen gab: im Winter ein herrliches Skigebiet, war es im Sommer eine duftende und summende Wildnis zum ‹Verstecklen›, in der Wiesenkerbel, Gänseblümchen, Wiesenschaumkraut, Margeriten, Holunder und wilder Flieder um die Wette blühten. Gleich hinter dem Schlangenrain steht links die Universität mit der auf einem kleinen Hügel leicht erhöhten, wie ein Märchenpalast verschnörkelten Sternwarte, rechts davon biegt man ein in den Maler- und Falkenweg. All das war eine romantische Parkanlage, die man heute, hinter den wie Kraut und Rüben aus dem plattgewalzten Boden herausgeschossenen Zweckgebäuden, dem ambitiösen und häßlichen Bahnhofsbunker, nicht mehr ahnen kann. Liselotte, mein Bruder und überhaupt alle Leute unserer und der älteren Generation sind entsetzt darüber, was man aus der harmonischen Einheit der Stadt gerade hier, wie auch anderswo, gemacht hat – es handelt sich dabei nicht um eine modische Nostalgie oder Sentimentalität, sondern um die traurige Einsicht, daß Zerstörungswut bzw. materielles Interesse bei der Planungspolitik immer vor Geschmack und der logischen Vernunft kommt.

Liselotte nahm mich also mit zu einer Reitstunde. Ich hatte mir dafür extra ein paar elegante Reithosen erstanden, die dazupassenden Stiefel von Liselotte zu Weihnachten gewünscht.

So, mit brandneuer, schicker Reitausrüstung, aber nichtsdestoweniger mit großer Angst vor Pferden ausgestattet, folgte ich Liselotte herzklopfend in die Sägemehl-Arena. «Die Angst wird dir beim Reiten ganz von selbst vergehn», sagte Liselotte zu mir, «auch ich muß sie ja jedesmal zuerst von neuem überwinden.»

Der Reitlehrer war der berühmte Herr Delaquis, bei ihm hatte Liselotte richtig im Sattel zu sitzen gelernt, und sie konnte ihn bei mir gar nicht genug rühmen. Als ich ihm mehrere Male betonte, ich sei noch nie auf einem Pferd gesessen, war er überhaupt nicht beeindruckt, sondern nickte nur mit abwesendem Blick, der mit Wohlgefallen auf glänzenden Pferdeflanken, nicht aber elegant behosten Mädchenbeinen ruhte.

Liselotte holte ihr Pferd selber, Herr Delaquis brachte mir meines, ein Riesending, auf das er mir jedoch hinaufhalf. Er gab mir ein paar Anweisungen, dann setzte er sich außerhalb der Bahn auf eine Bank und sah uns zu. Liselotte ritt in die Arena hinein, mein Pferd folgte dichtauf.

Herr Delaquis schrie mir zu, ich solle mich gerade und

oben halten, ich versuchte, seine Anleitungen zu befolgen und das Pferd zum Traben zu bringen.

Aber das gelang nur, wenn Liselotte das auch machte, überhaupt blieb mein Pferd unerschütterlich dicht an ihrem kleben, machte ihm alles nach: ging sie quer durch die Arena, dann ging auch ich quer, ging sie außen rum, dann ging auch ich außen rum.

Liselotte lachte sich halbtot, aber für mich war es überhaupt nicht komisch, im Gegenteil, es wurde immer anstrengender, Herr Delaquis war erbarmungslos.

Das ging so gut eine dreiviertel Stunde, in der ich in der riesigen Halle hinter Liselotte herritt, als sei der Kopf meines Pferdes an dem Schwanz des ihren angewachsen.

Als ich schon ganz erschöpft war, hielt Liselotte endlich an. Herr Delaquis kam heran, doch statt mich zu erlösen, meinte er, er werde mich jetzt noch an die lange Leine nehmen. Liselotte solle ruhig weiterreiten.

Mein Pferd war nun also an der Longe, und ich ritt im kleinen Kreis um den Reitlehrer herum. Es war schon gegen Abend und ein wenig dämmrig, und jedesmal, wenn Liselotte nahe an uns vorbeiritt, gab es einen großen Schatten.

Das schien mein Pferd zu erschrecken, denn jedesmal machte es prompt einen großen Sprung, zuerst mit den Vorder-, dann mit den Hinterbeinen wie beim Rodeo, und genau so wurde ich auch vom Sitz geschleudert.

Herrn Delaquis beeindruckte das überhaupt nicht, er kannte noch immer kein Erbarmen. Ich mußte jedesmal wieder hinauf, auf den allmählich zum Berg wachsenden Pferderücken; das sei halt so beim Reiten, meinte er, wenn man herunterfalle, dann sei erstes Gebot, gleich wieder aufzusitzen, damit man keinen Schock davontrage.

Als ich aber zum dritten- und dann zum viertenmal mit einem doppelten Salto im Sägemehl landete und mir vor Schmerz und Überanstrengung die Tränen übers Gesicht liefen, da hatte er ein Einsehen, ließ mich noch einmal aufsitzen, führte jedoch das Pferd aus der Arena hinaus, um mir galant herunterzuhelfen.

Liselotte kam, sich kugelnd und die Seiten haltend vor Lachen, herangeritten. Das hätte gar zu komisch ausgesehen, meinte sie, aber als sie dann mein unglückliches Gesicht sah, wurde sie ernst und stützte mich, als ich zerschunden und gar nicht mehr elegant in meiner nigelnagelneuen Reiterkluft mühsam hinaushumpelte. «Reitlehrer sind halt immer ein wenig Sadisten», sagte sie zu mir und hatte wohl nicht so ganz unrecht. Während vierzehn Tagen überfiel mich eine Art Reit- oder Nervenfieber, und ich mußte wegen der Verletzung am Knie zum Arzt – es war meine erste und letzte Reitstunde gewesen, mit nichts brachte Liselotte oder jemand anderes mich jemals wieder auf den Rücken eines Pferdes –, Reitstiefel und Hose habe ich Liselotte mit Handkuß vermacht.

Sie aber hat es nie mehr lassen können: Es ist für sie die ideale Herausforderung an die Umwelt und sich selbst gegenüber geblieben, körperlich-äußerliche Mutprobe, die sie braucht, um sich seelisch-innerlich wohl zu fühlen.

Auch dieser Ritt in die fränkische Nacht ist eine solch verwegene und sogar verbotene Mutprobe gewesen. Sie ist hier, um einen Film zu drehen und hat, aus Sicherheitsgründen, strengstes privates Reitverbot, solange man sie als Hauptdarstellerin braucht. Aber sie konnte einmal mehr, wie so oft, nicht widerstehen. Im gleichen Krankenhaus liegt in diesem Moment noch ein anderer Patient.

Er heißt Helmut Schmid, und er weiß so wenig wie Liselotte, daß sie hier ‹im gleichen Spittel krank sind› (ein Ausdruck, den man im Schweizerdeutschen auch dafür braucht, wenn zwei Leute dieselben Sorgen haben), geschweige denn, daß sie einmal Mann und Frau werden.

Beide sind am Vorabend im malerischen Städtchen Rothenburg ob der Tauber angekommen, um in dem Film *Gustav Adolfs Page* mitzuspielen: Liselotte die Hauptrolle, Helmut neben Curd Jürgens ihren männlichen Partner.

Helmut hat sich durch eine Verletzung eine Blutvergiftung zugezogen, fast zur gleichen Zeit wie für Liselotte wird sein Zustand plötzlich kritisch, und er muß sich in Spitalpflege begeben.

Überhaupt ist dieser Film reich an glücklichen und weniger glücklichen Zufällen. Liselotte wird durch ihn den Mann ihres Lebens gewinnen und gleichzeitig, wie sie meint, «die Filmrolle ihres Lebens» verlieren.

Die Idee, *Gustav Adolfs Page* zu verfilmen, stammt von ihr. Es ist ein langgehegter Wunschtraum.

Als sie die Geschichte von dem Mädchen, das sich als Knabe verkleidet und mit Gustav Adolf in den Krieg zieht, las, da stand es für sie fest: diese Rolle mußt sie spielen.

Es ist das Jahr 1959 und Liselotte steht auf dem Höhepunkt ihres Filmruhms.

Sie braucht nur mit dem kleinen Finger zu winken, um eine Idee, um Wünsche zu realisieren.

Mit *Gustav Adolf* gab es aber Schwierigkeiten. Einmal war kein passender Regisseur da, dann war man sich über die männlichen Partner nicht einig, dann wiederum konnte Liselotte nicht.

Immer wieder gab es Verschiebungen, und als dann einmal doch alles klappte, da unterschrieb man schnell. Curd Jürgens sollte die Hauptrolle spielen. Ein ganzes Jahr im voraus war der Drehtermin festgelegt, nur um die Realisierung auch wirklich abzusichern.

Und dann kam das, was Liselotte am meisten fürchtete. Kaum hatte sie sich richtig festgelegt, da war das Projekt ihr auch schon wieder im Weg.

In der Zwischenzeit erhielt sie nämlich ein sehr wichtiges, *das* Angebot ihres Lebens: sie sollte in der amerikanischen Monsterproduktion *Der Cid* von Dino de Laurentii, neben Charlton Heston, die weibliche Hauptrolle spielen. Liselotte wußte, das war eines dieser farbigen Großleinwandspektakel, die um die ganze Welt gehen und eine Schauspielerin über Nacht weltberühmt machen wie ihre Schweizer Kollegin Ursula Andress durch James Bond – also tatsächlich die Chance ihres Lebens.

Sie zögerte denn auch nicht eine Sekunde und unterschrieb auch diesen Vertrag, alles andere schien ihr kein Problem zu sein, würde sich von selbst arrangieren.

Das andere, das war allerdings nichts Geringeres als der Vertrag für *Gustav Adolfs Page,* den sie für die gleiche Zeit auch unterzeichnet hatte.

Aber man konnte doch ‹ihren› Film sicherlich noch um einige Wochen, Monate verschieben, bis jetzt hatte es ja den Herren auch nicht so geeilt.

Jedoch so ist nun mal die Tücke des Schicksals im allgemeinen und die von Liselottes Schicksal im besonderen: Gerade dieser Film, der so schwer auf die Beine zu stellen gewesen war, stand jetzt fest wie ein aus Blei gegossenes Denkmal und ließ sich nicht mehr verrücken. Ausgeschlossen, den Drehtermin auch nur um einen Tag zu verschieben. Keine Tränen, keine Drohungen, kein Toben und kein Schmeicheln halfen.

Der Film stand und fiel mit der weiblichen Hauptrolle,

mit Liselotte. Was sonst ein Segen, der Wunschtraum jedes Stars war, das wurde hier zum Fluch.

Noch weniger als den Termin zu verschieben, war man gewillt, sie aus dem Vertrag zu entlassen.

Schließlich mußte sie zähneknirschend nachgeben und auf die Rolle im *Cid* verzichten. Eine Dame namens Sofia Loren nahm sie an ihrer Stelle an.

Liselotte hat das bis heute nicht ganz verwunden und überwunden. Sie ist überzeugt, daß damals die Würfel gefallen sind, daß sie in dem Moment an der ganz großen, der Weltkarriere vorbeigegangen ist.

Man kann sich nun fragen, warum Liselotte am Weltruhm soviel mehr als an einer interessanten Rolle lag, aber der Filmruhm ist nun einmal eine Stufenleiter ohne Ende, die jeden zum Weitersteigen zwingt, der sich an sie herangewagt hat, vor allem jemand wie Liselotte, die der Herausforderung, die lockenden Höhen von scheinbar unbezwingbaren Gipfeln braucht, auf denen, wenn sie einmal erreicht sind, sie allerdings nicht das erhoffte Ziel findet, sondern nur die Aussicht auf weitere, noch höhere Gipfel.

Liselotte spielte also gehorsam und nicht ganz mit dem gewohnten Enthusiasmus *Gustav Adolfs Page,* der vielleicht deshalb auch kein rechter Erfolg wurde.

Dafür aber fand sie einen anderen, ganz unerwarteten Trost: Helmut, ihren Filmpartner und ihren zukünftigen Mann.

Vorerst, während der ganzen Dreharbeiten, wechseln die beiden aber nicht ein einziges privates Wort. Liselotte hat zwar mit einem Blick gesehen, daß Helmut ein gut-, ja ein «unwahrscheinlich gut aussehender Mann» ist, aber auch entsprechend viel gefragt, von vollbusigen Konkurrentinnen belagert, doch an ihr selbst offensichtlich nicht eine

Spur interessiert. Sofort begräbt sie in einem solchen Moment jegliche Hoffnung.

In Wahrheit wagte sich Helmut an die berühmte Kollegin nur nicht heran.

Es kam ihm gar nicht in den Sinn, sie mit seiner Person in Beziehung zu bringen, besonders wegen Curd Jürgens, der da Erstgeborenenrechte in Anspruch nahm und Liselotte ganz mit Beschlag belegte und sich, wie eine Glucke um ihr Küken, um sie sorgte.

Denn «wo Curd Jürgens ist, da braucht man nicht allein zu sein», da war auch immer etwas los.

Er spielte in dem Film die männliche Hauptrolle, den Gustav Adolf, und war in dieser Rolle etwas weniger überzeugend als in Wirklichkeit, mehr Film- als Kriegsheld.

Auch Curd Jürgens war ein schöner Mann. Einer in den besten Jahren, der mit zunehmendem Alter nur gewinnen, imposanter, interessanter und gewichtiger werden konnte.

Gutes Aussehen kann für einen Mann ohne Zweifel Kapital bedeuten, wie Curd Jürgens es bis an sein frühes Ende bewies, aber es kann ihm ebenso im Wege stehen. Nicht alle Leute waren wie Liselotte, die gutes Aussehen automatisch als Gnade Gottes und auch als schönen Charakter betrachtet und sich schon allein in die Schönheit einfach blind verliebt. Bei Curd Jürgens lag das schon einige Zeit zurück. Bei den Dreharbeiten zu *Gustav Adolf* war er bereits mit der aparten Simone verheiratet und mit Liselotte nur noch sehr gut befreundet.

Angefangen hatte ihre Beziehung in Paris ein paar Jahre früher.

Curd Jürgens war frisch von der Filmschauspielerin Eva Bartok geschieden, der man neben ihrer Hübschheit viel ungarischen Paprika nachsagte, er war deshalb recht unglücklich und allein. Auch Liselotte war wie fast immer unglücklich und allein, nichts war näherliegend, als daß man den gemeinsamen Weltschmerz bei sanftem Kerzenlicht und einem guten Essen im französischen Champagner ertränkte. Sie flirteten ausgiebig, so ausgiebig, wie das bei Liselottes Prinzipien möglich war.

Denn Liselotte ist eine Schlaffanatikerin.

Sie fühlt sich, besonders wenn sie arbeitet, nur wohl und gesund, wenn sie mindestens zehn Stunden geschlafen hat, und da die Dreharbeiten zusammen mit Essen, Schminken usw. die übrigbleibenden Stunden ausfüllen, blieb für Helmut, der sich mit trinkfesten Kumpanen schadlos hielt, ohnehin keine Zeit übrig.

Es war ein reiner Zufall, einer von denen, die Liselotte lachend und doch erschrocken als höhere Gewalt und als Schicksal betrachtete, der sie an Helmuts letztem Drehtag doch noch zusammenbrachte.

Sie saß schon in ihrem Auto, da kam er an mit Koffer, sonstigem Gepäck und Mantel beladen und fragte, ob sie ihn ein Stück mitnehmen könne, er finde weit und breit kein Taxi oder andere Fahrgelegenheit.

Liselotte, die einmal auf einer Hauptstraße unter Lebensgefahr rückwärts gefahren war, um einem halbüberfahrenen Vogel den Gnadenstoß zu geben, konnte selbstverständlich einen so schönen und so lebendigen Paradiesvogel schon aus kollegialen Gründen nicht im Stich lassen.

Sie fuhr ihn bis zu seinem Hotel, und dann fragte er sie beim Abschied, ob sie nicht Lust hätte, am Abend mit ihm zum Heurigen – die letzten Drehtage waren in Wien – zu kommen.

Sie hatte gar keine. Sie war müde und zudem im Gegensatz zu Helmut mit der Dreharbeit noch nicht zu Ende. Sie gähnte und dachte mit Sehnsucht an die weichen Federn, die sie gerade jetzt so dringend benötigte – nein, meinte sie, sie könne leider nicht, und im übrigen sei es beim Heurigen doch entsetzlich langweilig, das kenne sie leider alles schon zur Genüge.

Wie Helmut es dann doch zustande brachte, daß Liselotte noch mit ihm zum Heurigen und nicht wie gewohnt sofort ins Bett ging, bleibt sein Geheimnis. Doch schaute sie ihn an diesem Abend zum erstenmal etwas genauer an.

Der großgewachsene, blauäugige und blondgelockte Helmut gehört zu der Generation, die Hitler in einen unsinnigen Krieg und zum großen Teil in einen unsinnigen Tod führte, nur weil in seinen Vorstellungen das blauäugige, blondhaarige Männerideal als ‹Herrenrasse› die Welt beherrschen sollte.

Mit siebzehneinhalb Jahren, gleich nach dem Abitur und kurz vor Kriegsende, mußte auch Helmut noch an die Front, er kam bis ins tiefste Rußland. Zu Fuß mußte er sich nach der Kapitulation nach Deutschland zurückschlagen. Es dauerte Monate, bis er zerschunden und abgerissen in Berlin eintraf, gleichzeitig mit den Russen, die ihn sofort gefangennahmen. Beim Marsch über die Landstraße ließ er sich in einen Graben fallen, und es gelang ihm auf diese Weise, unbemerkt zu entkommen.

Viele Tage und Nächte ging er zu Fuß fast tausend Kilometer bis Neu-Ulm, dort empfing ihn freudestrahlend seine Mutter, aber auch die Amerikaner waren da, die ihn gleich mitnahmen und abführten.

Wieder gelang es ihm zu fliehen, diesmal nach Innsbruck zu seinem Vater, der dort Theaterintendant war und der ihn ebenfalls voller Freude empfing, nur daß dort die Franzosen standen und ihn ein weiteres Mal festnahmen.

Helmut war also ein Held, aber nicht so, wie Liselotte es sich vorstellte.

Diese Kriegsgeneration, die bei Kriegsende noch nicht zwanzig war, alle die, die nur wie durch ein Wunder überlebten, hatten von diesem Wahnsinn keine Rückenstärkung, kein richtiges Selbstbewußtsein, aber schmerzende Wunden, nicht nur körperliche, sondern unheilbare seelische mitbekommen.

Sie haben das zerstörte Deutschland wirtschaftlich und kulturell wieder aufgebaut, ihm neues Ansehen, ein neues Gesicht und neue Kraft gegeben, sie selbst aber haben einen guten Teil ihrer Kraft verloren. Ganz vergessen werden, ganz verheilen kann eine solche Zerstörung nicht, vor allem nicht bei denen, die sie in den Jugendjahren traf und ihnen ein natürliches Wachstum, eine innere Stärke versagte. Sie mögen äußerlich wie Helden wirken und zum Beweis ihrer Männlichkeit «huren, kriegen und saufen» oder andere mit ihrem Ehrgeiz und ihrer Tüchtigkeit in die Flucht schlagen; gebrannte Kinder, empfindlich wie Mimosen und übertrieben liebes- oder erfolgsbedürftig sind sie doch.

Tiefe Gemeinsamkeiten wie verborgene Hilflosigkeit und ein Suchen nach innerem Halt und Geborgenheit, nicht die vermeintliche ‹männliche Rücksichtslosigkeit› und fitgetrimmte Muskelstärke lassen Liselotte und Helmut einander nahekommen, während sie sich bei Musik und Wein und weanerischer Gemütlichkeit scheinbar nur am äußeren, attraktiven Schein und Aussehen des anderen entzücken.

Bei Helmut haben die Probleme zudem schon früher begonnen, bei der Scheidung der Eltern. Er hat es seiner Mutter nie verzeihen können, daß sie sich von seinem Vater scheiden ließ und er so, unbewußt und nicht zugegeben, den kindlichen Halt, die Geborgenheit und Nestwärme verlor und nie wieder richtig fand, nicht im Krieg natürlich, in einem falschen und makabren Heldentum, nicht in seiner ersten, zu früh geschlossenen Ehe und dem bald darauf geborenen Kind.

Er ist geschieden und hat sein Glück mit einer anderen Frau zum zweitenmal versucht. Vorläufig lebt er noch ohne Trauschein mit ihr zusammen, aber die Richtige ist es wohl auch noch nicht . . . Nein, sie reden nicht darüber, an diesem ersten Abend, an dem sich zunächst Liselotte erst mal unsterblich und ohne Rücksicht auf Verluste oder Nebenbuhlerinnen in Helmut verliebt.

Sie ergreift auch hier, wie fast immer, die Initiative, als er am nächsten Tag abreist.

Wie auf ihrem feurigen Shakespeare fordert sie die Mutprobe, alle Hindernisse zu überspringen und Helmut zu gewinnen, eisern entschlossen und kühn heraus.

Sie ruft ihn an, täglich, fängt an, sich für seine berufliche wie seine private Situation zu interessieren.

Helmut dagegen ist, wie jeder Mann, Liselotte vorerst einmal nicht ab-, aber auch nicht unbedingt zugeneigt. Zudem ist er vorsichtig und verschwiegen, auch darin ist er ihr ähnlich, was Liselotte nichts hilft, wenn sie vor Ungeduld, sich mit ihm zu treffen, beinahe zerplatzt.

Helmut, der es zuerst nicht geglaubt hat, daß Liselotte es wirklich ernst meint, fängt allmählich an zu ahnen, auf welches Pulverfaß er sich gesetzt hat. Hinter diesem ewig lachenden und oberflächlich wirkenden Star steckt nicht ein einfacher, bescheidener Kumpel, sondern fast ein hilfloses Kind, das Schutz sucht, ihn manchmal ganz verloren und mit offener Bewunderung anstarrt, nur um auf eine ganz sanft-bestimmte Weise seinen steinharten Berner Grind doch durchzusetzen.

Helmut spürt, daß da bei ihm etwas zum Klingen kommt, etwas längst Verlorengeglaubtes, über das er genauso von Herzen ungern spricht wie Liselotte, aber etwas, das sein Innerstes anrührt, das ihm seltsam wohltut und ihn beruhigt und aufnimmt wie schützende und mütterliche Arme, auch wenn das Glück in seinen Augen wie in denen Liselottes nur auf Liebe und dem damit verbundenen Sex beruht.

Die Scheu, die beide haben, über Probleme zu reden oder ihnen nachzugeben, ist der Beweis ihrer Verletzlichkeit und Empfindlichkeit, also die gemeinsame Wellenlänge. Sie ist es, die diese Ehe zusammenhalten wird. Das vermeintliche äußere Glück, Helmuts gutes Aussehen, Erfolg, Reichtum und auch die Kinder und das eigene Lachen würden dafür niemals genügen.

Sie finden zusammen, weil sie sich brauchen, in einem gemeinsamen Glück, das aus dem Unglück ferner Kindheits- und Jugenderfahrungen kommt.

Aber das zu ergründen wäre Liselotte zu kompliziert, sie hält sich lieber an äußere Werte, die die Garantie für sie sind, daß innen alles in Ordnung ist. Die Verlobung, am 6. Dezember 1959 bekanntgegeben, wird eine echte Sensation.

Man nahm ihr, der Natürlichen, Komischen, dem Inbegriff des ewig jungen und ungebundenen Lausbuben, diesem schmalen, unprätentiösen Wesen, das mit dreißig Jahren noch wie ein unschuldiger Chorknabe aussah, ihre Wahl übel, ausgerechnet dieser Lieblingsschauspielerin von Millionen, die sich mit ihr, der Volkstümlichen und Bescheidenen, identifizierten, gestand man die Verbindung mit einem lange noch nicht so populären Schauspieler, dem auch noch der Ruf eines munteren Herzensbrechers vorausging, nicht ohne weiteres zu. Die Heirat der Jacqueline

Kennedy mit dem millionenschweren Onassis konnte nicht aufregender und unbegreiflicher erscheinen.

Aber während ein Nachrichtensprecher des französischen Fernsehens das Rätsel einer gleichaltrigen Kennedy, Witwe eines Präsidenten der Vereinigten Staaten, des mächtigsten Mannes der Welt, mit einem steinreichen, aber schon etwas verlebten und etwas dubiosen Schiffsreeder, Abenteurer und Frauenhelden in der Tagesschau ebenso treffsicher wie lakonisch mit «quand il est riche, il est beau» (Reichtum macht schön) erklärte, hätte man bei Liselotte mit der Umkehrung «quand il est beau, il est riche» (Schönheit macht reich) wohl den Nagel auf den Kopf getroffen.

Was hatte man eigentlich dagegen einzuwenden?

Um das zu beantworten, darf vielleicht nicht vergessen werden, daß Mißgunst, gehässige Kommentare und Spott vor allem aus den Fachkreisen, aus dem Schauspieler-, Film, Fernseh- und Theatermilieu an der Tagesordnung sind.

Eines Nachmittags rief mich Liselotte in Stuttgart an, um mir die große Neuigkeit mitzuteilen und – um mich, wie bei einem Kleider- oder Häuserkauf – nach meiner Meinung zu fragen.

Sie beschrieb ihn mir, zuerst den Mann («unwahrscheinlich, wie gut er aussieht»), dann den Schauspieler: jugendlicher Held in Innsbruck, dann in Saarbrücken, Stuttgart, Hamlet, Romeo, Don Juan, alles zusammen, gefragt von Film, Theater, Fernsehen und Frauen, auf dem besten Wege, ein deutscher Charlton Heston, Kirk Douglas oder Sean Connery zu werden.

Liselotte ließ keine Ruhmesstation, kein Theater und keinen Film, keine Frau, keine Freundin aus, um mir den Traummenschen, den Mann ihres Lebens zu beschreiben.

Sagte ich ja? Brauchte ich es noch zu sagen, wenn ihr Herz sich schon entschieden hatte? Aber Liselotte brauchte meinen Rat und legte Wert darauf.

Hätte ich reagiert wie ihre Schauspielerkollegen, sie hätte sich vielleicht nicht, auf jeden Fall nicht so schnell und eindeutig entschieden.

Als ich Helmut dann zum erstenmal sah, blickte sie mich mit dem Stolz ihres Triumphes, aber auch noch mit ein wenig Zweifel und Zögern in den glückstrahlenden Augen an.

«So einen Mann würde ich auch heiraten», flüsterte ich ihr bei einer günstigen Gelegenheit dann zu, und das war für sie das schönste Hochzeitsgeschenk.

Ich war dabei ganz ehrlich, auch wenn das, was ich sagte, nicht ganz stimmte. Denn nie und nimmer hätte ich einen Schauspieler und dazu noch einen so ‹schönen› als Ehemann gewollt.

Doch sind wir da glücklicherweise und ausnahmsweise, wie Liselotte meint, verschieden.

Die Hauptsache war und ist es bis auf den heutigen Tag geblieben, daß Liselotte durch Helmut ihr privates, ganz persönliches Glück fand.

Ob es auch ein berufliches, ob es überhaupt ein wirklich bürgerliches Eheglück war und ihr in der beruflichen Laufbahn nicht auch geschadet, sie selbst dort, wo sie es eigentlich nicht wollte, nicht auch bürgerlicher und unkritischer, das heißt lebensnaher und damit banaler, eben glücklich gemacht hat, das ist eine andere, aber, wie man mir vielleicht sagen wird, unnötige Frage.

9

Das Zürcher Schauspielhaus war während und nach dem Zweiten Weltkrieg die bedeutendste deutschsprachige Bühne, mehr als das: kulturelle und politische Oase in der Wüste menschlicher Degeneration im Hitlerschen Wahnsinn.

Heute ist es in der Rückschau schon Legende und in die Theatergeschichte eingegangen.

Der Grund dieser ungewöhnlichen Blüte lag in der politischen Ausnahmesituation, der Bedrohung von außen, die für die hierher geflüchteten oder emigrierten deutschen und österreichischen, zumeist jüdischen Schauspieler und Theaterleute, aber auch für das Theater selber ständigen Druck und Angst bedeutete und aus dem Haus diese erste und wichtige Bühne, ein kulturelles und politisches Widerstandszentrum, einen kleinen Staat im Staat und zugleich eine einzige, große Familie machte.

In dieser Zeit gab es keinen der ganz großen, aber auch weniger großen, dem Theater und der ‹entarteten› Kunst zugehörigen Namen – von Moissi bis Albert Bassermann, von Elisabeth Bergner bis zu Käthe Dorsch, von Gerhart Hauptmann bis zu Bertolt Brecht –, die nicht für kürzere oder längere Zeit zum ‹Pfauentheater› gehörten, hierher flohen, um ein wenig frei atmen, ein wenig oder sehr viel arbeiten zu können. Sie alle wußten, was im großdeutschen Reich vor sich ging, schon lange vor dem Krieg – nur die, die dort blieben, sie haben angeblich davon nichts gewußt.

Zwar sind diese Zeiten längst vorbei, und man redet heute, im Bedürfnis nach Bewältigung dieser Vergangenheit, nicht mehr gern darüber. Und doch muß man sich hier wie anderswo immer wieder fragen, ob denn eine wirkliche Bewältigung jemals stattfinden kann, wenn man nicht darüber redet und sich nicht damit immer wieder beschäftigen will.

Auch die Schweiz ist damals mehr schlecht als recht davongekommen, das Schauspielhaus war keineswegs etwa repräsentativ für die Volksmeinung im Stil der tapferen Verschwörung der alten Eidgenossen gegen den großen Feind beim Rütlischwur, wie man das im nachhinein halt so gerne darstellt. Es war vielmehr ein kleiner, ein winziger Staat im Staat, der sich ununterbrochen gegen Repressalien und Bedrohung von außen, gegen den Untergang wehren mußte; denn manche Kreise und Parteien, viele stumme Mitläufer im Schweizervolk drehten sich damals nach dem großdeutschen Wind.

Das war die Situation des Schauspielhauses, das war der Grund seiner künstlerischen Stärke und der einzigartigen Solidarität seiner Mitglieder. Eine Stärke, die eigentlich aus der (politischen) Schwäche entstand.

Alle, die in diesen Jahren dazugehörten, angefangen bei den Großen, den Schauspielern, Regisseuren und Autoren, den künstlerischen und technischen Leitern, den Requisiteuren, Garderobieren, Schneidern und Beleuchtern bis zu den Bühnenarbeitern und Putzfrauen, die einmal den Geruch, den Geist und die geradezu erotische Atmosphäre des alten, kleinen und doch so großen Pfauentheaters gespürt haben, die vielleicht zum ‹Z'Nüni› oder ‹Z'Vieri› oder sonst einer Pause vom Bühnenausgang durch den kleinen Hinterhof ins damals noch ‹echte› *Café Pfauen* pilgerten und dort am runden Tisch die diskutierenden, politisierenden großen und kleinen Theaterhasen sahen oder sogar dazugehörten, können diese Zeit niemals vergessen und sich diesem wehmütigen Gefühl nicht versagen, das man mit Nostalgie beschreiben würde, wenn dieses Wort nicht durch Mode, Kommerz und Industrie so banal geworden wäre.

Denn Nostalgie bedeutet nicht, Altes aufzuwärmen und zu einer neuen Mode zu machen, es ist vielmehr die menschliche Sehnsucht nach dem Allgemeingültigen, Zeitlosen, nach einer Lebensqualität, die oft nicht in der Gegenwart, sondern erst in dem, was vergangen ist und sich trotzdem als noch lebendig, als unsterblich erweist, erkannt wird.

Die Nostalgie nach den großen Zeiten des Zürcher Schauspielhauses ist also nicht nur eine momentane Sentimentalität, ein übliches und banales Bedauern darüber, «wie doch die Zeit (und man damit) vergeht», sondern die echte Trauer über die Vergänglichkeit dessen, was wichtig ist oder wichtig war und niemals wiederkehrt. Die meisten, die diese Atmosphäre, dieses nicht mehr rekonstruierbare Etwas aus- und mitmachten, sind ja tot.

Eine ganze berühmte Generation, von Oskar Wälterlin, Kurt Hirschfeld, Leonard Steckel, Teo Otto, Ernst Ginsberg, Kurt Horwitz, Therese Giehse, Traute Carlson bis zu den obligaten, nur intern berühmten Theater-Originalen, beispielsweise dem Garderobier Hans Prüfer, Prüfi genannt, mit seiner legendären Berliner Schnauze, dem Requisiteur Gustav ‹Guschti› Forster oder dem Vorhangzieher Harry Altdorfer, der wie alle mehr war als nur das, sie ist – zu früh – verschwunden, aus- und weggewischt.

Die anderen, Leopold Lindtberg, Maria Becker, Will Quadflieg, Pinkas Braun, Agnes Fink usw., sie sind längst aus- und nach Deutschland oder Österreich, wo sie herkamen, zurückgeflogen. Die damals ganz jungen, noch nicht richtig ausgeschlüpften Küken, Ulrich Hitzig, Walter Plüss, Felix Hurter, Robert Bichler etc. sind zum Fernsehen und Radio gegangen und da in Ehren ergraut. Sie alle, aber noch viele mehr gehörten damals dazu, sie haben die großen Zeiten des Zürcher Schauspielhauses auch noch nach dem Krieg mitgemacht und es geprägt, so wie es sie geprägt hat.

Zu diesem berühmten Haus, in diese – noch – großen Zeiten der legendären Pfauenbühne gehört auch der Name Liselotte Pulver.

Sie kam 1949 nach Zürich in diese Gemeinschaft, in diese ganz spezielle Theateratmosphäre, nach der sie sich noch immer zurücksehnt, obschon sie damals nicht wußte, was diese ganze spezielle Athmosphäre eigentlich war, und obschon sie die politischen Hintergründe überhaupt nicht beschäftigten.

Schweizer Künstler sind im allgemeinen Spätzünder. Vielleicht kommt das daher, daß sie sich, wie Liselotte, zu sehr und zu lange mit eigenen Problemen beschäftigen und herumschlagen müssen. Blutjung, wie sie war, bekam Liselotte natürlich nicht gleich einen festen Anstellungsvertrag, aber sie wurde in jedem neu auf dem Spielplan stehenden Stück eingesetzt.

Leonard Steckel, aber auch Kurt Hirschfeld und Oskar Wälterlin hatten einen Narren gefressen an diesem eigenartigen, weltfremden Wesen, das scheinbar sowohl Knabe wie Mädchen und ganz offensichtlich noch Jungfrau war und das so leicht ins Fettnäpfchen treten konnte, wenn es darum ging, jedem, ob abgebrühtem Don Juan oder diskretem Homo, ihre Unschuld gleich sinnlicher Verruchtheit darzubieten.

Alle waren ein wenig in sie verliebt, machten sich durch ihren Drang, mit jedem zu spaßen und jedem nette Unverbindlichkeiten zu sagen, falsche Hoffnungen, der abgeklärte Theaterdirektor ebenso wie der leicht entflammbare Beleuchterassistent.

Liselotte schwebte über all diesen irdischen Dingen in einer geradezu himmlischen Unbekümmertheit. Sie besaß die Fähigkeit, alles, was sie nicht wissen wollte, einfach als inexistent zu betrachten, sich aber wiederum anderes, das gar nicht existierte, einzubilden: «Mir merkt man meine Gefühle nicht an, oft nicht die geringsten – vielleicht bilde ich mir das zwar ein, aber jedenfalls kann ich, wenn ich will, jemanden glauben lassen, ich achte ihn, wie er's verlangt, wobei ich ihn im tiefsten Herzen verachte und verhöhne. Auch kann ich so tun, als sei mir jemand komplett egal, auch wenn er mich brennend interessiert, und niemand merkt etwas davon. Das ist das Theater im täglichen Leben», hatte sie ja selbst gesagt.

Als Leopold Steckel sie nicht nur vor, sondern auch hinter dem Theatervorhang einmal in die Arme nehmen wollte, da lachte sie ihn einfach aus, ungläubig und verständnislos, ohne eine Spur von Interesse.

Vor so viel harmloser Impertinenz war selbst der herrische und eitle Steckel, der bekannt dafür war, auf der Bühne wie ein kleiner Napoleon herumzubrüllen, machtlos. Er ließ die sichtbare Unbegabung seines Schützlings, auch privat für ihn eine Rolle zu spielen, wie ein begossener Pudel über sich ergehen, senkte nur seine kohlschwarzen Augen, schüttelte ein wenig die schneeweiße Haarpracht und sagte kokett wie eine echte Diva, er hätte halt gedacht, man wolle es einmal zusammen probieren. Nachtragen oder übelnehmen aber konnte er eine solch deutliche, raffiniert-naive Absage nicht.

Es zeigte sich lediglich, daß Steckels elegantes Appartement in der Sprensenbühlstraße Liselotte doch nicht so ganz uneigennützig zur Verfügung gestellt worden war, wie sie meinte. Von nun an mußte sie den stolzen Mietpreis selbst berappen.

Da sie pro Abend nur 35 Franken verdiente, mußte sie sich bald nach einer billigeren Bleibe umsehen. Sie fand sie in der Spiegelgasse: eine winzige Wohnung im gleichen Haus, in dem auch ein berühmter Mann namens Lenin eine Zeitlang gewohnt hatte, was Liselotte herzlich wenig interessierte.

Statt dessen spielte sie mit ungeheurer Hingabe, mit «Talent und Anmut», wie es in den Kritiken immer wieder hieß. Sie spielte in *Faust II,* in *Die Launen der Donna Belissa* von Lope de Vega und in *Unsere kleine Stadt:*

«7. Oktober 1949. *Unsere kleine Stadt.* Jawohl, wieder einmal das Thornton-Wilder-Stück. Wälterlin hatte es seinerzeit, noch vor dem Krieg, inszeniert, es war durchgefallen, oder, wie eine Zeitung schrieb, das Publikum war durchgefallen. Und das hatte Wälterlin nicht ruhen lassen, und jetzt probierte er es noch einmal. Wieder führte er Regie, wieder stellte Kalser den Spielleiter dar, aber sonst waren die meisten Rollen neu besetzt, und das süße kleine Mädchen aus dem ersten Akt, das im zweiten heiratet und im dritten schon unter den Toten weilt, war eine blutjunge schweizerische Schauspielerin namens Liselotte Pulver. Sie sah nicht so aus, wie Mädchen aussehen, die Schauspielerin werden wollen, eher wie eine Sportlerin, um nicht zu sagen, wie ein großer Junge, nicht schön, aber mit einem lebendigen, eher frechen Gesicht.» Als Emily im Thornton-Wilder-Stück hatte sie einen großen Erfolg, und diesmal hatte auch das Stück einen großen Erfolg. «Liselotte Pulver spielte dann noch dies und das, vor allem alle nur denkbaren Pagenrollen. Kalser nannte sie schließlich nur noch Lord Pulver. Sie spielte auch im *Tell* jenen Knaben, der die berühmten Worte ‹die braune Lisel kenn ich am Geläut› zu äußern hat, spielte die Lucy in der *Dreigroschenoper,* und es sah so aus, als würde sie am Schauspielhaus ganz groß werden, die Nachfolgerin der Becker etwa», notierte der Theaterkritiker Curt Riess.

Immer von neuem wurden Liselottes vielversprechendes Talent, ihre naive Anmut und ihre starke Ausstrahlung auf der Bühne hervorgehoben. Manche sahen in ihr schon eine junge Elisabeth Bergner, eine zukünftige Käthe Gold.

Und sie selbst blieb besessen von ihrem einzigen Ehrgeiz, etwas zu werden, etwas zu gelten, getrieben von dieser undefinierbaren Sehnsucht und Angst, die in ihr wie heiße Lava in einem schlafenden Vulkan unterirdisch brodelten und kochten, nur um irgendwann einmal durch- und auszubrechen.

Von dem, was um sie herum vorging und was man so über sie redete, merkte sie nichts.

Sie selbst sprach ja auch über niemanden und interessierte sich für niemanden.

Fern lagen ihr vor allem Mißgunst, Intrigen und Klatsch, diese Art menschlicher – oft allzu menschlicher Neugier, die einen nicht unwesentlichen Faktor der berühmten und vielgerühmten Theateratmosphäre ausmacht und von der das, was man Kultur nennt, erst eigentlich lebt und zu einem guten Teil abhängt. Zwischenmenschliche Beziehungen, überhaupt Zwischenmenschliches, das war für Liselotte stets etwas ebenso Fremdes, wenn nicht Befremdendes, wie der reale Alltag, wie Politik.

Da sie selber nicht klatschte und intrigierte, sich in die Angelegenheiten anderer nicht einmischte – was nicht heißt, daß sie nicht ein mitfühlendes Herz hat –, kam es ihr auch nicht in den Sinn, daß man etwa über sie klatschen oder gar gegen sie intrigieren könnte, im Gegenteil: «Dem Reinen ist alles rein», hatte unsere Mutter schon bei unserem Vater immer gesagt, und auch Liselotte lebte und schwebte über allem, im siebenten (Theater-)Himmel, der für sie strahlend und wolkenlos und voller Geigen, die Zukunftsmusik spielten, war.

Das ist schon nicht mehr bürgerlich, bzw. mehr als das, das ist schon überragend weltfremd. Und dieses Fluidum des Rührenden und Verletzlichen, das ging von ihr aus und auf das Publikum über. Jeder konnte es spüren: das einfache Gemüt ebenso wie der übersensible Künstler; Teo Otto nannte es «stets mit einem Bein über dem Abgrund schwanken» und ihr späterer Filmpartner O. W. Fischer «die unverbindliche Freundlichkeit eines völlig desinteressierten Waage-Menschen».

Sie alle mochten die ‹freundlich Desinteressierte›, dauernd in den Lüften schwebende und zu jedem Unsinn bereite, überaus hilfsbereite und gutmütige, fließend berlinernde Bernerin gern. Sie hatte keine Feinde, keiner wollte ihr übel, manch einer verliebte sich ein wenig in sie und schloß sie, mehr als ihr lieb sein konnte und deshalb mehr als sie merkte, in sein Herz.

So brachte sie das Kunststück zustande, ewig verliebt zu sein, ohne daß die anderen etwas merkten, und zugleich geliebt zu werden, ohne wiederum selber etwas davon zu merken.

Wäre sie nicht so weltfremd gewesen, sie hätte sich vielleicht eine dieser wichtigen Persönlichkeiten, dieser «großen Tiere», die ihr heimlich Rosen schickten oder spätabends, zwar nicht mehr jung, aber dennoch wie verliebte Gymnasiasten errötend bei ihr an die Tür klopften, angelacht und sich wie andere berühmte Kolleginnen vom eigenen Gatten zum Weltruhm hinaufmanagen lassen.

So aber blieb sie einsam und allein und geradezu naiv ahnungslos, sie wußte nicht einmal, daß es das gibt, eine berufliche Karriere mit Hilfe der privaten zu machen.

Sie blieb, im Guten wie im Schlechten, für Kollegen und Freunde der nicht ganz ernst zu nehmende Kumpel, die Frau, mit der man Pferde stehlen, aber nicht viel anderes machen kann. So brachte ihr die schöne und zu Kolleginnen sonst recht bissige Anneliese Römer erst das richtige Schminken bei.

Liselotte bewunderte Anneliese Römer unsäglich. Das war eine Frau wie sie selbst eine hätte sein wollen, wunderschön und attraktiv, mit umwerfendem Sexappeal, eine hochbegabte, herrische, etwas herbe Vollblutschauspielerin, die scheinbar alles, sogar Frauen becircen, konnte.

Es war unvermeidlich, daß man auch über Liselottes Privatleben zu reden anfing. Denn zum Schauspielerberuf gehören das Interesse, die Neugier, der Neid, die Bewunderung, die stete Bewegung und Präsenz von Gefühl, kurz – der Klatsch. Man ist eine Familie, aber eben keine bürgerliche, die alles verschweigt und ängstlich vertuscht; und derjenige, über den man nichts sagt, der ist eben auch nichtssagend und gehört nicht richtig dazu, ja das Gerede über einen Schauspieler ist eigentlich immer ein Maßstab für seinen Beliebtheitsgrad.

Es waren eher Anekdoten, die man über Liselotte zum

besten gab, etwa wie sie, bevor der Vorhang aufgegangen war, im Berner Stadttheater bei der Hauptprobe zu *Clavigo als trauernde Schwindsüchtige* ins Orchester wie ein Clown direkt in die Trommel flog (und sich dabei nicht im geringsten verletzte), oder wie Steckel ihr bei einer Probe aus dem Zuschauerraum zuschrie: «Sie Arschloch, können Sie sich eigentlich nichts merken?» und sie zurückrief: «Zu meinem Arschloch können Sie du sagen.» (Viele Theater- und Filmregisseure lieben es, bei der Arbeit herumzubrüllen. Liselotte hat das immer schlecht vertragen und sich schon als Kind bei ihrem Vater gegen Unbeherrschtheit und lautes Schreien heftig gewehrt.) Sie brachte damit selbst den gestrengen Leonard Steckel zum schallenden Lachen, er hat diese Anekdote noch jahrelang wie eine klassische Theaterlegende weitererzählt.

Der Film war eine ganz andere Sache, an die Liselotte damals noch nicht einmal im Traum dachte. Sie wollte Bühnenschauspielerin werden und eine Laufbahn am Theater einschlagen, da hoffte sie, sich, wenn alles gut ging, ihre Lorbeeren, und vor allem: ihr Leben zu verdienen.

Aber Karrieren wie die von Liselotte bestehen nicht nur aus Ehrgeiz, Talent und Fleiß, sondern zu einem guten Teil auch aus Glück, das manchmal nur aus dem Unglück entsteht oder überhaupt nur ein Glück im Unglück ist, diese Zufälle, die Liselotte so gerne ihren Schutzengel nennt und die sie wie jeder Schauspieler mit mehr oder weniger Aberglauben einem höheren Schicksal zuschreibt.

Als dieses Schicksal ihr in Form eines Filmangebots wieder einmal überraschend zuwinkte, da griff sie ohne Bedenken sofort zu, geschmeichelt und neugierig auf diese neue, nicht minder große Flimmerwelt. Der Film hieß *Swiss Tour* und war eine Schweizer Produktion, sollte aber durch internationale Namen wie Cornel Wilde, Simone Signoret und Josette Day sowie die bewährten Schweizer Charakterschauspieler Heinrich Gretler und Zarli Carigiet überregionale Bedeutung bekommen.

Liselotte spielte eine kleine Nebenrolle, fast ebenso unbedeutend wie schließlich der ganze Film. «Das Drehbuch von Richard Schweizer trägt die Hauptschuld am Mißlingen dieses Films, es ist von einer Dürftigkeit des Geistes, die niederschlägt», konnte man darüber nachträglich in der Kritik lesen, doch bekam Liselotte einen Geruch in die empfindliche Nase, den sie nie mehr vergaß: Sie hatte, wie man sagt, Blut gerochen, ohne allerdings zu wissen, zu welchem Ziel die verführerische Spur sie am Ende führen würde.

Ihr Bild erschien in allen Zeitungen, ihr Name wurde über Zürich hinaus bekannt, und zum Greifen nahe war vor allem ein amerikanischer Film-Beau, einer dieser Superhelden, die man als Normalverbraucher sonst nur von der Leinwand her kennt.

Cornel Wilde* gehörte damals zu den ganz großen Namen, die rund um den Erdball die Mädchenherzen rührten und in Hollywood die Kassen füllten. Es lag auf der Hand, daß Liselotte die Gelegenheit und den Traummenschen ergriff und heftig zugriff, als er ihr prompt anbot, ein wenig mit ihr zu techtelmechteln. Der Flirt blieb amerikanisch, das heißt unverbindlich.

Offenbar hielt auch diesen verwöhnten Kassen- und Herzensmagneten etwas von der eben gerade volljährig gewordenen Liselotte ab, vielleicht ihre naive Ausschließlichkeit, vielleicht aber auch ihre zu offensichtliche Unberührtheit, die sie jünger und zerbrechlicher erscheinen ließ – welcher

---

* im Oktober 1989 verstorben

Mann nimmt schon gerne die Verantwortung auf sich, einer Halbwüchsigen das Herz zu brechen und vielleicht dazu die Unschuld zu rauben –, aus einem bloßen Abenteuer Ernst und sich vielleicht noch Unannehmlichkeiten zu machen.

Für Liselotte blieb das unbegreiflich, sie litt darunter, daß ihr von keinem ihrer ‹Geliebten› Gegenliebe widerfuhr. Noch heute zerbricht sie sich den Kopf darüber, was es wohl gewesen sei, das sich auf ihre Partner so negativ, ja abschreckend, wie sie meint, auf der Bühne aber wiederum in so positiver Weise auf ihr Spiel auswirkte, das echt und ohne Übertreibung, ohne falsche Töne blieb.

Sie hatte sich früh angewöhnt, Gefühle nicht zu zeigen, und jetzt, wo sie sie zeigte, mißachtete, ja verletzte man sie.

Das führte dazu, daß sie sie wieder verschloß, in sich hineindrückte, sie verleugnete, bis zu einem gewissen Grade sogar verlernte und vergaß. Für jede Rolle, die sie spielen mußte, machte sie sich deshalb einen Plan, den sie zu Hause an die Wand hängte.

Er sah aus wie eine Fieberkurve, mit Hoch und Tief der Gefühle, die sie so dosieren und erlernen mußte. Wenn es sehr hoch oder sehr tief zuging, wenn es Tränen brauchte, dann spielte sie sich auf dem Grammophon *Lache, Bajazzo* vor, um richtig in die Stimmung zu kommen und die Gefühle aus sich herauszuholen.

Das hinderte sie aber nicht, sich dauernd neu und hoffnungslos zu verlieben. Es ist das Problem des Don Juan, der nicht treu sein kann, weil er die richtige Liebe nicht begreift und ihr deshalb ewig nachjagt, frei nach dem Volksspruch: Was Hänschen nicht lernt, lernt Hans nimmermehr.

Schon in ihrer ersten Rolle, als Wagenlenker und Euphorion in *Faust II,* fiel Liselotte durch ihre starke Ausstrahlungskraft, die ‹euphorische› Zartheit und Irrealität, die aus ihrem seltsamen Wesen kam, bei Kritikern und Publikum und sogar den Schauspielerkollegen auf.

Ihr Partner als Wagenlenker war Will Quadflieg. Will Quadflieg, dieser Wundermensch, den böse Zungen schon damals den «besten schlechten Schauspieler» nannten, ein Attribut, das man später auch gerne Curd Jürgens verlieh. Aber das gehört schon mehr zum internen Theaterklatsch als zu objektiver Kritik, und es steckt wohl gerade deshalb immer ein Körnchen Wahrheit – gemischt mit Bosheit – dahinter.

Will Quadflieg war der geborene jugendliche Held, ein begnadeter Schauspieler, der alles in seinen Bann zog, auch wenn man das in der nüchternen Nachkriegszeit mit der immer modischer werdenden Verfremdung des Gefühls nicht mehr gerne so ausdrückte, und viele Quadfliegs Spiel zu künstlich und zu pathetisch fanden. Aber das spielte gar keine Rolle, das Geheimnis seines Erfolgs lag ähnlich wie bei Liselotte in der Kraft seiner Ausstrahlung, in seiner Präsenz auf der Bühne, kaum daß er draufstand, seinen Bewegungen, seiner Schönheit. An einen hinreißenderen Don Carlos, einen glaubhafteren Don Juan konnte man sich jedenfalls auf der berühmten Pfauenbühne kaum erinnern. Das hat nichts, auf jeden Fall nicht nur mit dem Spiel des Schauspielers zu tun, es war vielmehr eine Einheit und Harmonie, das berühmte gewisse Etwas, das man hat oder nicht hat, das man nicht erlernen kann und das auch eine mittelmäßigere Begabung zum geborenen Star macht. Bei einer Frau nennt man das gerne Sex-Appeal, also einen Appell an die Sinne, an das, was das Blut, die Gefühle anspricht und in Wallung bringt.

Große Schauspieler können diesen Appell mit ihrem Spiel hervorbringen, andere versuchen ihn mit Schminke und Verkleidung herzuzaubern, den auserwählten aber ist er in die Wiege gelegt.

Will Quadflieg hatte dieses gewisse Etwas, er war *der* große Schauspieler im klassischen Sinn, der geborene jugendliche Held und Liebhaber, dem alle Frauen, die Zuschauer und manch ein Mann (wenn auch nicht alle Kritiker) zu Füßen lagen. Er erfüllte sein Soll an Schönheit und Liebe nicht nur auf der Bühne, sondern auch im Privatleben; am hellichten Tage beglückte er die hübsche, blutjunge Sekretärin des Schauspielhauses mit einem engumschlungenen Gang durch die Altstadt, am Abend brachte er, bevor der Vorhang aufging, das bereits malerisch drapierte Kostüm der auf einem Sofa posierenden Anneliese Römer durch einen Sturmangriff noch ein wenig in Unordnung, und in den frühen Morgenstunden versprach er seiner Frau Benita, daß er nur sie, nur seine ihm angetraute Ehefrau wirklich liebe und sich niemals scheiden lasse, schon der fünf Kinder wegen.

Für diesen Schritt, die Ehescheidung, brauchte Quadflieg wie viele andere die Reife, oder besser sollte man vielleicht sagen, die Unreife des Alters, wenn die Nostalgie über die verlorene Jugend stärker wird als moralische Skrupel und man – der Mann – Trost und Zuflucht sucht, meist in den Armen einer Jüngeren, die ihm den zweiten oder gar den dritten Frühling noch einmal zurückbringt oder zumindest verspricht.

Will Quadflieg hat sich, wie viele seiner Kollegen, als es ‹dafür Zeit›, also in der Ehe Herbst wurde, von seiner Frau Benita scheiden lassen, um die junge und schöne Margaret Jacobs zu heiraten. So etwas ist in Künstlerkreisen (und anderen) üblich; erfolgreiche und reiche Männer können sich das ohne weiteres leisten.

Als Liselotte nach Zürich kam, da stand Will Quadflieg aber noch in seiner vollen Blüte und Jugendkraft.

Mit dem Ungestüm des erfolggewohnten Partners stürzte er sich auf den zarten Euphorion, die nicht weniger zarte Dona Elvira in Lope de Vegas *Donna Belissa* (diese von Jane Tilden dargestellt) und schließlich auf den hübschen, ernsten Pagen in *Don Carlos,* als welcher er neben Erich Schellow (Posa), Maria Becker, Ernst Ginsberg, Anne-Marie Blanc und eben Liselotte Pulver Triumphe feierte – um der Verdatterten kein Haar, dafür aber um so mehr Gefühl und Sinne zu krümmen. Er hatte dabei eine unnachahmliche Art – zumindest bei der armen Liselotte –, wie ein verwirrend begehrlicher und blendender Schmetterling um eine Blüte herumzuflattern und sich doch nicht auf sie niederzusetzen – vielleicht, weil er sich gestört fühlte, vielleicht, weil es um sie her zu lärmig oder weil in der Blüte nicht genug Honig war –, auf jeden Fall irritierte, beunruhigte und becircte er sie, so wie sie ihn auf eine selbstverständliche Art auch verführte. «Soll ich mich auf dich konzentrieren?» fragte er sie wie ein Schulbub, und sie antwortete wie ein braves Schulmädchen mit Ja, ohne zu ahnen oder jemals zu erfahren, was dieses ‹Sich-auf-sie-Konzentrieren› nun eigentlich war.

Der schöne Will war nämlich keineswegs willig, sich auf Liselotte zu konzentrieren bzw. einzustellen. Er flirtete mit ihr so, wie er wahrscheinlich mit allen hübschen Frauen flirtete. Es blieb bei einem kurzen Strohfeuer, das hauptsächlich in Liselottes Einbildung und hinter ihrem Spiel auf der Bühne brannte.

Auch jetzt, mit einundzwanzig Jahren, hatte Liselotte

Liebe noch nicht erfahren. Dafür mußte sie sie fast in jedem Stück auf der Bühne mimen.

Nach kleineren Rollen in der *Dreigroschenoper,* dem *Tod des Handlungsreisenden* und dem *Kaufmann von Venedig* folgte für sie die erste Hauptrolle auf der berühmten Pfauenbühne, die der Luise in Schillers *Kabale und Liebe.*

Die gefürchtete Kritikerin Brock-Sulzer schrieb darüber in der *TAT:* «Liselotte Pulver hat uns überrascht. Sie ist noch keine die Rolle ganz erfüllende Luise, aber sie gab sehr viel mehr, als wir ihr zugestanden hätten: wirkliche Empfindungen und doch dann und wann ein Hinaufreichen in den hohen Anspruch, der ein großes Versprechen ist. Es wird fast alles davon abhängen, wie sie weiter geleitet wird.»

Liselotte stand am Anfang einer großen Bühnenkarriere, das Pfauentheater am Ende einer großen Epoche, die wiederum der Beginn der Theaterkrise Deutschlands war.

Teo Otto baute Bühnenbilder, die nur noch dem Stil des verfremdeten Theaters Bertolt Brechts, also nicht mehr dem Gefühl, sondern dem politischen Engagement entgegenkamen, aber bereits im Begriff standen, aus einer Notwendigkeit zum Selbstzweck, aus Begabung und Schöpferdrang reine Routine und Nachahmung, schlimmer noch, zu einer allgemeinen Politisierung der Kultur und des Begriffes Kunst schlechthin zu werden.

Romeo und Julia mußten sich auf der Pfauenbühne in einem häßlichen Gerüst aus weißem Eisengestänge lieben, in dem sie für die Balkon- und anderen Szenen herumkletterten wie Affen oder Bauarbeiter; auf jeden Fall durften sie nicht mehr romantisch allgemeinmenschlich, sie mußten politisch-symbolisch empfinden, so wie es eine Gesellschaft nach dem fürchterlichen Weltkrieg anscheinend auch tat.

Auf diese Weise waren das deutsche Nachkriegstheater – das das Zürcher Schauspielhaus zu dieser Zeit noch repräsentierte – und der Kitsch des deutschen Nachkriegsfilms gar nicht so weit voneinander entfernt wie man meint, das Bedürfnis danach entsprang ein und derselben Quelle.

Die Grundhaltung nach der unbegreiflichen Zerstörung war totale Desillusion und Unglauben an den Wert jeglicher ideellen Werte, ob das nun Kunstgegenstände, Gefühle, Träume, Schnörkel oder Hoffnungen waren, eine totale Absage an all das, mit dem man scheinbar so schlecht gefahren war.

Gefühle, Glaube und ideelle und künstlerische oder kunsthistorische Werte, das war mit den Millionen vergaster Juden, den Millionen verlorener Söhne, den Toten und in den Ruinen, die allein übrigblieben, verlorengegangen.

Man mußte wieder bei Null anfangen, man hatte in Abgründe gesehen, in menschliche, vielleicht in die eigenen, und Erfahrungen gemacht, die man nicht hätte machen dürfen.

Die Deutschen, dieses Volk, das Gefühle, Illusionen und Träume so liebt, es hat sie nach dem Schock verleugnet, ihnen die Schuld gegeben, sie verdrängt oder sogar verloren, auf jeden Fall ersetzt.

Ersetzte Gefühle, das ergibt die moderne Sachlichkeit. Aber es ergibt auch falsche Gefühle. Falsche Gefühle aber sind Sentimentalität. Mit einem deutschen, in andere Sprachen unübersetzbaren Wort nennt man sie Kitsch.

Das Theater verschrieb sich dem ersten, der modernen Sachlichkeit, der deutsche Nachkriegsfilm dem zweiten, der Sentimentalität, dem Kitsch. Beide brauchten das, wie man meinte, zum Wiederaufbau.

Nur so ist es zu erklären, daß der deutsche Film fast

zwanzig Jahre lang künstlerisch Wertloses, Unbedeutendes produzierte und das Theater sich in eine ausweglose Verfremdung und Politisierung hineinmanövrierte, und Repräsentantinnen wie Liselotte mit dem nicht geringen Erfolg auf der einen Seite die Gewinner, aber auf der anderen auch die Opfer dieser Entwicklung wurden.

Während der Film Liselotte Ruhm, Popularität und materiellen Reichtum brachte und dafür ihre zarten und verhaltenen Töne, ihre fast unfreiwillige Tragikomik in bewußte und manchmal künstliche Lustigkeit verwandelte, paßte sie in die realistische Verfremdung und Distanz des modernen Theaters haargenau hinein. Wobei dieses von dem unverwüstlichen Garderobier Hans Prüfer, Prüfi, diesem «unbestechlichsten aller Kritiker des Schauspielhauses», wie er von dem Triumvirat Wälterlin–Hirschfeld–Steckel lachend, aber durchaus ernst genannt wurde, folgendermaßen beschrieben wurde:

«Molière, das ist noch echtes Theater, da geht der Vorhang auf, und es ist hell und ick sehe alles, und ick verstehe jedes Wort, das geredet wird, ick bin doch doof, aber da versteh ick jedes Wort und ick lache, ick freue mir, und es wird immer schöner und schöner von Akt zu Akt, und am Schluß bin ick ganz selig und geh ganz selig nach Hause! Aber nimm's doch mal, wie's heute ist, da geht der Vorhang auf. Und spätestens nach zehn Minuten merk ick, au weh, das ist ein Problem und dann – ick versteh nich, ick versteh nich, und da dann wird's immer schlimmer von Akt zu Akt, am Schluß ist's zappenduster, und ick geh ganz belämmert nach Hause, glaub mir, für so wat wär Theater nie erfunden worden!»

Liselotte war eigentlich die ideale Brecht-Schauspielerin, kalt und engagiert, gefühlsarm und voller Güte. Brecht selber war zu dieser Zeit nicht mehr in Zürich, sondern bereits in Ost-Berlin, weil er in Zürich und anderswo nicht die richtige Bleibe, nicht die richtige ‹Freiheit› fand.

Liselotte hat ihn in Zürich gerade verfehlt, er kam Anfang 1948 «um sich umzusehen», er war noch gar nicht entschlossen, nach Deutschland zurückzugehen und wußte noch viel weniger, ob er nach Westdeutschland oder in die Sowjetzone gehen sollte. Nachdem er mit dem Gedanken gespielt hatte, sich ganz in Zürich niederzulassen, ging er 1949 nach Berlin und hätte sich wohl auch in West-Berlin niedergelassen, wenn die amerikanische Besatzungsmacht ihm nicht Schwierigkeiten gemacht hätte. So ging er nach Ost-Berlin, wo man ihm ein Theater zur Verfügung stellte und ihn so lange proben und ihm so viel Freiheit ließ, wie er wollte. Für Zürich und den ganzen restlichen ‹freien› Westen und nicht zuletzt für Liselotte ging er, mangels genügend Freiheit, verloren. Sicher hätte Liselotte sich in den mittelgroßen Brecht mit den kurzgeschnittenen Haaren, der hochgeschlossenen Joppe und Brille, diesen typischen Intellektuellen nicht verliebt, aber er hätte ihr helfen können, so wie Steckel ihr half, Kurt Hirschfeld, Teo Otto, die seine Freunde waren und auch noch in seinem Geist arbeiteten und ‹sein› Theater machten, als er nicht mehr unter ihnen und nicht mehr unter den Lebenden weilte.

Statt dessen hatte sie dann das Pech, zuviel Glück zu haben. Das Schicksal griff nach ihr mit härterer Hand als die in Zürich trauernden Regisseure, sie hatten einen Großen wie Brecht nicht halten können, wie sollten sie die kleine Anfängerin Liselotte Pulver halten? Der Film holte sie nach Deutschland.

Hirschfeld: «Ich warnte sie vor dem Film.»

Aber vor den hohen Gagen konnte er sie nicht warnen.

Sie kam dann nur noch sporadisch, als Nerissa im *Kaufmann von Venedig,* als Luise in *Kabale und Liebe,* als Hero in *Viel Lärm um nichts* und – Krönung einer kurzen, viel zu kurzen schauspielerischen Laufbahn – als sehr echtes und gar nicht larmoyantes oder tränenüberströmtes *Käthchen von Heilbronn.* Ach, der Film verschlang sie, nahm all ihre Zeit in Anspruch, es blieben kaum noch Wochen für gelegentliche Gastspiele.

Aber das Schauspielhaus war nicht das Theater für Gastspiele, auch wenn es sich um berühmte einheimische Talente handelte, und so war die Pulver für den Pfauen verloren.

Der deutsche Film war damals wie ein qualliger, aufgeschwemmter Tintenfisch mit vielen hungrigen Armen, die sich nach allen Seiten ausbreiteten und alles verschlangen, was ihnen an Fischen und Fischchen, Sternen und Sternchen nahe kam.

Bei Liselotte geschah das schon nach einem Jahr, in dem sie sich in Zürich gerade eingelebt hatte, nach ihren ersten beachtlichen Erfolgen, gerade als man auch am Theater hellhörig geworden war und ihr einen Anstellungsvertrag angeboten hatte.

Zur Feier des Tages zog sie wieder um, im ganzen mindestens fünfmal in Zürich, von einem luxuriösen Appartement ins andere, immer leicht über ihren Verhältnissen, wie es ihre Gewohnheit, nicht aber ihre eigentliche Absicht war: von der Spiegelgasse in die Promenadengasse, von der Promenadengasse in die Merkurstraße, von dieser in die Sonneggstraße und von der in die Mühlebachstraße. Das viele Umziehen hatte mehrere Gründe, nicht nur das Bedürfnis, billigere Wohnungen zu suchen und immer teurere zu finden.

Meine Mutter und ich waren in der Zwischenzeit auch

nach Zürich gezogen, die Mutter, um bei uns ihre schwachen Nerven zu schonen, ich, um bei Teo Otto eine Lehre als Bühnenbildnerin anzufangen.

Es war nicht leicht, für uns drei etwas Passendes zu finden. Die Mutter bekam von unserem Vater keinen Rappen («Sie kann ja daheim, in unserem Haus bleiben»), das war die Bedingung für die Erlaubnis, mit uns nach Zürich zu ziehen. Ich verdiente als Volontärin nur ein winziges Taschengeld, und Liselotte opferte für uns ihre ganze Gage, und das reichte nur für das Nötigste.

Das Nötigste war für uns, wie ein Verehrer von Liselotte uns beibrachte, eine ‹standesgemäße› Wohnung. Eine solche, drei Zimmer, unmöbliert, konnte er uns vermitteln.

Sie lag in einem frisch erstellten Wohnblock in einem großen Park, der zu einem großen Herrschaftshaus gehörte. Der Reiz, vielmehr das ‹Standesgemäße› der recht teuren Bleibe bestand gerade aus diesem herrlichen Park mit seiner riesigen Blutbuche und den anderen alten Bäumen mitten in der Stadt, nur einige Schritte vom Schauspielhaus entfernt, den man aber nicht benützen, nur anschauen durfte. Im übrigen war sie, eher bürgerlich, einer rigorosen Hausordnung unterworfen.

Der Besitzer, aus alter Zürcher Familie stammend, der den Renditenblock erstellt hatte, um damit sein eigenes Haus erhalten zu können, legte die Distanz seines großen Gartens wie die seines Standes zum Pöbel zwischen sich und seine Untermieter, die gerade gut genug waren, ihm die Erhaltung seines Besitzes zu finanzieren.

Aber das hat wahrscheinlich nur uns gestört, es kam nur kleinen Neidern mit einer verrückten Sehnsucht nach Schlössern aus einer anderen Zeit in den Sinn, wenn wir das alte Haus durch unsere Fenster, fast ganz versteckt hinter

Bäumen und Sträuchern, uns heimlich wie alten Verwandten zuwinken sahen. Die anderen Mieter, vor allem der Schauspieler Kurt Horwitz, der mit seiner Tochter über uns wohnte, und die Schauspielerin Grete Heger mit ihrem attraktiven Mann Jürg Medicus auf der anderen Seite, die fühlten sich in der vornehmen Ruhe, der sauberen Kleinbürgerlichkeit schweizerischer Gesellschafts- und Häuserordnung anscheinend wohl, sie waren aus einer ganz anderen, uns unbekannten deutschen Ordnung, aus jener, die nach Plan Menschen verfolgte und exekutierte, hierher geflohen.

Kurt Horwitz gehörte zum eisernen Bestand des Zürcher Schauspielhauses.

Schon in den zwanziger Jahren war er der beliebteste Schauspieler Münchens und neben der Giehse die Säule der Kammerspiele gewesen. «Ja gerade hohe und höchste Nazis gehörten zu seinen eifrigsten Bewunderern. Sie ließen es sich wohl nicht einfallen, daß der große, schlanke, so ‹deutsch› aussehende Mann unvorschriftsmäßiges Blut haben könnte», las man in der *Zürcher Woche.* Unter solchen Umständen sah Horwitz für sich und seine Frau und Tochter nicht die geringste Gefahr und dachte keineswegs an Auswanderung. Das sagte er auch dem damaligen Direktor des Zürcher Schauspielhauses, als dieser ihn nach Zürich engagieren wollte. Doch machte ihm der aus Zürich dafür Angereiste ein sehr hohes Angebot. Horwitz schwankte. Heinz Rühmann, sein damaliger Kollege an den Kammerspielen, riet ab: «Mensch, bleib hier! Der Hitler-Spuk ist in einem halben Jahr vorüber.» Trotzdem entschloß sich Horwitz für Zürich, aber er floh nicht – er siedelte ganz offiziell über, nicht nur mit Frau und Kind, sondern mit seinen Möbeln, sogar mit seinem Dienstmädchen. Und immer im Bewußtsein: Ich kann ja zurück! Niemand wird uns etwas tun! Als er fünfzehn Monate später in Zürich den Professor Mannheim in dem gleichnamigen Stück des Stuttgarter Arztes Friedrich Wolf spielte, diesen Professor Mannheim, der bis zuletzt, bis es zu spät ist, glaubt, niemand werde ihm etwas tun, wußte Horwitz längst, es würde kein Zurück geben für ihn, für lange Zeit nicht, vielleicht überhaupt nicht mehr.

Horwitz blieb in Zürich bis nach dem Krieg, er kehrte erst nach Deutschland zurück, als seine Frau gestorben war und seine Haare bereits weiß waren.

Zu unserer Zürcher Zeit wohnte Kurt Horwitz mit seiner Tochter über uns, wir pflegten mit ihm einen freundschaftlichen Kontakt, der vor allem durch Liselottes kollegiale Verbundenheit mit ihm belebt wurde und der dann auch wieder der Anlaß für einen von Liselottes fast schon legendären Ausrutschern war, den Kurt Horwitz bis an sein Lebensende im Kollegenkreis als Schmunzelgeschichte zum besten zu geben pflegte.

Liselotte war eben von einem ihrer Filme auf Stippvisite in Zürich zurück und wollte, wie gewohnt, auch ihrem verehrten Schauspielerkollegen und Wohnungsnachbar ihre Aufwartung machen.

Beflissen, ihm mit einem Kompliment ihre Sympathie zu verdeutlichen, sagte sie mit ganz besonderer Betonung: «Ach, Herr Horwitz, wie gut ist es, daß Sie als Intendant nach München gehen (tatsächlich ging Kurt Horwitz in diesem Jahr als Intendant nach München an die Kammerspiele zurück) und denen dort zeigen, was richtiges Theater ist. Da habe ich doch eine Aufführung des *Misanthropen* gesehen, so etwas Furchtbares und Grauenhaftes können Sie sich gar nicht vorstellen.»

Horwitz schaute Liselotte etwas verdutzt und belustigt

an und sagte dann freundlich: «Diese Inszenierung habe ich gemacht.»

Er nahm es ihr nicht übel. Er kannte Liselottes Zerstreutheit und betrachtete den Ausspruch als das, was er war: ein mißglücktes, aber ehrlich gemeintes Kompliment, das gerade, weil es so gut gemeint war, danebentraf.

Es war das Jahr 1950, in dem der Filmproduzent F. A. Mainz Liselotte nach Deutschland geholt hatte.

F. A. Mainz war ein kleiner, unscheinbarer Mann, hinter dem Liselotte eher einen freundlichen Großvater, nicht aber den harten Geschäftsmann vermutete – er hatte schon die ehemalige Tobis-Film geleitet, die zusammen mit der UFA die bedeutendste deutsche Filmproduktion gewesen war, und fing jetzt an, eine neue Gesellschaft wiederaufzubauen, das heißt, er war schon wieder einer der ersten im Geschäft. Das sah ihm Liselotte nicht an, und sie nahm ihn deshalb auch nicht besonders ernst, obschon oder gerade weil er ihretwegen nach Zürich gekommen war.

Einen kleinen Begriff von der Härte des ‹freundlichen Opas› sollte sie allerdings sehr schnell bekommen, als sie ihm sagte, sie habe gerade ihren freien Tag und er solle doch am nächsten Abend in die Vorstellung kommen, um sie als Luise anzusehen. Barsch sagte er, dafür habe er keine Zeit, sie solle ihm eine Szene jetzt, hier im Restaurant, vorspielen.

Liselotte mußte sich also öffentlich, mitten im Alltag und unter fremden Leuten, vorstellen, dieser für sie ganz und gar unattraktive kleine Mann sei ihr Liebhaber, sie werde von ihm betrogen und er sei gerade im Begriff, sie zu verlassen. Eine Situation, die ihr nicht fremd war, für die sie aber hier, so wie sie sich ihr anbot, ihre ganze Einbildungskraft und ihr schauspielerisches Talent benötigte. Nach einer kurzen Zeit der Metamorphose, mit der sie wahrscheinlich F. A. Mainz in Will Quadflieg, Erich Schellow oder einen anderen hinreißenden Partner verwandelte, legte sie dem abgebrühten Geschäftsmann eine Liebesszene hin, daß dem die Ohren, daß auf den Tischen die Tassen und Teller und sogar ein Teil der Gäste wackelten und aufgescheucht davonstoben. Der Wirt bekam es mit der Angst zu tun, aber bevor er einschreiten konnte, wurde die Situation von dem cleveren Filmproduzenten aufgeklärt, und Liselotte war engagiert.

Sie spielte im Film *Föhn* die Hauptrolle neben dem großen Hans Albers und dem noch unbekannten Adrian Hoven; es war eines dieser Blut- und Boden- bzw. Bergdramen, in dem die geknebelte deutsche Seele scheinbar Auferstehung feierte. Der Film *Föhn* war unter dem Titel *Drei Menschen am Piz Palü* von Dr. Arnold Fanck und G. W. Papst schon einmal verfilmt worden und hatte damals ebenfalls einer jungen Unbekannten zu Filmruhm verholfen: der später als Regisseurin und Hitler-Freundin berühmt-berüchtigten Leni Riefenstahl. Die neue, die Nachkriegsversion enthielt nicht weniger, sondern eher noch mehr Klischees und Platitüden, so jedenfalls meinte es der strenge Kritiker der *Neuen Zürcher Zeitung,* Martin Schlappner, der in seiner Zeitung für die Landsmännin orakelte: «Die Bernerin Liselotte Pulver zeigt Begabung, macht durch ihr Spiel aber die Gefahr deutlich, in der sie, sollte sie länger der deutschen Unbegabtheit, Filme zu schaffen, ausgeliefert sein, zweifellos steht.»

In New York, wohin der Film *Föhn* immerhin auch gelangte, war man noch strenger: «poorly acted, badly directed», hieß es da nur lakonisch in der Zeitungskritik.

Für Liselotte aber war es ein Erfolg, ja es war mehr: der

große Durchbruch, wie man das in ihren Kreisen nennt.

Allein schon neben Hans Albers zu spielen war ein Ereignis, das nicht unbeachtet bleiben konnte. Denn Albers, den man in der Schweiz eher als teutonischen Edelknaben, der mit treudeutschem Augenaufschlag schmalzige Seemannslieder produziert, kannte und verkannte, war zu jener Zeit in Deutschland schon Legende, ein lebendes Monument, an das sogar die Nazis während des ganzen Krieges sich nicht herangewagt hatten.

Die Deutschen liebten und verehrten Albers, wie man eben nur einen ganz Großen (und vielleicht nur in Deutschland) lieben und verehren kann, und nahmen seine kleinen Schwächen, seine legendäre Eitelkeit (fast so berühmt wie seine blauen Augen und nostalgischen Seemannslieder) mit einem Augenzwinkern in Kauf – mit dieser Nachsicht und dem Funken Humor, an dem es den Schweizern gegenüber Großen (und deshalb fehlen hier vielleicht auch die ganz Großen) mangelt: «Hans Albers, der den Doktor Jensen, den Schuldbeladenen und Opferbereiten spielt, ist am Berg und im Schmerz seiner Seele ganz der ‹tu m'as vu›-Typ der er immer war», schrieb ebenfalls der seriöse Martin Schlappner in seiner seriösen *Neuen Zürcher Zeitung.*

Liselotte aber erschien als süßes kleines Mädchen in den Armen des bärenstarken Idols auf allen Titelblättern der deutschen Illustrierten – eigentlich war ja Adrian Hoven ihr Partner –, in allen Zeitungen, auf Reklamen und Plakaten, sie wurde bis in die hinterste Ecke Deutschlands über Nacht berühmt.

10

Der junge Berner Hubert von Wattenwyl kam als frischgebackener Arzt mit seiner hübschen Frau nach Genf und ließ sich hier häuslich und beruflich nieder.

Er stammte aus ausgezeichneter Familie. Die von Wattenwyls gehören zu den ältesten Berner Patriziern. Sonst aber besaß er nichts und mußte sich seine Karriere ganz allein aufbauen.

Er arbeitete zuerst am Genfer Kantonsspital, der gynäkologischen, also der Frauenabteilung, dann wurde er Chefarzt und führte daneben eine private Praxis, die bald florierte.

Er hieß jetzt le Professeur de Watteville und war als solcher der Geheimtip für vermögende Damen der internationalen High Society, vorwiegend für orientalische Prinzessinnen und andere gekrönte, zarte Häupter und noch zartere weibliche Körperregionen, die der berühmte Professor so trefflich zu behandeln verstand.

Als Liselotte zu ihm kam, war er schon weltbekannt, aber eben nur als ehrfürchtig geflüsterter Geheimtip und noch nicht von Sofia Loren im Schlepptau ihrer Publicity und Kinderlosigkeit – die er beheben konnte – ins grelle und für den bescheiden gebliebenen Berner eher unangenehm blendende Scheinwerferlicht der Öffentlichkeit gezogen worden.

Und wer jetzt wieder meint, daß Liselotte, in diesem Jahre 1962 selbst ein berühmter Star, diesen berühmten Frauenarzt wegen der wohlklingenden Adresse ausgesucht habe und daß für sie ein ‹Star›-Doktor eben typisch sei, der wird einmal mehr angenehm enttäuscht werden.

Liselotte kam in Wirklichkeit zu Dr. de Watteville wie die Jungfrau zum Kinde, das heißt, einmal mehr durch unsere bewährte Mutter.

Die Frau des Arztes, die fröhliche Elsi de Watteville, ist die Schwester eines ehemaligen Verehrers von ihr, des lustigen und vitalen Dr. Edgar ‹Edi› Zulliger, der in jungen Jahren manches ‹Käferfest› in der Pulverfarm am Malerweg mitgemacht hatte und der ganzen Familie freundschaftlich verbunden blieb.

Liselotte dachte nicht daran, ein Kind zu bekommen, ja die Idee, Mutter zu werden, lag ihr völlig fern.

Sie hatte mit ihrem innerlich überbordenden, in der Wirklichkeit eher bescheidenen Liebesleben auch keinen Grund, diesen Gedanken als naheliegend zu erwägen – vielmehr glaubte sie mehr oder weniger an eine schicksalhafte Kinderlosigkeit. Wollte sie überhaupt Kinder haben?

Nein. Im Ernst, als sorgende, liebende Mutter, zum ‹Müetterlen› bestimmt, sah sie sich – wie schon früher in der Kindheit – vorerst nicht.

Aber jetzt, als glückliche Ehefrau, als Krönung, als Pfand ihrer Liebe – da war sie dafür schon eher zu bewegen. Wie ihre französische Großmutter mütterlicherseits, die sechs Kinder auf die Welt brachte und schon vor dem frühen Tod ihres Mannes alle sechs unter Verwandte verteilte – verteilen mußte, wie sie sagte –, war auch Liselotte mehr Ehefrau als Mutter, mehr auf den Mann als auf die Kinder eingestellt. Das hat sie nie bestritten, sondern später, als ihr Baby-, Angestellten- und Haushaltsprobleme manchmal über den Kopf wuchsen, geradezu wütend in die Welt hinausposaunt.

Aber eigentlich ist jede Frau zur Mutterschaft geboren und hat dafür Begabung, es kommt nur darauf an, wie sehr Gesellschaft, Erziehung und Frustration diese Begabung, dieses Bedürfnis deformiert haben.

Einige Monate nach der Hochzeit wurde es Liselotte verdächtig schlecht.

Sie probte gerade *Wie es euch gefällt* an den Münchner Kammerspielen, dachte sich aber vorläufig nichts dabei. Als das komische Gefühl dann nicht aufhörte, ging sie zum Arzt, der ihr mitteilte, daß sie ein Kind erwarte. Daraufhin wurde es ihr erst recht schlecht, jeden Morgen, einen ganzen Monat lang.

Dann hatte sie die Nachricht und die Umstellung mit Geist und Körper überwunden, die Schwäche wurde eine Stärke, durch die die werdende Mutter als Rosalinde in der Premiere und nachher noch dreiunddreißigmal das Münchner Theaterpublikum entzückte, bis in den sechsten Monat.

«Schweikarts Rosalinde schien auf höheren Befehl die Hosen anzubehalten, mehr mit Seufzern als mit Spaß, den Mann zu spielen. Das gibt natürlich nur den halben Effekt, Liselotte Pulver, die sicher den ganzen Effekt bringen könnte, litt etwas darunter. Zauberhaft war sie im ersten Akt, auch im Ardenner Wald, wenn das Quecksilbrige durchblitzte, war sie zum Umarmen», schrieb Fritz Rumler in der *Abendzeitung*.

Man sah ihr äußerlich nicht an, daß das Kostüm von Woche zu Woche etwas weiter gemacht werden mußte. Es blieb ein tapfer und von den Garderobieren liebevoll mitgehütetes Geheimnis.

Als sie aber nach dem fünften Monat doch anfing, geradezu aufregend weibliche Rundungen zu entwickeln und ihr zugleich beim Herumwirbeln als muntere Shakespeare-Heroine der Atem ausging, legte sie die Arbeit nieder, um in die Schweiz zurückzureisen und dort brav und eher ungeduldig als geduldig ihre schwere Stunde zu erwarten.

Sie suchte Dr. de Watteville auf, hinter dem Kunsthistorischen Museum in Genf in seiner Wohnung, in diesem Stadtteil, wo die Häuser noch Allüre und den diskreten Hauch verblichener Vornehmheit haben.

Genf ist eine der schönsten und zugleich eine der am schlimmsten verschandelten Städte der Welt.

Sie liegt am Ende der Schweiz und am Anfang Frankreichs oder umgekehrt, und es scheint, als ob gerade die als Schwäche angesehenen Charaktereigenschaften der beiden Länder hier in der schäumenden Rhoneschleuse zusammengespült würden, um sich – die von den Schweizern verachtete ‹Schlamperei› der Franzosen und die von den Franzosen verspottete ‹Geldgier› der Schweiz – zu einem ganz besonderen Charakter zu vereinen: der berühmten Genfer ‹Charakterlosigkeit›.

Zum einen ist es die UNO, die hier ihren Sitz hat und die die Stadt so international machte, daß sie ihren eigenen Charakter verlor, zum anderen ist es die alte und ehrwürdige Banken- und Geldtradition, die mit den liberalen Strömungen der modernen Sozialpolitik der jungen Hitzköpfe nicht mehr so recht übereinstimmt.

In keiner anderen Stadt werden so viele durchsichtige und undurchsichtige Geschäfte mit Geld gemacht, in keinem anderen Kanton lagert soviel – fremdes – Gut und

Geld, nirgendwo ist man geiziger und intoleranter und zugleich so rabiat auf sozialen Fortschritt und eine liberale Politik bedacht.

Das Resultat sind in erster Linie die Wunden, die der Stadt durch dieses ungeordnete Tauziehen und Planen, das Abreißen von ‹alten› und ‹unrentablen› Baudenkmälern geschlagen wurden, zum Beispiel das am schönen und harmonischen Seepanorama, das einmalig auf der Welt ist, gelegene alte Casino, ein verschnörkelter, massiver Prachtbau voller Plüsch- und Jahrhundertwende-Atmosphäre, eben ein ‹echtes› Casino, das vor etwa dreißig Jahren als ‹kunsthistorisch wertlos› dem Erdboden gleichgemacht wurde, dafür während zwanzig Jahren durch ein häßliches Loch hinter einer Bretterwand ersetzt wurde, um dann schließlich als etwas Neues und Modernes wieder aufgebaut zu werden: zu einem Casino.

Dies nennt man dann auch einen natürlichen Fortschritt.

So gibt es in Genf nur noch wenige Straßenzüge oder Quartiere, die nicht in ihrer architektonischen Einheit zerstört sind.

In einer dieser stillen Straßen liegt das Haus der de Wattevilles, ein altes, ernstes Gebäude mit einer klassischen Sandsteinfassade und hohen Fenstern, hinter denen niemand die großen, eleganten Räume, die verschwiegenen Edelholzportale mit den auf Hochglanz polierten Messingschildern und vor allem nicht Sofia Loren erwarten würde, die nach geglückter erster Geburt im Erdgeschoß einzog, um ihren Wunderarzt gleich in Rufnähe zu haben.

Ihr Mann, Carlo Ponti, kaufte daraufhin das ganze Haus, und der im ersten Stock wohnende und praktizierende Professor de Watteville mußte ihm die Miete zahlen. Als Carlo Ponti später pleite machte und er das Haus wieder verkaufte, hatte auch die Geheimadresse der Nobelpraxis von Dr. de Watteville ausgedient. Er mußte umziehen; seine Frau sagt, das – seine berühmteste Patientin – habe ihm indirekt den Todesstoß gegeben. Er hat die Adreßänderung nicht lange überlebt.

Die Tradition berühmter Genfer Modeärzte ist übrigens auch sehr alt. Schon im 18. Jahrhundert gab es da den großen Dr. Tronchin, zu dem begüterte Damen aus aller Welt herreisten und dessen Ruf so groß wurde, daß ihn Marie Antoinette nach Paris holte, wo er unter anderen auch Madame Necker half, ihre Tochter, die berühmte Madame de Staël, zur Welt zu bringen.

Man kann nicht behaupten, daß sich die Praxis eines solch großen Arztes von anderen, ‹gewöhnlichen› durch nichts unterscheide, vielmehr ist es gerade der äußere Rahmen, der den Gang zu ihm leichter macht – die Frauen streichelt und mit seinem dezenten Luxus liebevoll empfängt –, nein, Rationalismus und Sozialismus in der Arztpraxis, die frostige Krankenkassenatmosphäre und Massenabfertigung, das kann nur Männerhirnen entspringen, so etwas hätten Frauen nie erfunden oder sich ausgedacht.

Die ‹normalen› Patientinnen, die kommen bei Professor de Watteville in Wartezimmer Nummer eins: einen kleinen, hellen Salon, aus dem der Professor sie in sein danebengelegenes Vorzimmer, das wie die Bibliothek eines Gelehrten wirkt und mit kostbaren Möbeln und Teppichen ausgestattet ist, und von da nach einem persönlichen Gespräch in das eigentliche Sprechzimmer mit angrenzendem Laboratorium und vielen herumschwirrenden, hübschen, weißbeschürzten Arzthelferinnen führt.

In das Wartezimmer kommen sie nach der Untersuchung nicht mehr hinein, sondern werden durch einen diskret beleuchteten, großen Gang unter dem verschwiegenen Blick eingerahmter Ahnen über weiche Perserteppiche, die die Schritte verschlucken, wieder zum Ausgang geleitet.

Die besonderen Patientinnen kommen in den großen Privatsalon mit spiegelglattem Parkettboden, riesigen Kristalleuchtern und erlesenem Mobiliar, und die ganz besonderen werden von Madame in ihr privates Reich zu einem kleinen Klatsch bei Tee und teurem Konfekt gebeten.

Liselotte gehört natürlich zu den letzteren, sie radebrecht sich original und originell in ihrer ungeliebten Muttersprache lachend über die Angst hinweg, der Professor könne etwas Un-Normales, eine Mißgeburt oder so etwas Schreckliches in ihrem jetzt schon wie ein halber Gugelhupf aufgegangenen Bauch entdecken.

Doch alles ist in bester Ordnung, Dr. de Watteville verschreibt ihr sein bewährtes, recht strenges Regime für die Geburt ohne Schmerzen, strenge Diät, Rauch- und Trinkverbot.

Vorbereitende Gymnastik und Atemtechnik gehören dazu, die man mit einer dafür ausgebildeten Lehrerin, die dann auch an der Geburt teilnimmt und wie beim Militär strikte Anweisungen erteilt, erlernt.

Die Jahreszeit ist ideal, schwimmen bis sechs Wochen vor der Niederkunft und in der Sonne liegen erlaubt, ja sogar erwünscht; nichts ist besser für das werdende Kind und die Mutter, als etwas Sonne auf der nackten, natürlich geschützten Haut, Sonnenstrahlen sind Vitamine, welche das Gewebe straff erhalten und durch den Organismus der Mutter bis zum Kind dringen, sagt Dr. de Watteville.

Liselotte befolgt das alles ganz genau, sie ißt salz- und zuckerlos, viel Gemüse, wenig Fleisch, keine Gewürze, trinkt keinen Alkohol, dadurch «bleibt das Blut dünn», es gibt keine Krampfadern, kein Übergewicht, keine gesprungene Haut und – hoffentlich – keine Schmerzen.

So erlebt sie das Wunder der ersten Bewegungen in ihrem Leib, sie konstatiert strahlend anderweitige Rundungen, sie hat als werdende Mutter plötzlich Sex-Appeal.

Aber Helmut ist nicht da, um das festzustellen, er ist für einen Film nach Johannesburg geflogen, das ist nicht viel weniger als eine Geburt, er hat sich vor dem Flug mit einer Flasche Cognac die Angst weggetrunken.

Liselotte kann und will das nicht, sie muß der schweren Stunde mit nüchternem Magen und vollem Bewußtsein, «daß es einschlägt», in die Augen blicken. Frauen haben in entscheidenden Augenblicken eben doch mehr Mut:

Lieber Korinkel, 21. 6. 1962

die Zeit vergeht langsam, aber plötzlich ist sie dann doch vorbei.

Der Heuschnupfen vergeht dieses Jahr überhaupt nicht mehr. Natürlich ist er auf dem Land viel stärker; wahrscheinlich werde ich in Zukunft im Juni überhaupt nicht hierherkommen können.

Ich komme mir vor wie ein Gefangener, wenn ich so zum Fenster hinausschaue, phantastisches Wetter, der See voller Boote, und ich hocke im dunklen Zimmer, kann nicht einmal schwimmen gehen.

Aber diesen Monat werde ich wohl auch noch schaffen. Dr. de Wattenwyl sagte mir vorgestern, er glaube nicht, daß ich Verspätung habe. Das hätte noch gefehlt. Dieses Read'sche Buch ist glänzend. Ich habe bis jetzt überhaupt keine Angst.

Äbe!

Geht es Euch gut? Hast Du mein Telegramm bekommen? Und was macht der Prachtsgügg? Viele Grüße an die Harfe. Also adiö, schreib mal Du More. Deine Lise.

Telegramm vom 20. 6. zu Corinnes Geburtstag:
«Liebe Jubilarin, jetzt heißt es alle Kraft zusammengerafft, Deine hochbetagte Schwester.»

Lieber Korinkel, 26. 7. 62

ich harre immer noch und glaube, daß es noch mindestens 14 Tage dauert, denn ich fühle mich so vögeliwohl, daß es kaum auf irgendwelche Zuspitzung (?) hinweist. Dr. Wattenwyl will Anfang August nach Brasilien, hoffentlich macht er nicht irgendeine Beschleunigung, denn da bin ich sehr dagegen.

Ich habe hier von Dir so violett karierte Shorts gefunden und eine weiße, mit Sternchen gemusterte Bluse. Kann ich die der Margarete schenken, oder brauchst Du sie? Sie sind nicht mehr ganz taufrisch. Also gute Nacht – Deine Tonne.

Anfang Juli ist es dann soweit. Der Termin naht heran, den der Professor sich errechnet hat.

Doch in dem sanft gewölbten, goldbraun glänzenden und vorbildlich straff gebliebenen Bauch – Dr. de Watteville ist ganz stolz – bleibt es still.

«Bei mir dauert es sicher noch lange, ich merke überhaupt nichts. Ich habe auch ein bißchen abgenommen und glaube bald nicht mehr, daß da noch etwas drin ist...»

Nichts regt sich, das Kind hat keine Lust, auf die Welt zu kommen. Es ahnt offenbar nicht, daß eine Schar Pressefotografen, ein neugieriges Fan-Publikum, ein besorgter Vater, eine ungeduldige Mutter, eine erstklassige Kinderschwester und ein entzückendes Kinderzimmer es erwarten.

Dr. de Watteville ist solche Verspätung gewöhnt, niemand verliert seine Nerven.

Er gibt eine Spritze, um die fälligen Wehen anzutreiben, doch will sich hinter dem Berg mit dem kleinen Zwerg noch immer nichts rühren:

«O je, o je, o je – es ist einfach endlos lang, so 9 Monate», schreibt mir Liselotte immer wieder und fügt bei: «Kann ich übrigens Beatrice den roten Samtrock von Dir schenken? Es ist ja doch eigentlich ein Umstandsrock. Ich bin so müde, daß ich fast unter den Tisch falle vor Fäule. Und darum falle ich jetzt auch. Also adiö – was machen Deine gefährlichen Liaisons? Deine Schwoscht.»

Und dann wieder:

Liebe Corindle,
Also guet Nacht! Da Du ja, glaube ich, bald herkommst, schreibe ich Dir schnell, was ich bisher immer vergessen hatte. Es wäre unheimlich komisch, wenn Du nur so eine Fünfminutensendung machen würdest über diese vielen einsamen Brücken, die hier in der Gegend stehen [zum Bau der Autobahn, sic.]. Überall sieht man sie von weitem verlassen und ‹yes but what does it mean›. Ich finde das irrsinnig komisch, bald verändert es sich wahrscheinlich – und nie wieder sieht man so was Zusammenhangloses. Very funny. Es ist nur eine Idee.

Also Adiö, Deine Loselitte.

Mittlerweile sind mehr als drei Wochen verstrichen, Liselotte leidet sehr, mehr als je läuft ihr in dieser ‹tragenden Rolle› der Schweiß der Anstrengung herunter.

Am 29. Juli läßt der Doktor sie ins Krankenhaus kommen, in das reservierte Zimmer der Privatabteilung im Erdgeschoß, in dem später auch Sofia Loren, Romy Schneider, Audrey Hepburn und andere weibliche Filmprominente liegen werden, wenn sie ein Wehwehchen plagt oder dank dem Professor, oder zumindest mit seiner Hilfe, Mutter werden.

Dem Kantonsspital ist solche Publicity, die manchmal abenteuerliche Formen annimmt – Pressefotografen genieren sich nicht, sich als Ärzte, Pflegepersonal oder Putzfrauen zu verkleiden –, nicht sehr angenehm, besonders, da sie dem erfolgreichen Professor mit dem aristokratischen Berner Akzent gilt.

Es ist eben nicht leicht, in einer Demokratie ein (kleiner) König zu sein. In Wahrheit ist der ganze Rummel, den man um ihn macht, dem typischen Berner eher lästig.

Am 30. Juli ist der Termin überschritten. Dr. de Watteville leitet ganz energisch die Geburt ein, noch längeres Warten könnte dem Kind oder der Mutter jetzt schaden.

Alles scheint ohne Probleme vonstatten zu gehen, aber es dauert lange – zu lang.

Liselotte ist tapfer und befolgt brav das gelernte Entspannungspensum, das ihr in erster Linie von ihrem geplagten Körper diktiert wird, sie atmet unter dem Diktat der Assistentin wie ein exerzierender Soldat, ein – aus – ein – aus.

Am nächsten Morgen, dem 31., hört plötzlich alles auf – wie ein großer Nebel, in dem man nichts mehr sieht und hört, so wirkt das Ausbleiben von Wehen und Schmerz; was bleibt, ist ein unheimliches, ein totes Gefühl von Leere und Nichts.

Der ruhige Dr. de Watteville wird nervös.

Er weiß, daß es um das Leben des Kindes, vielleicht das der Mutter geht; er gibt wieder Spritzen – und nach einigen Stunden setzen die Wehen von neuem ein.

Aber jetzt werden sie schneller, stärker, unerträglicher, alles in Liselottes Innerem setzt sich anscheinend in Bewegung, ein Berg drängt nach vorn, aus ihr heraus.

Nun ist das wieder zu schnell, wenn das Kind jetzt kommt, wird es innen alles zerreißen, das kann Verblutung der Mutter bedeuten.

Dr. de Watteville übernimmt jetzt selber das Kommando.

«Zurückhalten», sagt er, «mit aller Kraft zurückhalten.»

Aber wie kann man einen Berg, eine Lawine zurückhalten?

Liselotte stöhnt vor Anstrengung und Schmerz.

Dr. de Watteville bleibt ruhig und hart. Mit sanfter Gewalt wiederholt er sein ‹Zurückhalten›, kontrolliert den Ausgang und hofft.

So geht das wieder die halbe Nacht lang. Es wird der 1. August, und dann ist auf einmal das Risiko zu groß, Liselotte vor Anstrengung schon halb tot. Es ist bedauerlich, aber auch wenn bisher alles ‹natürlich› gegangen ist, jetzt muß man zur Operation schreiten.

Liselotte ist offenbar zu schmal, sie hat nicht das weibliche, gebärfreudige Becken und «joyeux bassin» anderer Frauen der Familie geerbt, vielleicht haben sich die Muskeln auch durch das Reiten verhärtet – jedenfalls gibt es jetzt vom König einen Kaiserschnitt.

Als Liselotte einige Stunden später aus der Narkose erwacht, ist alles glücklich vorüber, sie ist zwar von der Anstrengung noch erschöpft, aber wohlauf, und in ihre Arme legt man einen gesunden, frisch gewaschenen Jungen – ihr Kind.

Liselotte ist zu schwach, um sich richtig zu freuen, sie weiß noch nicht so recht, was das heißt, Mutter zu sein, aber auf jeden Fall findet sie ihren Sohn vorerst einmal ‹schön› und daß er Helmut gleicht. Und das ist die Hauptsache.

Nur kurz ist die Erholungsphase, dann geht der übliche Publicityrummel, der Liselotte aber weit weniger unangenehm ist als dem Professor, los.

Noch am selben Abend kommen Glückwünsche, Telegramme, Berge von Blumen und Geschenken, man weidet sich an der Tatsache, dem Zufall, eben wieder Schicksal, daß es der 1. August – der Schweizer Nationalfeiertag – ist, und schlachtet alles ganz gewaltig aus.

Warum nicht dem Kind den Namen Tell geben, den Namen des Schweizer Nationalhelden, der schließlich dem 1. August seine ganze besondere Bedeutung gibt? Tell ist lustig. Tell ist männlich und gut auszusprechen und nomen est omen, nicht wahr, das gibt ihm auch symbolischen Wert.

Es ist Helmuts und meine Idee, wir haben sie am Vorabend in einem Münchner Biergarten zusammen ausgebrütet, aber es könnte ebensogut auch Liselottes Einfall sein.

Nur ist sie, wie in allen privaten Dingen, hier eher konservativ, sie zögert. Auf der anderen Seite siegt ihr Hang zu ausgefallenen Einfällen. Schließlich einigt man sich auf den Doppelnamen Marc-Tell. Jeder kann es jetzt so halten, wie es seinem Geschmack und Charakter entspricht.

Die seriösen werden ihn, wie die Kinderschwester Rösli, konsequent Marc, die diplomatischen Marc-Tell und jene, die gern zu einem Spaß aufgelegt sind wie Liselotte, werden ihn kurz Tell rufen.

Sonst ist die Mutterschaft mehr oder weniger spurlos an Liselotte vorübergegangen. Babies zu wickeln, Babies zu füttern oder gar so kleine zartfarbene und komplizierte Dinger zu sticken und zu stricken, das bleibt für sie ein Greuel, vielleicht hätte sie ganz gern für das Kind kaputte Sachen geflickt – alte Sachen auszubessern ist ja mehr denn je ihre Lieblingsbeschäftigung –, aber da alles neu, im Überfluß vorhanden und babyfein gepflegt und gehegt wird, überläßt sie ihr Kind lieber der bewährten Schwester Rösli, die wiederum von Tante Elsi, der Schwester unserer Mutter, empfohlen wurde und schon ihr als junge Kinderpflegerin für ihre Kinder gedient hatte.

Schwester Rösli stammt aus dem Emmental, eine ‹währschafte› Bauerntochter also. Im Berner Säuglingsspital als Kinderschwester ausgebildet, ist sie eine dieser echten Perlen, für die die Pflege eines Kindes und eines Haushaltes noch nicht unwürdige Frauenarbeit, sondern Befriedigung und Befreiung bedeutete. Jede einzelne Handreichung von Schwester Rösli war, wie sie selber sagte, kreativ, ob es sich nun um das Zusammenstellen der Babynahrung aus frischem Gemüse, um die kleinen Kunstwerke, die sie am Feierabend mit ihren unermüdlichen Händen stickte und strickte – «für uns Bauerntöchter war das Sticken am Abend nach der harten Arbeit eine Belohnung» –, oder um den Schokoladenkuchen – ohne Backpulver – zum sonntäglichen Zvieri handelte.

Kein Wunder, daß Liselotte diesen berufenen Händen voll und vielleicht noch mehr als ihren eigenen vertraute und ihr Kind in ihre Obhut gab. Sie dachte nicht im Traum daran, auch nur einen Tag länger als nötig die für sie etwas unheimliche Rolle einer liebenden Glucke mit ihrem Kükken zu spielen. Irgendwie war sie ja selbst noch ein Kind.

Deshalb bekam sie auch feuchte Augen, wenn ihr Sprößling Zetermordio schrie und seine Ärmchen nach Schwester

Rösli und nicht nach ihr ausstreckte, weil er diese mittlerweile besser kannte als seine junge, berühmte und so fürchterlich laut lachende Mutter. Es war ein richtiges kleines Drama, Liselotte wurde eifersüchtig auf ihr eigenes Kind.

Sie litt darunter, daß es ihr, wenn sie von der Reise kam, nicht vor Freude kreischend in die Arme rannte, sondern sie wie eine Fremde ansah: «Ich sehne mich nach Perroy, meinem Alten und dem Tell. Nun werde ich auch so wie Du», schrieb sie mir in den nächsten Jahren immer wieder verzweifelt und meinte, damit nicht wie andere, sich und der Welt etwas vorzumachen und nur für die Fotografen und Journalisten die gute Mutter zu spielen.

Sie sorgte für eine häusliche Atmosphäre, ein schönes, repräsentatives, mit allem Komfort ausgestattetes Heim, wie sie es als Kind selbst gern gehabt hätte, das aber trotzdem oder vielleicht gerade deshalb mit seiner unvollkommenen Vollkommenheit oder vollkommenen Unvollkommenheit – man hat bei ihr auch heute noch den Eindruck, sie stehe kurz vor dem Ein- oder dem Ausziehen, und deshalb ist es bei ihr auch nie wirklich gemütlich – auf eine eigentümliche und fast unheimliche Weise unserem eigenen Elternhaus mit der frostigen Atmosphäre und der ewig abwesenden Mutter gleicht.

Hätte man es Liselotte gesagt, sie hätte es ungläubig und protestierend weggelacht: Wie kann man nur darauf kommen, den schattigen, engen, unordentlichen und bürgerlichen Malerweg mit dem sonnigen, luftigen und in jeder Beziehung stets ‹aufgeräumten› Seesitz eines Filmstars zu vergleichen?!

11

Als Liselotte Anfang 1950 von ihrem Deutschlandaufenthalt zurückkam, war sie nicht mehr der gleiche Mensch wie vorher. Sie hatte nicht nur zum erstenmal die Grenzen ihres heimatlichen Bodens, sondern auch zum erstenmal die Grenzen ihres eigenen geistigen Horizontes überschritten.

Man muß sich das vorstellen: Deutschland lag noch, durchaus im bildlichen Sinne, am Boden. Es war eben daran, sich wieder aufzurichten und den unheimlichen Ruinenstädten, seinem gebrochenen Selbstbewußtsein und damit unter anderem auch der Filmproduktion wieder Leben einzuhauchen.

Liselotte aber kam aus der Watte schweizerischer Geborgenheit, in der man immer versuchte, auch die härtesten Realitäten mit Optimismus und der angeborenen Kompromißlust zu bemänteln. Zudem war sie ohnehin zu jung gewesen, um den Krieg in seiner ganzen Grausamkeit, der Umkehrung aller Werte, zu erfassen.

Und das war denn auch genau die Wirkung, die diese gespenstische Wirklichkeit auf sie hatte: kein richtiges Erfassenkönnen von dem, was da passiert war, kein Bezug auf die Zerstörung einer heilen Bürgerwelt oder auf sich selber, sondern einfach die Umkehrung aller Werte; während sie in der Schweiz, der verschont und schön heil und deshalb immer auch etwas feindlich gebliebenen, stets versuchte, aus der Wirklichkeit auszubrechen und in eine Traumwelt zu fliehen, eben in die Irrealität des Theaters, wurde gerade die Irrealität hier, diese gespenstische Kulisse eines unheimlichen Schauspiels – eben gerade zu Ende gegangen – für sie eine Art verwandte, auf jeden Fall unvollkommene und deshalb tröstliche Wirklichkeit.

Die Straßen, durch die sie ging, die Studios, in denen sie drehte, waren leere, abbröckelnde Staffage: rauchgeschwärzte Mauern mit hohlen Fensteraugen, Türen, die ins Leere führten, Wohnräume, in denen nur noch das Unkraut blühte.

Das Hotel *Regina,* in dem sie in München wohnte, besaß kein Dach, die Treppen hatten kein Geländer und die Zimmer keine Türen. Kein Wunder, daß in dieser Offenheit auch die Gefühle sich leichter Eintritt verschafften, zumindest in Gestalt von Hans Albers, vor dem Liselotte nicht einmal in ihr eigenes Zimmer, das nur drei Wände hatte, fliehen konnte. Sie wehrte sich tapfer gegen den reifen Charme des knorrigen Herzensbrechers, und der durch seinen Ruhm und den Frauenüberschuß im Nachkriegsdeutschland verwöhnte Mime brauchte längere Zeit, bis er begriff, daß hier nichts, weder mit treu-deutschem Hundeblick noch mit herrischem Auftreten, zu machen oder gar zu holen sei.

Liselotte blieb kalt ‹wie eine Hundeschnauze›, wie sie das selber gerne ausdrückt, wenn auch freundlich und bewundernd bis ins Herz hinein, was schließlich wenigstens zu einer herzlichen Freundschaft und nützlichen Gerüchten führte, die in den großen Illustrierten ebenso wie in den letzten Provinzgazetten ihren Niederschlag fanden, was Liselotte zu einer überwältigenden Publicity, um nicht zu sagen der Liebe eines ganzen unglücklichen Volkes verhalf, während der eigentliche Filmpartner, der junge Adrian Hoven, im Hintergrund ehrenvoll verblaßte.

Auf allen Bildern waren Hans Albers und Liselotte zu sehen wie ein Liebes-, wenn auch im *Föhn* nur ein symbolisches Paar. Albers war der alte Dr. Jensen, der seinerzeit am selben Berg seine junge Frau verloren hatte, an dem er jetzt das Paar Liselotte Pulver/Adrian Hoven mit dem Opfer seines eigenen Lebens rettete. Sehr rührend, sehr deutsch, wie damals in der *Neuen Zürcher Zeitung* Martin Schlappner sagte: «Der Film ist deutsch, deutsch mit allen seinen Mängeln, Unbeholfenheiten, Unechtheiten, deutsch vor allem mit seiner prononcierten Tiefsinnbuddelei.»

Aber Martin Schlappner hatte gut reden, er schrieb das von seinem, einem Schweizer Schreibtisch aus, und der hatte den ganzen Krieg hindurch unversehrt und unverrückbar dagestanden. Da war es leicht zu kritisieren und schwer zu verstehen, daß dieses am Boden liegende Volk den Hang zum Tiefsinn ebenso wie ein wenig Un-Sinn, den Trost von Traum und Hoffnung, von Edelmut und Rührseligkeit, brauchte.

Was Liselotte so beeindruckte, war die überströmende, ja fast maßlose Woge von Sympathie und Aufmerksamkeit, die ihr in Form von neugierigem Interesse und von Publicity hier entgegenschlug; so etwas hatte sie noch nie erlebt. Das war nicht mehr nur freundlich aufmunternde Kritik, nicht mehr in den Grenzen helvetischer Zurückhaltung gebremster, dezent-wohlwollender Beifall. Nein, das hier war schon überbordende Begeisterung, das in eine kollektive Meinung umschlagende Gefühl einer Masse.

Liselotte, die das genoß, wäre ganz schön erstaunt gewesen, wenn man ihr gesagt hätte, daß gerade diese Begabung eines Volkes, eine Leitfigur – einen ‹Führer› – auf ein Podest zu heben und ihn anzuhimmeln und von ihm das Heil der Welt zu erwarten, es in den Abgrund geführt hatte, wohin es seinem ‹Idol› blind und kritiklos gefolgt war.

Dieses Phänomen der Deutschen, sich zu einer Masse zusammenzuschließen und eine Einheitsfront, eine Gleichschaltung der Meinung zu bilden, hat ein französisch-jüdischer Fernsehregisseur später versucht, in einer Fernsehsendung darzustellen. Es war ihm nicht möglich, in Frankreich die Massenaufnahmen zu drehen, da er – selbst für einen Film – eine jubelnde Menschenmenge hier nicht zusammenbekam. Er hat diese Szenen dann jenseits der Grenze, in Deutschland, gedreht, wo man offenbar mehr daran gewöhnt ist und auch den Drang hat – mehr als in der Schweiz auf jeden Fall –, einem einzelnen Menschen Größe zuzugestehen und von ihm auch Großes zu erwarten und blind zu vertrauen.

Aber natürlich war der Beifall für Liselotte weder so unheimlich noch so groß, aber er kam ihr unheimlich groß vor und war immerhin groß genug, um sie zu überwältigen.

Sie war Tagesgespräch, sie wurde auf Händen getragen und auf dieses Podest gehoben, wo der Rausch, eine wichtige, begehrte und geliebte Person zu sein, beginnt. Es war wie im Märchen oder wie im Traum: Als unbekannte kleine Schauspielerin war sie nach Deutschland gekommen, als berühmte ‹große›, vor der sogar die Zöllner den Hut lüfteten, kehrte sie in die Schweiz zurück, und wie seinerzeit als Kind bei unseren ‹Zimmerherren› und dann bei den ersten Schüleraufführungen, wo man sie für ihre Louis Armstrong-Imitation beklatschte, war sie durch den Beifall und die Aufmerksamkeit, die ihr galten, wie verzaubert.

Kurt Hirschfeld hatte sie davor, vor dem magischen Medium Film, gewarnt, aber doch für *Föhn* freigegeben. Jetzt sollte sie dafür ihren Schauspielvertrag erfüllen. Sie war in den nächsten Stücken, in Giraudoux' *Siegfried,* in der Silvesterpremiere von *3 × Jacques Offenbach,* in *Viel Lärm um Nichts* eingesetzt und hätte auch hier durchaus ihre ganz große Chance gehabt. Aber was Hirschfeld nicht wußte: Liselotte hatte bereits einen weiteren Filmvertrag mit F. A. Mainz in der Tasche, unterschrieben, trotz Theaterverpflichtung, ein ‹Superding›: *Dr. Holl* mit Dieter Borsche, das für Liselotte den endgültigen Durchbruch, die Bestätigung ihres frühen Ruhmes versprach. Sie zögerte nicht einen Moment zu unterschreiben – eigentlich hat sie ja gar nicht das Recht, aber alle sind doch immer so gut, so freundlich, so wohlwollend zu ihr und haben doch selbst an ihrem Aufstieg ein Interesse, nicht wahr, mit ein bißchen gutem Willen kann man doch alles arrangieren.

Denkt sie.

Aber die Nachsicht selbst des verständnisvollsten Theaterdirektors hat seine Grenzen, besonders, wo es nicht mehr um die liebenswürdige Zerstreutheit eines desinteressierten und in den Lüften schwebenden Waage-Menschen, sondern um ganz klaren Vertragsbruch geht. Kurt Hirschfeld macht das der aus allen Wolken ihrer wundergläubigen Ahnungslosigkeit fallenden Liselotte klipp und klar: Wenn sie den Film dreht, dann muß sie dem Schauspielhaus eine Konventionalstrafe bezahlen, genau 5000 Franken, das gesamte Honorar für *Föhn.*

Und der Traum vom Auto, dem viereckigen, schwarzen, blitzenden Citroën, den sie auch schon in Form eines unterzeichneten Vertrages und einer Anzahlung – fast – verwirklicht hat, er ist dann endgültig aus.

Liselotte kann an die Härte solcher Tatsachen einfach nicht glauben. Sie ist außer sich und versteht nicht, warum man sie nicht versteht, warum das Schauspielhaus nicht dieselben Interessen vertritt wie sie: Interesse an ihr müßte doch auch immer Interesse für ihre ganz persönlichen Angelegenheiten bedeuten!

Aber Kurt Hirschfeld bleibt hart, muß hart bleiben. Das Schauspielhaus ist weder ein Wohltätigkeitsinstitut noch eine Brutstätte für kommende Leinwandstars und ihre Allüren. Film und Theater sind nicht dasselbe, besonders nicht für diese bewährten Leute vom Bau, diese mit Leib und Seele der Bühne – der traditionsreichen Pfauenbühne – verschriebenen Theaterprofis, ja, sie sind in Wahrheit und gerade zu dieser Zeit sich bis aufs Blut bekämpfende Rivalen, also spinnefeind.

Aber wie kann Liselotte dies ahnen, sie, die wie alle, die zwischen der Liebe zum Theater, dieser ewigen und ehrlichen Sehnsucht nach den Brettern, die die Welt bedeuten, und den Verlockungen der Flimmerwelt des Films hin- und hergerissen sind, probiert, zweien Herren zu dienen?

In ihrer Verzweiflung versucht Liselotte wieder einmal, mit dem Kopf durch die Wand zu rennen und reale Gegebenheiten einfach nicht zu akzeptieren.

Und wie immer in solchen Situationen findet sie auch jemand, der sie ebenso herzinniglich kollegial wie falsch berät. Diesmal ist es Traute Carlson, die Grande Dame des Pfauentheaters, der sich Liselotte anvertraut, Traute Carlson, die nicht Jüdin, nicht Emigrantin, aber auch keine Deutsche war und es trotzdem vorgezogen hatte, schon vor dem Krieg nach Zürich zu kommen und da zu bleiben.

Immer wieder wollte man sie nach Deutschland zurückholen, Rollen wurden ihr angeboten, die interessant, und

Gagen, die viel höher waren als die in Zürich. Aber sie konnte eben zwischen den Zeilen der Briefe ihrer Freunde aus Deutschland die Warnung lesen: «Komm nicht!» Etwa, wenn Eduard von Winterstein, der alte Reinhardt-Schauspieler und wütende Hitler-Gegner, von Amts wegen – er hatte einen Posten in der Genossenschaft – Traute schrieb, es sei an der Zeit, zurückzukommen und mit den Worten «Heil Hitler» unterzeichnete. Da wußte sie Bescheid.

Als Liselotte zu Traute Carlson kam, war diese bereits eine junggebliebene alte Dame. Es hatte für sie Zeiten gegeben, da besaß sie eine Villa, zwei Autos und fünf Dienstboten. Jetzt lebte sie in einem winzigen Häuschen mit zahllosen Hunden und Katzen und anderem Getier ganz allein, mußte alles selber machen und meinte: «Man muß eben umlernen. Aber das Wichtigste ist wohl, daß ich noch meinen Beruf habe, daß ich noch spielen und damit anderen Freude machen kann. Und mir auch. Wenn ich auf der Bühne stehe, bin ich nicht mehr die alte Traute, da bin ich eben eine andere . . .»

Diese gute, alte Traute meinte es mit der blutjungen Kollegin gut. Sie solle sich das auf gar keinen Fall gefallen lassen, sondern zu einem Anwalt gehen und durch diesen ihre Interessen vertreten lassen, sie sei ja noch nicht volljährig, meinte die mutige Streiterin. Lieselotte befolgte brav den Rat in der Überzeugung, nun werde alles schon gut werden.

Aber in Wirklichkeit hatte sie natürlich das Ungeschickteste getan, was man in so einem Fall tun kann: sie hat den schlafenden Löwen nicht nur geweckt, sondern auch gereizt. Der geschäftstüchtige F. A. Mainz braucht nur leicht die Pranke zu heben, und die ahnungslose Liselotte ist erledigt.

Ah, sie ist minderjährig? Ah, sie hat in Unwissenheit gehandelt, und ihr Vater hat es ihr nicht erlaubt? Nun, da macht man kurzen Prozeß. Natürlich ist sie aus dem Vertrag raus. Aber endgültig. *Dr. Holl,* F. A. Mainz und damit der Film, auf jeden Fall Deutschland, sind für sie gestorben.

Wieder fällt Liselotte aus allen Wolken. Sie wollte ja gar nicht aus dem Vertrag raus, sie wollte im Gegenteil «ds Füfi und ds Weggli»*, es möglich machen, Theater *und* Film zu spielen. So hat sie es sich vorgestellt, zwei Fliegen auf einen Schlag und nicht plötzlich keine.

Denn auch das Schauspielhaus ist jetzt hart und unnachgiebig geworden. Entweder sie spielt jetzt und erfüllt ihre Verpflichtungen, oder sie bezahlt die Konventionalstrafe – 5000 Franken, das ist zu dieser Zeit viel, alles, was Liselotte hat.

Liselotte duckt sich murrend, aber sie gibt nicht auf. Den *Dr. Holl,* diesen Film, *muß* sie spielen, das spürt, das riecht sie geradezu mit ihrer ausgeprägten Komödiantennase.

Sie fährt auf eigene Kosten nach Deutschland, versucht F. A. Mainz zu versöhnen, weint sich beim Regisseur Rolf Hansen die Angst und bei der Agentin Ilse Alexander die Verbitterung aus dem Herzen. Doch alles hilft nichts. Niemand ist unersetzlich, auch nicht beim Film.

Im Gegenteil. An ihrer Stelle hat F. A. Mainz eine neue unbekannte Hoffnung engagiert: Maria Schell, damals noch Gritli genannt und, ebenfalls wie Liselotte, aus der Schweiz stammend, wenn auch nicht da, sondern in Wien aufgewachsen.

Tatsächlich wird dann dieser Film – ein rührseliges, ‹todsi-

---

* Schweizerisches Sprichwort: den Fünfer (Geldstück) und die Semmel (sowohl, als auch)

cheres› Tränen- und Seelendrama eines Arztes, denn Geschichten um den Mann im weißen Mantel sind immer und überall ein Erfolg – der Durchbruch für Maria Schell, die damit ihre einzigartige Karriere als ‹Seelchen› des deutschen Films begründet. Liselotte denkt noch heute daran und an ihren Lehrer Paul Kalbeck zurück, der ihr prophezeit hatte: «Die Schell ist eine Routine-Begabung, das ist ein Schauspieler (eine Schauspielerin), der (die) wie auf Knopfdruck lachen und weinen und wiederum die andern zu Tränen rühren kann, Maria Schell wird später – wie Liselotte unter einem andern – unter diesem ‹Seelchen›-Klischee den Ruhm ernten und gleichzeitig leiden.

Auch für Liselotte wird *Dr. Holl* eine Wende, wenn auch nicht so, wie sie es sich vorgestellt hatte, nicht so, wie sie es wünscht.

Es ist vorerst das letztemal, daß man sie im Film richtig ‹ernst› nimmt, daß man ihr eine dramatische Rolle gibt, wie sie es sich erhoffte. Und diese letzte hat ihr jetzt Maria Schell weggeschnappt, und wenn man Schell heißt, dann bleibt man auch auf dem einmal erkämpften Posten.

Ihr Leben lang wird Liselotte dem *Dr. Holl,* wie später dem *Cid,* als verpaßte Chance nachtrauern und Maria Schell in einer freimütig zugegebenen Haßliebe verbunden bleiben. Zwar kennt sie sie persönlich nur flüchtig, aber sie verfolgt geradezu gierig der anderen Laufbahn, so wie sie als Halbwüchsige diejenige Ingrid Bergmans verfolgt hat, mit einem heimlichen Stachel der Eifersucht im Herzen, der ihr sagt, daß sie mindestens gleich gut, gleichwertig, wenn nicht besser sei und sie treibt, das zu beweisen. Aber diesen Antrieb braucht sie, um vorwärts und aufwärts zu streben, statt zu resignieren.

Vorläufig aber erleidet sie einen Rückschlag, der hart ist

und sie für kurze Zeit ganz auf die Pfauenbühne zurückbringt. Und auch da will man sie ein wenig bestrafen.

Sie spielt in jedem Stück, aber meist nur Pagenrollen. Es ist die Zeit, da Erwin Kalser, der alte, müde und etwas verbitterte Emigrant, der nicht nur in seiner Einbildung, sondern tatsächlich auf der Pfauenbühne in diesen Nachkriegsjahren zu kurz kommt und sein Talent nicht voll ausspielen kann, Liselotte wegen dieser dauernden Pagenrollen spaßhaft ‹Lord Pulver› nennt. Er kann jene, die sich im Unrecht fühlen, nur zu gut verstehen.

Liselotte spielt die kleinen und die kleinsten Rollen wie eine brave Büßerin mit Hingabe und weltverlorener Trauer, die oft in unvermutete, jetzt etwas krampfhaft wirkende Lustigkeit umschlägt; das bleibt genauen Beobachtern nicht verborgen.

Und es gibt sie, diese genauen Beobachter, die immer da sind, wo es, wie Brecht sagt, «ums Fressen» geht. Liselotte hat sich, bevor sie eigentlich richtig begann, das Ende ihrer ‹ernsten› Filmkarriere in Deutschland selber durch ihre Ungeduld und Unachtsamkeit eingebrockt. Vielleicht ist es ihr aber in dem Moment mit der Filmerei doch noch gar nicht wirklich ernst. Sie hat ja den Vertrag mit dem Schauspielhaus Zürich in der Tasche, sie hat ihren viereckigen, schwarzglänzenden Citroën, allerdings erst vor dem Haus, auf der Straße, sie muß erst noch die Fahrprüfung machen.

Wie immer ist auch hier bei ihr die Reihenfolge der Dinge nicht ganz in Ordnung – das ist manchmal ihr Pech, manchmal ihr Glück und immer zugleich ihr eigener und ganz spezieller Charme.

Um die Fahrprüfung zu machen, muß sie nach Bern, wo sie noch ihren offiziellen Wohnsitz hat. Und sie riskiert für die kleine, ratternde Maschine und dafür, dieses freundlich wartende Tier vor ihrer Haustür zum Schnurren zu bringen, noch einmal fast eine Konventionalstrafe, Haut und Haar.

Zur Prüfung reist sie am Nachmittag nach Bern, obwohl sie am Abend Vorstellung hat. Wenn sie den Zug zurück verpaßt, dann kommt sie zu spät für ihren Auftritt.

Aber was Liselotte im Herzen hat, das hat sie ja immer auch im Kopf. Mit ihrem Leichtsinn und Gottvertrauen versehen, fährt sie trotzdem, macht die Prüfung, fällt durch und erreicht noch gerade in der allerletzten Minute den Bahnhof. Der Schnellzug Bern–Zürich–Rorschach–München fährt schon an, da kommt sie, keuchend und rot im Gesicht, über das – vor Enttäuschung oder Anstrengung? – ein paar verräterische Tränen rinnen, angelaufen, der Schaffner muß ihr noch helfen aufzuspringen: symbolisch für Liselotte, die ihr Leben lang auf bereits fahrende Züge aufspringt, oft, wie hier, mit einem unwahrscheinlichen Glück im Unglück behaftet, das ebensogut aber auch ein Unglück im Glück sein könnte.

Im zweiten Anlauf schafft sie dann die Fahrprüfung, sie wird eine leidenschaftliche und gute Autofahrerin, jahrelang noch bleibt das vierrädrige, treue Vehikel ihr einziger, geliebter Schicksals- und Weggefährte. Aber die Raubvögel sind schon da, scharf beobachtend und lauernd auf einen guten Fraß, vielleicht sogar auf einen verborgenen Leckerbissen, wartend und um das Opfer herumkreisend, um sich im günstigen Moment auf es zu stürzen.

Nach ihrem Erfolg in *Föhn* waren sie plötzlich da: sie, das sind die Agenten, die Manager, die Produzenten, die immer dann auftauchen, wenn jemand berühmt wird und die ebenso sicher wieder verschwinden, wenn es nichts mehr zu holen gibt.

Wie nach einem ungeschriebenen Gesetz leisten sie gute

Arbeit nur, wenn es ihrem Schützling gut geht, frei nach dem Motto: Wer hat, dem wird gegeben. Ob die Verträge, die sie abschließen, ob das Geld, das sie herausholen, ohne sie nicht auch zu machen wäre, das bleibt ihr Geheimnis, das zu lüften sich offenbar niemand leisten kann.

Es ist eine Tatsache, daß jeder Star, gleich welcher Branche, einen Agenten sozusagen als Statussymbol braucht, in dem Moment eben, wo er wissen will, ob er nicht nur in seinen eigenen, sondern auch in den Augen der anderen schon ein Star, zumindest ein Starlet oder noch gar nichts ist.

Liselotte schloß bereits nach dem Film *Föhn* mit Elly Silman und Ilse Alexander, die damals noch zusammenarbeiteten und in München eine der wichtigsten deutschen Filmagenturen aufbauten, einen Vertrag ab.

Einen Vertrag, der mehr aus Unwissenheit und Nicht-nein-sagen-Können geschlossen wurde und der später mit der treuen, aber Liselotte gegenüber recht hilflosen und manchmal fehlgeleiteten Ilse zu dieser Art von Ehe führte, in welcher die Partner nicht mehr wissen, ob es nun die Gewohnheit ist oder echte Zusammengehörigkeit, die sie aneinanderkettet und die eine Trennung deshalb unmöglich macht.

Die gute Ilse Alexander hat es mit Liselotte wahrhaftig nicht leicht gehabt, sie ist an ihrer Unentschlossenheit, ihrer Kontaktlosigkeit («Über ihre privaten Sorgen war ich immer orientiert, aber nie durch Liselotte selber.») oft fast verzweifelt, und sie hat für sie getan, was sie konnte, und für sie manchen fetten Fisch an Land gezogen, von dem sie, wie sie selbst freimütig zugibt, ihren guten Teil abbekam. Die wirklich große Rolle aber, die Weltkarriere, von der Liselotte träumte, die hat auch sie ihr nicht verschaffen können, sei es, weil Liselotte den guten und künstlerisch wertvollen Film nicht sehen konnte oder – geblendet und wohl auch geleitet von den Zahlen, die Ilse Alexander ihr vorrechnete – nicht wollte.

Aber es hat keinen Sinn, darüber noch lange zu ‹werweißen›, wie der Berner treffend sagen würde, also sich über etwas den Kopf zu zerbrechen, das ohnehin nicht mehr zu ändern ist.

Liselotte hat erreicht, was man erreichen kann, mehr jedenfalls, als sie sich in ihren kühnsten Träumen vorstellte, mehr als andere mit ihrer Weltkarriere, da es ihr nach ihren eigenen Worten ein in jeder Beziehung dauerhaftes Glück brachte.

Ein solches Glück zu haben ist natürlich auch eine Frage des Charakters. Nicht jeder hat die Fähigkeit, wie Liselotte so treu, so schlafwandlerisch zielgerichtet und, wie sie selbst sagt, so stur zu sein!

Vorläufig spielte sie also brav Theater, folgsam und ohne aufzumucken, wie sie seinerzeit die Handelsschule besucht hatte.

Sie war nicht mehr dieselbe. Sie hatte in Deutschland auf den Film Appetit bekommen, und der Stolz, an einem Theater – einem so berühmten wie dem Pfauen in Zürich – zu sein, wurde überlagert von einem unguten Gefühl, wie damals zu Hause, als Kind in der eigenen Familie, wo ihre eigene Wichtigkeit hinter derjenigen von Größeren, Schöneren und Wichtigeren verschwand und sie zurück- und immer kleintreten mußte.

Nein, mit einer Therese Giehse, einer Maria Becker, einer Anne-Marie Blanc oder einer Agnes Fink konnte sie sich noch nicht messen, und da sie ungeduldig war, wuchsen hier auch die Zweifel, es wuchsen die Berge ihrer Unsicherheit, die ihr die Aussicht auf die große Welt versperrten. Heimlich liebäugelte sie deshalb noch immer oder mehr denn je mit dem Film, er sollte ihr, wie seinerzeit die Louis Armstrong-Imitation, ja nur die Wege, die zur großen Schauspielerei führen, ein wenig ebnen. Und es gab in Deutschlands Filmlandschaft ja noch andere, nicht nur den Produzenten F. A. Mainz, mit dem sie sich später übrigens wieder versöhnte.

So schnell, wie sie meinte, oder so ganz, wie sie dachte, war sie in Deutschland nämlich nicht vergessen. Im Gegenteil, mit dem Fleiß von Ameisen baute man auf dem Ruinengrund alles, auch den Film, wieder auf, und dafür war der Name Pulver, der so vielversprechend gezündet hatte, gerade gut genug. Liselotte bekam ein neues Angebot, die *Heidelberger Romanze* mit O. W. Fischer; ein würdiger Ersatz für *Dr. Holl* und Dieter Borsche, wie es schien.

O. W. Fischer war neben Dieter Borsche der kommende große deutsche Filmstar, er hatte zu dieser Zeit einen fast ebenbürtigen Namen. Er war ein eigenwilliger, gleichzeitig maßlos überschätzter und unterschätzter Schauspieler, auf den, wie auf viele Schauspieler des deutschen Nachkriegsfilms, deren Erfolg man sich nie so recht erklären konnte, Martin Schlappners Worte über *Föhn,* er sei deutsch, deutsch mit allen seinen Mängeln und Unbeholfenheiten, Unechtheiten, deutsch vor allem mit seiner prononcierten Tiefsinnbuddelei, haargenau paßten und auch seinen kometenhaften Aufstieg (und später seinen brüsken Abgang) zum Filmliebling Nummer eins, «Nationalschauspieler» mit Bundesverdienstkreuz erster Klasse, in dieser verunsicherten Zeit mit ihrem Nachholbedarf an Kitsch und Illusionen erklären.

Der Film *Heidelberger Romanze,* den Liselotte ganz korrekt nach Ablauf ihres einjährigen Schauspielhausvertrages, den sie wohlweislich diesmal nicht erneuerte, drehte, wurde denn auch eine recht harmlose, nostalgische Reminiszenz an Heidelbergs glanzvolle Zeit der Burschenherrlichkeit, von Paul Verhoeven eher brav und unprätentiös nach einem braven und unprätentiösen Drehbuch in Szene gesetzt und deshalb auch nur ein mäßiger, wenn auch nicht unbeachtlicher Publikumserfolg.

Den überwältigenden Widerhall des rührseligen Edelknüllers *Dr. Holl,* mit dem Maria Schell an der Seite von Dieter Borsche mitten in die deutsche Seele traf, den konnte die *Heidelberger Romanze* allerdings nicht erreichen.

Doch Liselotte ließ sich deswegen nicht entmutigen, sondern unterschrieb sogleich den Vertrag für den nächsten Streifen, *Klettermaxe,* gedreht von Kurt Hoffmann.

Und dieser Film wurde für Liselotte wiederum zu einem Markstein, führte zu einer ganz entscheidenden Begegnung und Wende in ihrer beruflichen Laufbahn.

Als sie in diesem Jahr 1952 Kurt Hoffmann kennenlernte, hatte auch er sich bereits einen Namen gemacht mit dem Film *Fanfaren der Liebe,* dieser Superklamotte, die später als Remake von Billy Wilder in Hollywood unter dem Titel *Manche mögen's heiß* ein Welterfolg wurde und auch eine gewisse Marilyn Monroe berühmt machte. Die deutsche Version aber wurde von den Kritikern, wie aller Nonsens und Leicht-Sinn, nicht ernst genommen, sondern vielmehr in Grund und Boden verdammt, auch weil oder gerade weil der Film ein riesiger Publikumserfolg wurde.

Fanfaren der Liebe blieb denn auch für Kurt Hoffmann und den deutschen Film ganz allgemein, also später auch für Liselottes Laufbahn, symptomatisch: ungeheurer Publikumserfolg, Ruhm und Anerkennung und steter Aufstieg im Inland, totales Blackout, Desinteresse und Ignoranz im Ausland. Das ganze deutsche Sprachgebiet, inklusive der dazugehörigen Schweiz und Österreichs, blieb zwanzig Jahre lang finsterste Filmprovinz, nur wenige Filme wurden in dieser Zeit international bekannt. Den Grund dazu sehen gewisse Leute in der Rückschau in der speziellen deutschen Situation, andere wiederum meinen, daß noch mehr die deutsche Mentalität als solche daran schuld sei, die damals nicht so sehr künstlerischen Erfolg, eine Auseinandersetzung mit der Realität wie etwa in Italien, wo sie zu dem berühmten Neo-Realismus von Roberto Rosselini, Vittorio de Sica und anderen führte, sondern ein Ventil für lange, zu lange aufgestaute Gefühle, ein übertriebener Hang zu Sentimentalität und Kitsch, ein Bedürfnis nach sichtbaren, greifbaren Erfolgen und materieller Anerkennung, ein Wirtschafts- oder ein anderes Wunder suchte, auch oder vor allem mit den Mitteln des Films.

Die Wahrheit ist vielleicht noch simpler zu erklären: Es wurde einfach – wie zum Beispiel auf dem Gebiet des Städtebaus – zu viel und zu schnell wieder aufgebaut und nicht immer von den dazu geeigneten Leuten, den Stil dirigierte damals nur das Geld. Noch heute erzählt man sich Anekdoten darüber, auf welche Weise gewisse große Nachkriegsdeutschland-Filmproduzenten zu ihrem Geld, zu ihren Themen und – zu ihren Hauptdarstellerinnen kamen. Die Unterstützung durch den Staat war ungenügend. Kurt Hoffmann ist dafür das beste Beispiel: «Er inszenierte mit leichter Hand, streute zahlreiche Gags über den vergnüglichen Kohl und näherte sich zaghaft den Grenzen der echten Groteske, zu zaghaft!» hieß es immer wieder in den Kritiken, ohne daß man es notwendig fand, jemals zu ergründen, was denn nun diese Bremse war, die den ohne Zweifel begabtesten deutschen Lustspielregisseur daran hinderte, die Grenze zur echten Groteske, zum echten Lustspiel und Meisterwerk ohne falsche Töne und überzogene Gags zu überspringen.

Kurt Hoffmann hat für seine Verdienste um den deutschen Film unter vielen anderen auch den Ernst Lubitsch-Preis erhalten. Aber an den großen Hollywood-Kollegen der dreißiger Jahre kam er nicht heran, da hätte er selber schon den Sprung übers große Wasser wagen müssen, zumindest den geistigen, oder wie es eine bekannte Filmdame ausdrückte: Er blieb zu deutsch.

Aber er hat Liselottes komisches Talent entdeckt und ihr damit den Weg in diese Richtung des Lachens, des Lausbuben und Kobolds und zu ihrem eigentlichen Durchbruch im Film gewiesen. Gemeinsam hat das Team Kurt Hoffmann-Liselotte Pulver das deutsche Filmlustspiel zu seiner Blüte gebracht: *Ich denke oft an Piroschka, Das Wirtshaus im Spessart* und *Das Spukschloß im Spessart* waren Höhepunkte einer Zusammenarbeit, die zu einer einzigartigen Erfolgsserie, den höchsten Auszeichnungen und Erfolgen in Deutschland führte. Hätten sich ein etwas mutigerer Produzent, ein anspruchsvolleres Drehbuch, mehr Sinn am Un-Sinn, für den Ernst am Spaß mehr Unterstützung gefunden – dann hätte es wohl auch zu internationalem Ansehen gereicht. So aber gelang es weder Kurt Hoffmann noch Liselotte, wirklich die Schwelle vom fröhlichen Klamauk zur Kunst, von der Provinz in die Weltgeltung zu überschreiten, ihr Verdienst um den deutschen Lustspielfilm liegt, gelinde gesagt, in der Vergangenheit; für den Gegenwarts- oder Problemfilm sind solche lebendigen Talente tot.

Als Liselotte Kurt Hoffmann begegnete, erschien er ihr wie eine gepflegtere Ausgabe unseres Vaters mit seiner wie poliert wirkenden Stirnglatze, den blaßblauen, kühl-intelligenten Augen, der scharfen Adlernase und den leicht heruntergezogenen Mundwinkeln, aus dem bei der Arbeit wahrhaftig nicht nur süße Töne kamen, und sie behielt ihm gegenüber denn auch von Anfang an dieselbe Haltung aus Bewunderung und Trotz, aus dulderischem und gläubigem Gehorsam und aufmuckerischem Widerstand, wie sie sie unserem Vater gegenüber zeigte. Und das war auf jeden Fall im Anfang ihrer Zusammenarbeit offensichtlich äußerst fruchtbar. Später erinnerte er sie dann oft etwas zu sehr an ihren mehr gefürchteten als geliebten Erzeuger. Hoffmann konnte, wie sie sagte, sehr unbeherrscht und ekelhaft sein, er wiederum fand, daß nicht alles so lustig sei, wie sie meinte. Diese gewisse Abnützung der Zusammenarbeit fiel zusammen mit der Zeit, wo auch der deutsche Film sich wandelte und bierernst wurde; die Zusammenarbeit, aber vor allem die Budgets und Aufträge wurden geringer und der Kontakt damit automatisch auch. Freundschaftlich und durch nostalgische Erinnerungen an ihre große Zeit verbunden sind sie noch heute, wenn sich ein Stoff und ein Produzent finden würde, dann wäre wohl auch ein Kurt-Hoffmann/Liselotte-Pulver-Film und sogar ein neuer Erfolg noch einmal möglich.

Ihr erster gemeinsamer Film, *Klettermaxe,* wurde auf Anhieb ein ganz großer Publikumsknüller. Er verhalf diesem Filmstil zu Humor mit Herz und flottem Tempo, dem Regisseur, den Schauspielern Albert Lieven und dem ‹Klettermaxe› Armin Dahl, einem Vorläufer der heutigen Stuntmen, und allem voran Liselotte zu großer Popularität. An etwas anderes, an Ansprüche, hohe Kunst und so, brauchte man gar nicht mehr zu denken.

Es folgten für Liselotte in atemberaubender Folge die

Filme mit so bezeichnenden Titeln wie *Fritz und Friderike,* in dem sie eine Doppelrolle und zum erstenmal eine Hosenrolle spielte und dafür reiten lernen mußte, *Von Liebe reden wir später, Das Nachtgespenst, Ich und Du, Männer im gefährlichen Alter, Hab Sonne im Herzen, Schule für Eheglück* und so weiter.

Diese eher belanglosen Titel dürfen nicht darüber hinwegtäuschen, daß damals jeder einzelne dieser Filme eine große Sache war und eine Filmpremiere ein Großereignis, wie man es sich heute, im Zeitalter des Fernsehens, nicht mehr vorstellen kann: Die Hauptdarsteller wurden dazu eingeladen und verbeugten sich auf der sogenannten Verbeugungstour nach den Filmvorstellungen schon nachmittags, die großen Filmpaläste waren bis auf den letzten Stehplatz und bis auf die Straße hinaus besetzt von Fans, einem buntgemischten Publikum nicht nur junger, sondern auch mittlerer, älterer und ältester Jahrgänge, die dem Star, ihrer Lieblingsschauspielerin zujubelten, sie mit Blumen, Geschenken und Autogrammbitten bedrängten und manchmal schier erdrückten, sie bis zum Hotel begleiteten und auf Händen trugen, da noch stunden- und manchmal tage- und nächtelang ausharrten und mit Sprechchören oder Ständchen vor ihrem Fenster ihre Bewunderung ausdrückten und den Star auf dieses Podest, in diese Ausnahmestellung hinaufhoben, wie sie heute nicht mehr möglich und nicht einmal mehr vorstellbar ist.

Kein Wunder, denkt Liselotte mit Rührung und auch etwas Sehnsucht an diese großen Zeiten; den Weg zurück, ganz hinunter in die Masse, in der man ist wie jeder andere, den kann und will sie auch nicht mehr finden.

Auf solche Verbeugungstouren nahm sie mich des öftern mit. Ich erinnere mich noch: Nach *Fritz und Friderike* packte sie mich einfach in ihren schwarzen Citroën, damit ich sie zehn Tage lang zu der Vorführung des Filmes in verschiedenen deutschen Städten begleite. Es war mein erster Deutschlandbesuch, und das erste, was mir hinter der Grenze auffiel und Liselotte zum Lachen brachte, war die Bezeichnung ‹Kraftpost› an den Straßenrändern, was bei uns in der Schweiz ‹Bushaltestelle› heißt.

Bald nach dem Bodenseegebiet kam dann eine weitere deutsche Sehenswürdigkeit: die Autobahn.

Um mir sie richtig und würdig vorzuführen, fuhr Liselotte mit einem anderen Auto Rennen, es überholte uns, dann wieder wir es, in immer atemberaubenderem Tempo. Ich und wohl auch der andere Fahrer bewunderten Liselottes Fahrkunst restlos, das ging so bis Frankfurt, wo sie ihn triumphierend abhängte.

In Frankfurt wohnten wir in einem kleineren Hotel in einem Doppelzimmer, die großen Luxuspaläste waren zu dieser Zeit noch nicht wieder aufgebaut. Neben uns logierte ebenso bescheiden Albert Lieven mit seiner späteren Frau Petra Peters, die für ihn ihre eigene Filmkarriere aufgegeben hatte. Um uns herum waren Ruinen, noch lauter zerbombte und nicht wieder aufgebaute Häuser, eine Erfahrung, die mich persönlich mehr beeindruckte als die glanzvollen Empfänge mit den überdimensionalen Quark- und Sahnetorten und den riesigen Blumenbuketts, die die Produzenten ihren Stars und deren Anhang zuliebe offerierten.

Jeden Tag fuhren wir in eine andere Stadt, nach Wiesbaden, Mainz, Köln und bis hinauf nach Bielefeld, jeden Tag lernte ich dieselben Ruinen nur mit anderen Namen kennen. Manche, wie die in Mainz, prägten sich mir wie ein nachträgliches Kriegserlebnis unauslöschlich ein: unheimlich, diese ganzen Straßenzüge nur noch mit stehenden Fassaden, hohlen und toten Fensteraugen, die dahinter ins Nichts, ins Leere führten – ich wagte nicht, in der Dämmerung da durchzulaufen, und war immer froh, den Flitter und Glanz der Gloria- und anderen Filmpaläste und Liselottes fröhlichen Klamauk wiederzufinden. Und ich verstand: So ging es wohl auch diesen Kopf an Kopf gedrängten Besuchern, die sich hier zwei Stunden lang beim fröhlichen Lachen erholen und entspannen und alles andere vergessen wollten.

Dutzende Male sah ich so den Film *Fritz und Friderike,* und in jeder neuen Stadt war ich froh, nach diesen grauenhaften Vorstellungen von Krieg und Zerstörung und dem Leiden eines Volkes in die Vorstellung harmloser Kinofreuden zurückzuflüchten.

Die Empfänge waren so übertrieben glanzvoll und luxuriös wie nur möglich, mit allen Mitteln wurde versucht, ein wenig hollywoodsche Traumatmosphäre herzuzaubern. Während durch die Fensterscheiben wie stumme Mahner die Silhouetten der zerstörten Städte in den Himmel zeigten, baute man im Innern der Filmpaläste und Hotelempfangshallen wundersame Berge aus geräuchertem Lachs, Gänseleber und Kaviar sowie Kuchen auf und dazu wurde Sekt getrunken.

Das war damals die Situation des deutschen Nachkriegsfilms, so wurde er wieder aufgebaut: Auf dem Boden der harten Wirklichkeit entstanden Fabriken, die Träume und Schäume und eine Welt der Illusionen nach altem Kintoppmuster fabrizierten.

Liselotte ließ diese Verbeugungstourneen mit einem lachenden und einem weinenden Auge über sich ergehen, und deshalb nahm sie mich auch so gerne mit.

Auf der einen Seite gefielen ihr der Erfolgsrausch, der Jubel und die Bewunderung der Masse, die sie zu einer wichtigen Person, einer überall gesondert und mit viel Respekt behandelten ‹very important person› machten, auf der anderen Seite war es für sie eine ungeheure Strapaze, bei der ich ihr mit Autogrammschreiben, kleinen Handreichungen und mit meiner ständigen Anwesenheit etwas helfen konnte: jeden Tag mehrere hundert Kilometer im Auto, jeden Abend in einem anderen Hotelzimmer, verbeugen, Händedrücken und immer nur lächeln – sie ging nie aus nach den Vorstellungen, schlug alle Einladungen ab, aß fast nichts und sank, wenn alles glücklich vorbei war, todmüde und erschöpft ins Bett.

Alle diese harmlosen bis braven, aber zumindest unprätentiösen, handwerklich gut gemachten Unterhaltungsfilme waren harter Zement für Liselottes wackliges Erfolgsgebäude, es festigte sich zusehends, sowohl was ihren Namen wie auch ihren Geldbeutel betraf, unaufhaltsam ging es aufwärts mit ihr, wenn auch nur langsam und mit unerschütterlichem Glauben an das Gute, an den guten Film erkämpft, Zentimeter um Zentimeter. Sie machte Film um Film, bei jedem war sie überzeugt, das sei der beste, das sei jetzt endlich Kunst. So ist es wohl jedem ihrer berühmten Kollegen gegangen. Sie gehörte zur Spitze deutscher Filmstars, verdiente bald pro Film 200 000,– DM, doch brachte jeder ihr mit konstanter Hartnäckigkeit nicht mehr und nicht weniger als immer größer werdenden Publikumserfolg und mehr oder weniger gehässige Kritiken ein.

Liselotte wurde nicht Deutschlands beste, aber sie wurde Deutschlands beliebteste Filmschauspielerin, und sie hat sich gerade deshalb am längsten gehalten. Man liebt sie nicht mit dem Verstand, sondern mit dem Herzen, und das ist stets von längerem Bestand. Liselotte ist damit ein Kunststück gelungen, das in der Filmbranche eigentlich regelwidrig ist. Denn die Regel besagt, daß jeder Schauspieler immer nur so gut sei wie sein letzter Film. Sie drehte sozusagen ein harmloses Nichts um das andere und stieg doch mit jedem von Erfolg zu Erfolg.

«Nachmachen!» ist dazu ihr stolzer und gewiß nicht unberechtigter Kommentar.

Das private Glück allerdings hinkte mühselig hintennach und konnte keinesfalls Schritt mit den beruflichen Erfolgen halten. Es fehlte zwar nicht an attraktiven Partnern, die ihr gefielen, doch waren da immer Hindernisse, heimtückische und harmlose, reale und eingebildete, die Liselotte ein privates Vorwärtskommen, ein privates Glück, Hand in Hand mit dem beruflichen, versperrten. In *Heidelberger Romanze* traf sie auf den genialischen O. W. Fischer, der damals am Anfang seiner kometenhaft aufsteigenden Karriere stand und Liselotte vom Hörensagen her mächtig imponierte.

Man wollte sie auch sogleich zusammen mit O. W. Fischer als Konkurrenz-Film-Traumpaar zu Maria Schell/Dieter Borsche aufbauen, und Liselotte war dazu nur allzu gerne gereit. Nichts wäre ihr als hundertprozentig korrekter und unschuldiger Seele lieber gewesen als einmal ein handfester Skandal. Sie konnte ja nicht wissen, daß das Publikum gerade von ihr tatsächlich diese Natürlichkeit und Unschuld, die sie ausstrahlte, und keinesfalls irgendwelche kurzlebigen Sensationen erwartete.

O. W. Fischer erwies sich für Liselotte sehr schnell nicht als der erwartete Traum-, sondern privat als recht seltsamer und exzentrischer Partner, was Liselotte fürs Leben nicht ausstehen kann. O. W. Fischer hatte nicht nur seine

Frau, sondern auch eine bissige Siamkatze immer dabei, die alle, die ihrem Herrchen zu nahe kamen, ins Bein biß, zudem war er klein, er trug aus Eitelkeit hohe Absätze und mußte, um größer zu erscheinen, manchmal bei den Filmaufnahmen auf einem Podest stehen, was für Liselotte einen mitleidlosen Lachanfall und sofortige Abkühlung ihrer aufkommenden Gefühle für den schönen O. W. (Liselotte: «oh weh») bedeutete, der wiederum Liselotte als «schon in jungen Jahren total vertrottelt» bezeichnete. Beide besaßen aber genügend Humor – der oftmals eine bessere Basis ist als Liebe –, um dem anderen seine Macken zu verzeihen und daraus eine freundschaftlich desinteressierte Zusammenarbeit zu machen.

Sie spielten noch in mehreren Filmen zusammen, aber ‹das Liebespaar› wurden sie nie, vielleicht, weil Liselotte ihn privat und er sie beruflich an die Wand spielte. O. W. Fischer war Deutschlands erfolgreichster und größter Filmschauspieler, vielleicht auch der deutscheste – symptomatisch deutsch jedenfalls sein Aufstieg und Fall. Er scheiterte in dem Moment, wo er versuchte, die Grenzen zu überschreiten, im Ausland, in Hollywood – dort stolperte er, wie man sagte, «über seinen eigenen Größenwahn» –, er wurde fallengelassen wie eine heiße Kartoffel, und nicht nur im Ausland, sondern auch in Deutschland, als er – durchaus nicht mit Lorbeeren geschmückt – zurückkam und mehr oder weniger freiwillig zurücktrat.

Nach ihren Erfolgen in *Fritz und Friderike* und *Klettermaxe* wurde Liselotte nach München gerufen an die Kammerspiele, um da wieder einmal Theater zu spielen, neben Peter Pasetti und Gertrud Kückelmann in Oscar Wilde's *Bunbury*.

In diesem Stück sagt Lady Bracknell über ihren Neffen, den Peter Pasetti spielte, «Er ist nichts, aber er sieht gut aus», und das traf, was sein Äußeres anbelangte, für Pasetti voll und ganz zu.

Grund genug für Lieselotte, um mit vollen Segeln in diesen neuen Hafen hoffnungsloser Liebe einzufahren.

Peter Pasetti war ein kühler und selbstbewußter Schauspieler, jedenfalls kam er Liselotte so vor, zu dieser Zeit noch in erster Ehe glücklich (in zweiter Ehe mit Margot Werner und heute mit Marianne Swoboda zum drittenmal) verheiratet. Er notierte Liselottes Eifer seiner Person gegenüber nur mit müdem Charme. Vielleicht zeichnete sich für sie da schon die Folge ihres frühen und recht spektakulären Filmruhmes ab. Man begutachtete sie kritischer, mißtrauischer und mit dieser unkollegialen Kollegialität, die bei Schauspielern immer Hand in Hand geht: neben der oft sentimentalen und überschwenglichen Sympathie für den eigenen Berufsstand und seine Vertreter ebenso sehr mit heimlichem Neid und mit Eifersucht.

Liselotte hatte es ab jetzt auf der Bühne schlagartig schwerer. Sie war nicht mehr die begabte, vielversprechende aber auch ungefährliche Naive, sondern war eine Art Verräterin an der eigenen Rasse; sie hatte, im Alleingang, die anderen weit hinter sich gelassen, um kühn und atemlos einen anderen, gefährlicheren, aber schnelleren Aufstieg zu wagen.

Es war nur natürlich, daß man das nicht mit eitel Wonne und Begeisterung in den Kollegenkreisen beobachtete. Je schneller sie vorwärtskam und die anderen zurückblieben, desto strenger und manchmal bösartiger beurteilte man sie, besonders diejenigen, die sie persönlich nicht kannten und in ihr den eiskalten Ehrgeiz, ‹für den Erfolg über Leichen zu gehen›, vermuteten. Noch schwerer hatte sie es mit den Kritikern, die anfingen, ihr ganz gewaltig am Zeug zu flikken, sie nur noch nach Filmstarmaß beurteilten und ihre Bühnenerfahrung vergaßen oder ignorierten und sie gerade damit unweigerlich in ein Klischee drückten. «Sie bietet Wildesche Weisheiten her, ohne sie zu denken», hieß es über sie als Gwendoline in *Bunbury,* eine Beurteilung, die dem Regisseur gemacht werden müßte, von jetzt ab immer; denn gerade mit der Lustigkeit, der Leichtigkeit tut man sich in Deutschland so schwer, das ist am Theater so, beim Film und natürlich erst recht beim Fernsehen.

Daß Liselottes Komik eigentlich nur über den Umweg der Tragik echt war und echt wirken konnte, das hat niemand bemerkt oder bemerken wollen; feine Ironie, geistreiche Wortspielereien oder witzige Nuancen hat man sie nie gelehrt, sie mußten vielmehr dem handfesten Spaß, der Hammerschlagtechnik, den leicht verständlichen, manchmal zu leicht verständlichen, zweideutigen Gags weichen. Man hat sie in das Klischee des oberflächlichen Klamauks, der burschikosen Hosenrollen und der überdrehten Klamotte immer mehr hineingedrängt und ihr hier zugejubelt, kein Wunder, daß sie am Schluß oftmals nur noch wie ein gefangenes Tier im zoologischen Garten bzw. im Dschungel eines Drehbuchs hinter Gittern in einem goldenen Käfig ihre Kunststückchen anstelle ihrer wirklichen Kunst vorführte.

Und waghalsig, getrieben von dem tosenden Beifall eines immer zahlreicher, immer treuer und immer grausamer werdenden, dem Aufsteigenden zujubelnden, den Absteigenden vergessenden Publikums, getrieben wohl auch von der wachsenden Angst, abzustürzen, stieg sie weiter, Stufe um Stufe, auf der schwankenden Leiter des Akrobaten bis hinauf in die höchsten Höhen der Zirkuskuppel des Erfolgs. Es war diese Zeit, Mitte der fünfziger Jahre, wo sie in ihrem schwarzglänzenden Citroën zwischen Zürich und Deutschland, zwischen Theater und Film hin- und herraste, in halsbrecherischem Tempo, oft in der Nacht, viele hundert Kilometer, in atemloser Fahrt, als ob ein unsichtbarer Feind oder unbarmherziger Freund sie triebe. Es war auch diese Zeit, wo sie mich immer mitnahm und ich die Würde und die Bürde, ein Publikumsliebling zu sein, kennenlernte. Ich sah, wie Liselotte sich verbeugte, Blumen bekam, Hunderte von Autogrammen schrieb, von den Fans fast erdrückt und keine Minute in Ruhe gelassen wurde, wie sie von einer Stadt in die andere raste und kaum Zeit hatte zu essen, geschweige denn auszugehen, sich zu amüsieren und zu vergnügen, sondern jeden Abend früh und erschöpft ins Bett sank.

Fritz und Friderike war «der erste deutsche militante Filmulk neuerer Produktion. Ein humorvolles Drehbuch, das der außergewöhnlich begabten Liselotte Pulver Gelegenheit gibt, ihre Verwandlung als Mann zur Frau mit Charme zu vollziehen», hieß es über sie in dem Film, in dem ihre Lust, Männerkleidung anzuziehen und sich dann vom burschikosen und unattraktiven Knaben in ein süßes Mädchen oder vom häßlichen Entlein in einen schönen Schwan zu verwandeln, einen sowohl vielversprechenden und auch verhängnisvollen Anfang nahm. Dahinter vollzog sich ja immer auch ihr persönliches Schicksal – diese verborgene, heimliche Sehnsucht, schön, verführerisch und umworben zu sein –, das niemand, außer eben der Film, ihr zu bewältigen half.

Das Wettrennen zwischen Film und Bühne nahm in dieser Zeit geradezu gefährliche Ausmaße an. Kaum hatte sie den Film *Von Liebe reden wir später* mit ganz großer Besetzung: Willy Fritsch, Fita Benkhoff, Karl Viebach, Wolfgang Neuss, Hubert von Meyerinck, Paul Hörbiger, Franz Schafheitlin, Ludwig Schmitz beendet, raste sie zurück nach Zürich, um hier Heinrich von Kleists *Käthchen von Heilbronn* in der Inszenierung von Oskar Wälterlin zu spielen.

Wälterlin hatte für Liselotte eine väterliche Sympathie und ein einfühlendes Verständnis behalten, er war es, der sie für sein Käthchen extra aus Deutschland zurückholte.

«Das Käthchen unserer Aufführung, Liselotte Pulver, ist eine frohe österliche Überraschung. Gleich schon die erste Szene des vor das Femegericht zitierten Mädchens zeigt, daß der Film, dem sich die junge Künstlerin verschrieben hat, ihre Entwicklung nicht einseitig zu beeinflussen vermochte. Ein rührend junges, naives Bürgermädchen von herber Anmut steht seinen Richtern, nein, nur ihm, ihrem ‹hohen Herrn› Rede und Antwort. Und mit der gleichen schönen Gradlinigkeit führt Liselotte Pulver die Rolle weiter, ohne jedes Abirren ins Sentimentale, demütig und tapfer zugleich, in dem fein gestalteten Traum auch das Schalkhafte nicht verbergend», lobte selbst die gestrenge *Neue Zürcher Zeitung.* Ermuntert durch diesen Erfolg, wollte Liselotte jetzt eigentlich wieder zum Theater zurückkehren.

Sie spielte zwei weitere Rollen auf der Zürcher Bühne, die Therese in dem Stück *Sechste Etage* des Westschweizers Alfred Gehri. «Wer sich in späteren Jahren den Spielplan 1952/53 unserer Sprechbühne in Erinnerung sollte rufen wollen, würde an folgender Notierung eine gute Gedächtnisstütze bekommen: Im Herbst rasch hintereinander zwei Revolutionsdramen (*Dantons Tod* und *Im Räderwerk*), im Frühjahr zwei Milieustücke (*Die Ratten* und *Sechste Etage*)», bemerkt auch wieder die *Neue Zürcher Zeitung*. Liselotte spielte weiter, noch einmal unter Wälterlin die Ines in der Uraufführung von Max Frischs *Don Juan oder Die Liebe zur Geometrie*.

Aber dann flog sie wieder, besser gesagt floh sie wieder – Zürichs Spielplan hatte ihr zu wenig wichtige Rollen zu bieten – mit 150 Stundenkilometern über den Rhein, um in den Armen von Hardy Krüger *Ich und du,* in denjenigen von Paul Hubschmid *Schule für Eheglück,* dann *Männer im gefährlichen Alter* und in der Kriminalparodie *Das Nachtgespenst* wichtige, nämlich Hauptrollen zu spielen.

Alles waren mehr oder weniger große Erfolge mit Verbeugungstournee, mit Bergen von Blumen, Sahnetorten, Kaviar und Autogrammbitten, die Berge der Heimat weit in den Schatten stellend, begleitet von nicht mehr aufhörendem Beifallklatschen im Hinter-, Verehrern und Bewunderern im Vordergrund. Liselotte war jetzt wer, sie wurde wichtiggenommen und gewöhnte sich daran wie an ein süßes Gift.

Das fing an mit Kleinigkeiten, mit dem Katzbuckeln der Hotelangestellten und dem persönlichen Bemühen des Direktors um das beste Zimmer, mit dem Schutzmann, der statt eines Strafzettels ein nachsichtiges, augenzwinkerndes Lächeln für sie aufsetzte oder den Verkehr anhielt, wenn sie mit ihrem extravaganten Lieblingsvehikel über den Stachus brauste, und es hörte auf mit den Autogrammbitten, die sich bald ins Unermeßliche steigerten und sie zwangen, eine Sekretärin zu beschäftigen, mit Blumen und Geschenken, mit denen man sie überhäufte, und den Menschenmengen, die bei einer Premiere oder ihrer Ankunft in einer neuen Stadt sich vor dem Hotel drängten – ja, das waren noch Zeiten!

Liselotte wohnte längst nicht mehr in kleinen Hotels oder, wie es im Anfang noch üblich war, in den Filmstudios; inzwischen waren die Luxushotels wieder aufgebaut oder neu eröffnet, und Liselotte erfüllte sich darin – und erst noch auf Spesen der Produktionsgesellschaften – den sehnsüchtig aufrechterhaltenen Kindertraum. *Der Königshof* in München, das *Atlantic* in Hamburg, das *Hotel Steinplatz* in Berlin wurden ab jetzt ihre eigentliche Heimat. Ihr Traum ist es noch heute, in einem dieser Etablissements (mit Mann) ihren Lebensabend zu verbringen «frei von Sorgen um einen erdrückenden Haushalt und eine kostspielige ‹Hütte›, umgeben nur von der lautlosen Diskretion beflissener und wohlerzogener Hotelangestellten».

Der berufliche Erfolg, der ihr nicht unbedingt in den Kopf, aber doch in die dankbare Seele stieg, den sie wie wohltuenden Balsam auf einer brennenden Wunde, ja, wie eine Droge immer mehr und noch mehr brauchte, waren stets begleitet von dem unvermeidlichen Schatten privaten Mißerfolges.

Sie verliebte sich der Reihe nach in alle, die sie vor der Kamera so selbstverständlich küßte, in den kalten Hardy Krüger ebenso wie in den schönen Paul Hubschmid, ihren Schweizer Landsmann, oder den ehrgeizigen Eric Schumann.

Alle waren nicht gewillt oder nicht imstande, der Gewalt von Liselottes ‹Aufforderung zum Tanz› ganz zu trotzen und gleichzeitig zu genügen, man spielte ein wenig mit ihr, ging mit ihr groß aus, weil das der männlichen Eitelkeit und auch dem beruflichen Ansehen schmeichelte, aber keiner war offenbar frei bzw. engagiert genug, um für die tapfer bei Kerzenlicht und Sekt bis in die Morgenstunden ausharrende Liselotte mehr als einen mehr oder weniger heftigen Flirt zu wagen.

Ihr gebrochenes, nunmehr schon mehrere Male mühsam wieder zusammengeflicktes Herz blieb dabei auf der Strekke, sie mußte die Risse und Löcher und offenen Wunden, die es abbekam, immer wieder mit Hilfe ihres beruflichen Erfolges desinfizieren und notdürftig reparieren.

Ein solcher Trost, ein wirklich großer und vielleicht bis heute ihr bedeutendster, auf jeden Fall haltbarster Filmerfolg wurde der Schweizer Film *Ueli der Knecht* nach Jeremias Gotthelf. In ihm fand Liselotte zu ihrer eigentlichen Stärke, einer ergreifenden Schlichtheit und Echtheit der Töne, zu ihrer Zartheit und Natürlichkeit des Ausdrucks zurück.

Der Film wurde so etwas wie ein Nationalmonument, sogar Charlie Chaplin kam einmal ins schöne Emmental, um für einige Stunden den Dreharbeiten beizuwohnen.

Ein Berner Original, Korsettfabrikant und Kunstmäzen, Prominentenjäger und Gentleman, eines dieser typischen Produkte bernischer Wohlanständigkeit, hinter deren gepflegter Fassade großbürgerlichen Glücks die Probleme, sprich: menschliches Unglück ganz bewußt versteckt und ignoriert wird, Roland Donnet, brachte das Kunststück zustande. Aus seinem wie ein Spiegel glänzenden, nicht vom winzigsten Stäubchen beschmutzten, mächtigen schwarzen Cadillac, der zu der urigen Emmentaler Landschaft paßte wie die Faust aufs Auge, entstieg an einem sonnigen Drehtag hinter dem sich händereibenden und wie eine Sonne strahlenden Korsettfabrikanten gewandt und charmant ein eleganter, kleiner Herr mit weißem, gepflegtem Haar und strahlend enzianblauen Augen, der mit dem armen, verlumpten Tramp Charlot auch nur noch den Namen gemeinsam zu haben schien: Charlie Chaplin.

Mit ehrlichem Interesse, vielleicht sogar mit etwas wehmütiger Nostalgie schaute er den Dreharbeiten zu – er war ja jetzt etablierter Schweizer Bürger, wohlhabend und weltberühmt, aber doch von dem vertrauten ‹Stallgeruch›, den Filmstudios und der ‹geistigen› Heimat meilenweit entfernt.

Er drückte allen die Hand wie alten Bekannten oder Verwandten und verweilte mit seinem lebhaften blauen Blick wohlgefällig auf Vreneli alias Liselotte. Wer weiß. ob nicht in diesem Moment in ihm ein Gedanke für ein eigenes Projekt aufblitzte – hätte sie die Gelegenheit erfaßt, es wäre sicher sogar eine Zusammenarbeit geworden, so sehr war in dem Moment Chaplins Interesse an Liselotte geweckt. Aber weit weg lag damals noch die Zeit, wo diese sich auf Chaplins Spuren begab, um sich selbst der Komik zu verschreiben. Kaum, daß sie zu dieser Zeit schon um die Bedeutung des genialen Clowns wußte – wer außer den Filmtheoretikern kannte diese damals wirklich schon? Chaplinfilme wurden zu dieser Zeit noch als reine Lach- und Publikumsklamotten eingestuft, vor allem in der Schweiz, wo man die großen und weniger großen Komiker, die Kunst des Lachens allenfalls im Zirkus ernst nimmt und, wie Max Frisch in seinem *Stiller* schreibt, Charlie Chaplin zu dieser Zeit blamablerweise vom Zürcher Stadtrat nicht einmal empfangen wurde.

Ueli der Knecht und der ein Jahr später folgende *Ueli der Pächter* waren keine Meisterwerke im Sinne der Filmgeschichtler und Theoretiker. Aber sie waren mehr, nämlich Klassiker, ähnlich den französischen Marcel-Pagnol-Filmen, ein Stück kraftvoller und zeitloser und vor allem ehrlicher Volksgeschichte, unberührt von der Spitzfindigkeit und dem Snobismus intellektueller Filmanalyse. Ihr Wert kam vor allem durch großartige Schauspieler, die den Figuren, die sie darstellten, ein Stück echtes, vergangenes Leben und eben Herz einhauchten, durch den unvergessenen Emil Hegetschweiler als Glungge-Bur, Heinrich Gretler, Leopold Biberti und viele andere, aber auch durch eine unprätentiöse Filmregie, die sich der Vorlage beugte. Die heutigen Filmemacher mit ihren ‹hohen Ansprüchen› und formalen Spielereien sollten sich von dieser Art, Filme zu machen, ein Stück handwerkliches Können und Bescheidenheit abschneiden.

Das Niveau der *Ueli*-Filme ist nicht gehalten worden. Es hat sich nicht, wie etwa in Frankreich nach der legendären *Marius-Fanny-César*-Trilogie, eine ganze Pagnol- bzw. Gotthelf-Tradition mit mehreren, unvergänglichen Zeitdokumenten entwickelt. Man wollte, wie immer auf der Schweizer Kulturszene, höher hinaus und ist tiefer gefallen und hat gerade den Schweizer Film mit zuviel gut gemeinter Absicht in eine Mittelmäßigkeit hineingetrieben, in der er, ähnlich wie der deutsche Film, von dem er stark abhängt und beeinflußt wird, trotz einigen – überschätzten – Erfolgen nach wie vor stagniert.

Für Liselotte bedeutete der Erfolg als Vreneli auch nur die Ehre eines nationalen Denkmals, das man zwar auf ein Podest stellt, aber verrosten läßt und vergißt. Wie für alle Künstler kamen für sie aus ihrem Heimatland keine weiteren würdigen Aufgaben, man stellte sie mit oder ohne Absicht kalt. Das geschah oft von denen, die ihren Abgang ins Ausland am meisten beklagten, während von jenseits des Rheins bereits wieder die Sirenen lockten.

Sie spielte mit Hardy Krüger den Film *Der letzte Sommer* nach einer Novelle von Ricarda Huch unter der Regie von Dr. Harald Braun, in dem auch eine junge Anfängerin namens Nadja Tiller ihren offenherzigen Sex zur Geltung brachte, was Liselotte sprachlos und neidvoll und nichtsdestoweniger restlos bewundernd beobachtete. Noch immer war sie knabenhaft dünn und litt darunter, weil das ihrer Meinung nach der Grund all ihres persönlichen Mißgeschikkes war und der attraktive Hardy Krüger ihren Verführungskünsten nur zögernd und lauwarm folgte.

Der blauäugige Sunnyboy, der heute als der Inbegriff des bärenstarken Naturburschen und Superhelden gilt und sich als einer der wenigen deutschen Filmschauspieler vor allem im Ausland einen Namen gemacht und erhalten hat, war Liselotte gegenüber durchaus nicht auf Sieg oder Eroberung aus, bis heute weiß sie nicht einmal ganz sicher, ob er um ihr grenzenloses ‹Leiden›, ihre Verliebtheit in ihn etwas gewußt hat, während ein anderer, nicht minder hübscher Sunnyboy des deutschen Films, Karl-Heinz Böhm, die Rolle mit umgekehrten Vorzeichen abbekam: Vergeblich beteuerte er Liselotte bei sanftem Kerzenschein und glühendem Rotwein bzw. Herzen: «Ich will dich heiraten», er – Rätsel, dein Name ist Weib oder in diesem Fall Liselotte – blitzte bei ihr ab.

Dafür folgte jetzt der Streifen *Griff nach den Sternen,* mit dem ‹schönen› Partner Eric Schumann, der trotz seines vielversprechenden Namens absolut kein Musikgehör für Liselottes zarte Töne hatte, dann *Hanussen* mit dem schon in den Sphären höherer Selbstbespiegelung wandelnden O. W. Fischer und schließlich noch *Ueli der Pächter,* den Liselotte und viele ihrer Kollegen als noch besser als den ersten Gotthelf-Film bezeichneten.

Alles ansehnliche, aber für die anspruchsvolle Liselotte doch irgendwie nur halbe Erfolge, die sie persönlich, beruflich und privat immer einen Schritt vorwärts und zwei zurückbrachten, wie sie meinte, eine Art teuflischer Leerlauf, wie man ihn bei gefangenen Mäusen in Käfigen beobachtet, die sich in einem Rad abmühen, vorwärts zu kommen, und nicht bemerken, daß sie sich ja nicht selber bewegen, sondern nur das Rad antreiben, in dem sie gefangen sind. Ein Zustand, der vielen Künstlern beschieden ist, denen der Sprung über die Hürde einer kleinkarierten Umgebung oder der Provinz nicht gelingt. Für Liselotte war es der Zustand einer gleichzeitigen Fülle und Leere, die ihr neben den materiellen Annehmlichkeiten nicht Zufriedenheit, sondern einen ungestillten und vorwärtsdrängenden Ehrgeiz, eine stetige innere und deshalb auch äußere Unruhe einbrachte.

Aber in solchen Momenten der Not und Verzweiflung hatte Liselotte immer das, was man weder lernen noch erzwingen oder herausfordern kann, nämlich Glück. Sie sollte die Piroschka im Film *Ich denke oft an Piroschka* von Kurt Hoffmann spielen, und das wurde nun für beide, für Kurt Hoffmann und vor allem für Liselotte, der ganz große deutsche Nachkriegs-Lustspiel-Erfolg.

Nicht unwesentlich trug Liselotte dazu bei als deutsch radebrechendes Ungarnmädel, ja sieht man den Film heute an, dann sind es eigentlich nur noch die reizende Piroschka und der Schauspieler Gustav Knuth, die das Lustspiel nicht zu einem Trauerspiel machen. Liselotte bezeichnet *Piroschka* noch heute gern als ihren besten Film. Das ist er nicht, im Gegensatz etwa zu *Ueli der Knecht* ist der Zahn der Zeit nicht spurlos an ihm vorbeigegangen, er zeigt Alterserscheinungen, zu harmlos, zu vordergründig ist die Geschichte von dem lustigen Ungarnmädel und dem deutschen Studenten in Szene gesetzt – es ist ein hübscher Spaß auf der Grenze zum Kitsch, wie er damals dem deutschen Publikum fehlte und ihm, ob mit Tränen der Rührung oder des Lachens, aus der Seele sprach, kurz: der Erfolg war überwältigend, Liselotte hatte sich endlich an *Dr. Holl* schadlos gehalten und dessen Erfolg eingeholt.

Es regnete Lob und es regnete Preise, Bundesfilmpreis, Kritikerpreis, Prix Femina und beinahe den ‹Bambi›, diesen deutschen Filmpreis für die beliebtesten Filmschauspieler, den Liselotte später fünfmal hintereinander bekam und den man den deutschen ‹Oscar› nennt, der aber – das muß man auch einmal sagen – in Deutschland allein schon durch seinen Namen ‹Bambi› diesen Widerspruch enthält, der die damalige bundesdeutsche Filmbranche kennzeichnete: daß man eine Märchenfigur aus einem amerikanischen Kindertrickfilm, Walt Disney's *Bambi,* ein sprechendes Reh, vergoldet und zum Symbol des guten Films macht. Man träumte in der Branche eben noch immer von einer richtigen Traumfabrik, von einem deutschen Hollywood.

Liselotte hingegen hatte, was sie wollte: Sie war über Nacht zu Deutschlands Filmliebling Nummer Eins aufgestiegen.

Sogar Maria Schell, die Rivalin und Meisterin auf einer anderen, der Tränendrüsen-Domäne, gab das neidlos und in einer Anwandlung sympathischer Kollegialität zu – sie war eben souveräner, selbstsicherer als Liselotte – und schrieb an ‹Piroschka› einen Brief, in dem sie überschwenglich und herzlich ihre Begeisterung und Gratulation für die Leistung in dieser ‹Bomben›-Rolle ausdrückte.

Dabei hatte Liselotte nicht wie bei *Dr. Holl* ein todsicheres Gespür für diesen Film gehabt, sie fand keinen großen Gefallen an einer Rolle, in der sie ungarisch-deutsch radebrechen mußte. Erstens traute sie es sich nicht zu, und zweitens kannte sie ganz genau die Gefahr, die in einer so unechten Sprach-Nachahmung liegt.

Sie spürte unbewußt das Künstliche im Drehbuch, echt

waren vorläufig nur die schöne ungarische Landschaft und die Gänse, die sie bei ihrer Ankunft wild schnatternd in die Flucht schlugen, so daß Liselotte vor diesen riesigen Gänseherden auch später beim Drehen richtig Angst bekam.

Aber so weit war es vorläufig noch nicht. Liselotte sträubte sich mit echt Pulverscher Hartnäckigkeit, die Rolle anzunehmen. Noch träumte sie vom Theater, von Stücken mit Tiefgang und subtilen Zwischentönen, noch sah sie sich selber als ernsthafte Schauspielerin für dramatische Rollen und nicht als Clown.

Als sie sich mit Absagetelegrammen und hinter dem ausgesteckten Telefon in unserer Zürcher Wohnung verschanzte, nahm ihre Agentin Ilse Alexander kurzerhand die Initiative in und den Produzenten Georg Witt an die Hand und flog zu uns nach Zürich, nicht ohne mich in das Komplott eingespannt zu haben. Ich besorgte Bündner Fleisch und Walliser Wein, rief die überrumpelte Liselotte herbei, und nur aus Müdigkeit und «weil sie endlich ins Bett wollte», was hieß, um die lästigen Besucher loszuwerden, unterschrieb sie den Vertrag. So kam Piroschka, Liselottes eigentlicher Durchbruch in Deutschland, zustande. Sie spielte sie nicht mit lautem Lachen und kumpelhaftem Auf-den-Tisch-Hauen, wie sie das später so liebte, sondern so, wie sie die Luise in *Kabale und Liebe,* wie sie das *Käthchen von Heilbronn* gespielt hatte: voll innerer Zweifel und Trauer. Sie konnte dem niedlichen Ungarnmädel die unerfüllte Liebe so gut nachfühlen. Sie war es, in seiner Freude und in seiner Enttäuschung, eigentlich selbst.

Den ungarischen Akzent brachte sie so souverän und selbstverständlich daher, daß selbst waschechte Ungarn, ihre Wohnungsnachbarin in München, Baronin von Thyssen-Bornemisza mit ihrem ganzen Ungarn-Anhang sie zu ihrer

Sprachbegabung beglückwünschte und automatisch zu ihrer Lieblingsschauspielerin machte.

Ohne Zweifel gab Liselotte dem Film das Gepräge, sie holte ihn aus der Gefahr der zu seichten Unterhaltung heraus. Das Echte erreichte sie gerade durch nicht zu große Fröhlichkeit, sondern durch ihren von innen kommenden Zwiespalt, in dem hinter dem Lächeln stets eine Träne, hinter der Träne stets ein Lächeln saß.

Der Erfolg war überwältigend und unerwartet. Er bedeutete ein erstes Ziel, sie war ein gemachter Mann, vielmehr eine berühmte Frau, und erlebte das, was in ihrem Beruf nur wenige erreichen, aber doch alle anstreben: Sie kam ganz hoch hinauf, auf die Spitze, auf diesen Gipfel, wo das Glück und gleichzeitig die Einsamkeit der ‹Großen› liegt.

Liselotte genoß das in vollen Zügen. Sie war Tagesgespräch, ihr Name in aller Munde und plötzlich mit Gold aufgewogen. Das Telefon hörte nicht mehr auf zu klingeln (ein todsicherer Gradmesser für Erfolg). Produzenten und Agenten drückten sich die Klinke ihrer Wohnungstür in die Hand. Täglich kamen Hunderte von Autogramm- und anderen Bitten, vor den Hotels, wo sie abstieg, drängten sich die Fans. Mit *Piroschka* waren die Würfel für sie gefallen. Publikum, die Produzenten und Kurt Hoffmann wollten von jetzt ab eine lustige, komische, eine lachende Pulver sehen. Liselotte beugte sich diesem Verdikt so, wie es ihre Art war, Zwänge von oben zu akzeptieren: mit kleinen, immer wiederkehrenden hartnäckigen Ausbruchsversuchen ins ernste Fach, in *Hanussen,* O. W. Fischers ambitioniertem Regieversuch, den *Bekenntnissen des Hochstaplers Felix Krull, Buddenbrooks, Das Glas Wasser* mit Gustaf Gründgens und so weiter spielte sie nur mehr oder weniger beachtete ‹ernste› Rollen (was auch damit zusammenhing, daß diese Filme alle keine überzeugenden Erfolge waren), während das Lachen, das sogenannte leichte und doch viel schwerere Fach ihr Schicksal wurde.

Als vielbewunderter, aber auch vielbeneideter und deshalb unerhört stimulierender, antreibender Leitstern ging noch immer Maria Schell vor Liselotte her, immer ein bißchen weiter vorn als sie, eine Spur lauter, was Erfolg und Publicity anbelangte, und gewichtiger, graste diese alles ab, was Liselotte noch immer heimlich als ihre Domäne betrachtete: die, welche dem Publikum Tränen der Rührung und nicht nur Lachen entlockte, die ganze Tonleiter vom Edelkitsch (*Der träumende Mund* mit O. W. Fischer, *Wenn das Herz spricht, Das Herz aller Dinge, Solange du da bist* bis zu den deutschen Klassikern *Die Ratten, Rose Bernd*) durfte Maria Schell, das Seelchen des deutschen Films, und nicht Liselotte spielen. Das war manchmal hart für sie, aber eben Schicksal, denn es stärkte ihren Ehrgeiz. Vielleicht brauchte sie auch, um sich durchzusetzen, wie schon als Kind immer ein Leitbild.

Wie ernst Liselotte nach dem *Piroschka*-Erfolg aber ihre lustige Seite nahm, das zeigte sie damit, daß sie Kurt Hoffmann treu blieb und sofort aus Amerika zurückflog – trotz angebotenem Siebenjahresvertrag –, als er sie zu einem weiteren vielversprechenden Filmprojekt rief, dem *Wirtshaus im Spessart.*

Hier meldete sich wieder Liselottes guter Instinkt – den sie leider so oft zu ihren eigenen Ungunsten verleugnete –: eine Hosenrolle in dem nach Hauffs Märchen von Robert Neumann witzig und spritzig geschriebenen Drehbuch, zudem mit Musik und halsbrecherischen Nummern auf Pferden. Das war so recht nach ihrem Geschmack.

Und es war auch nach dem Geschmack des Publikums

und sogar der Kritiker; Kurt Hoffmann hatte voll ins Schwarze getroffen. Das war etwas ganz Neues, ein Musical, eine Geschichte mit Musik, lustig, flott und gar nicht oberflächlich, sondern mit Witz in Szene gesetzt, endlich etwas anderes als die damals so beliebte Rührseligkeit oder die harten Kriegsfilme. Liselotte eroberte die Herzen des Publikums im Sturm, etwas von der Zerbrechlichkeit ihrer frühen Bühnenrollen schwebte über diesem niedlichen, gertenschlanken, aber nichtsdestoweniger keck und frech auftretenden Knaben; eine Szene war so halsbrecherisch, daß sie den Leuten schon beim Drehen den Atem verschlug. Liselotte sollte nicht nur mit einem, sondern mit drei prächtigen wilden Pferden über einen Bach springen. Um ihr zu zeigen, wie das zu machen und daß es ganz leicht sei, ritt die Szene ein Vorreiter; er stürzte und fiel bei dem Sprung ins Wasser.

Liselotte, keineswegs entmutigt, sondern jetzt erst recht angespornt, sah wieder eine Gelegenheit, eine Kraftprobe zu bestehen, sie setzte ihren Kopf entgegen den Bedenken der Verantwortlichen durch und ritt selbst die schwere Szene – die glänzend gelang. Und dann zeigte sich eines dieser typischen Vorkommnisse hinter den Kulissen, die Mitarbeiter oft zur Verzweiflung bringen und von denen der Zuschauer keine Ahnung hat: Als man sich die Muster der gedrehten Filmsequenzen gemeinsam ansah, meinte Kurt Hoffmann, diesen waghalsigen Sprung über den Bach, dieses Glanzstück Pulverschen Mutes und Pulverscher Akrobatik mit drei Pferden sei doch eigentlich überflüssig, man könnte die Szene ganz herausschneiden.

Das war zuviel für die sonst sehr disziplinierte und fügsame Liselotte, die auf Mitsprache in Regie und Drehbuch im allgemeinen ganz verzichtete (im Gegensatz etwa zu Maria

Schell und O. W. Fischer, die beide berühmt dafür waren, in Regie und Drehbuch immer mit- bzw. reinzureden. Es hieß, daß beide sich gerade damit im Ausland die Sympathien verscherzt hatten, während man ihnen in Deutschland weitgehend Mitspracherecht einräumte, «deshalb waren die Filme oft so schlecht», meinte ein böser Kritiker), jedenfalls muckte Liselotte hier auf, sie protestierte, bat und flehte –, ausnahmsweise ließ sich Hoffmann, sonst Diskussionen und Reinreden eher unzugänglich, überreden, und die Szene blieb drin. Als Partner hatte Liselotte Carlos Thompson, einen imponierend schönen und intelligenten, als Schauspieler völlig unehrgeizigen Mann. Er hätte ihr wohl auch privat gefallen, aber selbst der Gedanke daran war aussichtslos. Eben war der perfekte Carlos Thompson der Ehemann der perfekten Lilly Palmer geworden, an ein solches Nonplusultra wagte Liselotte sich nicht heran. Wenn sie sich auch oft in bereits verheiratete Partner verliebte, dann nur, wenn sie deren Ehefrauen nicht zur Kenntnis nahm. Aber es mit einer Lilly Palmer aufzunehmen, das wäre ihr gar nicht in den Sinn gekommen, zu sehr bewunderte sie diese Schauspielerin, die mit fünfundvierzig Jahren, mit ihren berühmten großen blauen Augen noch immer und besonders für Liselotte eine perfekte Schönheit war. Ja, diese äußerliche Perfektion, bei der niemand erraten kann, ob sie auch einer inneren entspricht, die aber solche in jedem Falle, Schönheit, Intelligenz, Reichtum und Ordnung in und um ihre Person demonstriert, die bewunderte Liselotte an Lilly Palmer restlos, das war ihr Ideal.

Das Wirtshaus im Spessart wurde der größte und wahrscheinlich auch verdienteste deutsche Lustspielfilmerfolg. Es folgte ihm einige Jahre später *Das Spukschloß im Spes-*

sart, das Kurt Hoffmann mit Recht und Fingerspitzengefühl für das, was in Deutschland Mangelware war, ein ‹Grusical› nannte, es war nicht ein Remake, sondern eine Weiterführung des vorangegangenen, erfolgreichen Musicals, mit eingefügten zeitkritischen Anspielungen schon auf dem Weg zu einer Wende, einer Auferstehung des meisterhaften Lustspiels. Aber auf halbem Weg bekam man dann wieder Angst vor der eigenen Courage und kehrte um. Die Produzenten, Geldgeber und Drehbuchautoren, ja selbst Liselotte machten dann nicht mehr richtig mit – als Kurt Hoffmann hierauf wirklich ein brisantes Thema, die Bewältigung der Vergangenheit, in einem Lustspiel eingeflochten, in *Wir Wunderkinder* drehen wollte, da sagte Liselotte ab. An ihrer Stelle spielte Johanna von Kozcian, der Film wurde ein großer Erfolg, aber die Serie und die Erfolgsgemeinschaft Kurt Hoffmann-Liselotte Pulver war durchbrochen. Wenn sie auch noch zusammen drehten – zehn Filme waren es im ganzen –, daß bei *Wir Wunderkinder* der Name Kurt Hoffmann plötzlich ohne Lilo erschien, das war wie ein ungutes Omen. Es zeigte selbst in der aufs beste zusammengefügten Gemeinschaft im Hintergrund Schwierigkeiten und Risse. Und ohne Zweifel hatte Liselotte daran mehr Schuld als Kurt Hoffmann, auch, oder vielleicht gerade weil er sie eben so oft an ‹unseren schimpfenden Papa› erinnerte, das gibt sie heute freimütig zu.

Grund zu Meinungsverschiedenheiten, zum Beispiel daß Liselotte *Wir Wunderkinder* einfach konsequent nicht machte, das waren wiederum nur ihre Zweifel, ihre innere Unsicherheit und ihre Prinzipien. Zusammen mit ihren Gelübden, nicht mehr zu rauchen und nie unpünktlich zu sein, hatte sie sich auch geschworen, sich nie politisch zu engagieren oder in politisch gefärbten Filmen mitzuspielen. Es konnte eine Rolle noch so vielversprechend und gut sein, wenn sie eine politische Tendenz zeigte, sagte sie ab.

Heute begreift sie das nicht mehr so recht, heute hat sie – dank ihrem Mann – selbst angefangen, hie und da, wenn auch ohne echte Begeisterung oder wirkliches Engagement, Stellung zu nehmen, und das würde sie jetzt, wenn «es gut wäre», auch in einer Filmrolle tun.

Aber es zeigt doch ganz genau, wo ihre Stärke eben auch eine Schwäche und diese Schwäche wiederum eine Stärke war und wo das alles herkommt: Von Kindsbeinen an war es ihr in Fleisch und Blut übergegangen, sich über Probleme, über Schwierigkeiten nicht zu äußern. Es war Ehrensache, diese selber mit Stolz und Kraftproben zu überwinden. Das wurde ihr zum Teil zum Verhängnis, hat ihr gute Rollen vorenthalten, aber es schützte sie natürlich auch. Nie wäre sie in die Lage gekommen, ein politisches Engagement zu übernehmen oder eine Richtung zu unterstützen, zu der sie später nicht mehr stehen könnte, wie das vielen ihrer Kollegen und Kolleginnen passierte. Das ist einer ihrer Charakterzüge. Auch in der Ehe hat sie nur einmal, als sie ganz sicher war, bis an ihr Lebensende ja gesagt.

Kurt Hoffmann hat, anders als Liselotte, Mitte der sechziger Jahre das Filmemachen an den Nagel gehängt. Niemand weiß so recht warum, ob er aus der Not eine Tugend machte und sich zurückzog, bevor man ihm den Gnadenstoß versetzte, oder ob er einfach «die Schnauze voll hatte», wie Liselotte meinte. Tatsache ist, daß er noch jung genug wäre, um ein neues Musical oder Grusical zu wagen, auch wenn er (fast) allen vergessen scheint. Telefonisch ist er jedenfalls nicht zu erreichen.

Bei Liselotte aber stellte sich nach *Piroschka* und dem

Wirtshaus im Spessart zu dem nationalen Erfolg auch der internationale ein.

Zum erstenmal gelang ihr der Sprung nach Frankreich, sie spielte in dem Film *Arsène Lupin,* dieser Geschichte eines Gentleman-Verbrechers, die später im Fernsehen um die ganze Welt ging, unter der Regie von Jacques Becker mit Robert Lamoureux und O. E. Hasse die Hauptrolle.

Den Sprung nach Frankreich – über die Grenze – nahm Liselotte spielend, sie hatte durch unsere Großmutter mütterlicherseits französisches, ja Pariser Blut, und Französisch machte ihr nicht, wie anderen deutschsprachigen Schauspielern, zu schaffen. Sie befreundete sich mit dem großen Regisseur Jacques Becker und machte schon Pläne, in Paris zu bleiben und da Theater zu spielen.

Die Franzosen veränderten sie gleich in einen ganz anderen Frauentyp. Eleganter und gewandter kam sie nach Deutschland zurück. Wäre sie damals in Paris geblieben, sie hätte vielleicht wie Romy Schneider nach ihrem Sissy-Klischee, das sie in Deutschland nicht mehr los wurde, eine ernste, eine Weltkarriere gemacht und wäre wie Romy eine große, etwas humorlose Dame geworden.

So aber rief man sie zurück; im Gegensatz zu der in Deutschland verkannten und schließlich fast verbannten Romy Schneider wurde Liselotte auf Händen getragen, umworben und verwöhnt, es warteten jenseits des Rheins auf sie die Fans, es warteten die deutschen Regisseure, Produzenten, das Theater und der Film, und es wartete dort vor allem eine Rolle, die man ihr schon fast nicht mehr zugetraut hätte und die dann einer der größten Fernseherfolge aller Zeiten wurde: Liselotte spielte *Jeanne oder Die Lerche* von Jean Anouilh in einer Live-Inszenierung des Süddeutschen Rundfunks von Franz-Peter Wirth.

12

In dem hellen, kleinen Flur mit dem schwarz-weiß karierten, pflegleichten Kunststoffboden stehen sich zwei Frauen gegenüber und fauchen einander an. Beide sehen aus, als ob sie gerade auf eine Reise gehen wollten oder von einer kämen, neben jeder steht ein Koffer, ein kleiner, eleganter auf der einen, ein großer, verbeulter, unförmiger auf der anderen Seite.

Es ist Liselotte, die müde und geschafft von Dreharbeiten nach Hause gekommen ist, und statt sie freundlich zu empfangen, will die Hausangestellte gerade gehen, ja sie wollte sich eigentlich davonschleichen, ohne etwas zu sagen, aber dann ist Liselotte etwas füher zurückgekommen als erwartet und hat sie noch gerade erwischt.

Zuerst kann sie es gar nicht fassen und glaubt an einen schlechten Scherz, sie redet beschwichtigend auf das Mädchen ein; dieses ist noch nicht einmal volljährig, sie, Liselotte, trägt die Verantwortung für sie.

Und hat sie ihr nicht alles, was sie konnte, in ihrem schönen Haus mit all den technischen Apparaten und Erleichterungen gegeben? Und was wäre mit den Kindern geschehen? dem Hund? der Katze mit ihren beiden Jungen?

Das Mädchen läßt sich nicht beeindrucken, sondern antwortet frech, nein, sie habe es sich anders vorgestellt, Liselotte sei böse und egoistisch und denke nur an sich, und es gefalle ihr hier nicht.

Da wird auch Liselotte böse, etwas, was bei ihr wirklich ganz selten geschieht und ihr zuwider ist bis in die Fingerspitzen: laut zu werden und zu schimpfen, die Beherrschung zu verlieren, nein, das sieht man bei ihr nicht oft.

Es ist ihr peinlich und unangenehm, aber in diesem Fall muß sie etwas sagen, etwas, das sitzt. Dabei hat sie mit solchen Dingen Erfahrung, sie hat schon immer Schwierigkeiten gehabt mit Hausangestellten, darüber könnte man einen ganzen Roman schreiben.

«Wir müssen wieder die Mädchen wechseln und wollen es nun mit einem Ehepaar versuchen, könntest Du mir ein Inserat aufgeben? Das wäre wirklich sehr nett von Dir, denn Frau Gibbs (Sekretärin) macht nur noch die Autogramme, merci vielmals, Deine Lise.»

Solche Notrufe bekam ich in all den Jahren regelmäßig, und manchmal versuchten wir auch unsere Hausangestellten, die zugleich die Kinder betreuen mußten, auszutauschen: «Du hast natürlich wirklich ein Saupech mit der G.», schrieb Liselotte mir schon am 17. Oktober, zweieinhalb Monate nach der Geburt von Marc-Tell, weil der Haushalt der bewährten, aber nicht mehr ganz jungen Schwester Rösli zuviel wurde. «Ich muß Dich aber doch noch einmal daran erinnern, was Du mit ihr für Vorteile hast, bevor Du Dich für ein unbekanntes Mädchen entschließt. Ich habe selber jetzt gesehen, wieviel es braucht, damit jemand auch nur brauchbar ist. Was ist, wenn es nicht geht? Wenn ich das Frl. G. übernehmen würde, was ich mit tausend Freuden tun würde, so könnte ich sie Dir natürlich dann nicht mehr abtreten, wenn der Wechsel einmal stattgefunden hätte. Mein Drachen ist ausgezeichnet, wenn auch etwas rüde. Überlege es Dir gründlich, bevor Du einen Fehler machst.»

Liselotte steht zitternd vor Empörung in ihrem kalten Flur.

So unverschämt ins Gesicht hat ihr noch keine etwas gesagt, so undankbar sich noch keine gezeigt. «Sie – Sie werden das noch bereuen, was Sie da sagen! Schade, daß mein Mann nicht da ist», preßt Liselotte hervor, und ihre Stimme wird jetzt etwas lauter, so daß sie sich über sich selber schämt.

Es ist wie ein böser Spuk, sie hat schon Ärger gehabt bei der Arbeit, ist erschöpft und hundemüde und braucht dringend Ruhe. Statt dessen kommt sie in ein verwaistes Haus.

Die Kinder sind noch in der Schule, ihr Mann verreist, das ganze Haus, den Haushalt hat sie jetzt allein auf dem Buckel und muß ihn selber meistern. Das geht wie eine grauenhafte Vision durch ihren Kopf, wie sie jetzt dem Mädchen gegenübersteht. Aber dann nimmt sie sich zusammen, es ist ja doch nichts mehr zu machen, und jede Liebesmühe ist umsonst. Wenn jemand schon zu feige ist, ordentlich zu kündigen, besser ein Ende mit Schrecken als ein Schrecken ohne Ende, sagt sie sich.

«Gehn Sie mir aus den Augen, ich kann Sie nicht mehr sehn», bringt sie noch hervor, eher zu leise als zu laut, und läßt das verdutzte Mädchen einfach stehen. Vielleicht hat es jetzt selber Angst vor der eigenen Courage, aber draußen vor dem Tor hupt es, da ist der Freund, der einen so unschönen Abgang ja erst möglich macht. Was dieser alles nach sich ziehen wird, das kann sie noch gar nicht übersehen. Es ist diese Art von Freiheit, mit der sich heutzutage diese jungen Mädchen das Leben zerstören statt aufbauen.

Liselotte hat in dieser Sache wirklich Übung. Alle Variationen von Hausangestellten und entsprechenden Abenteuern mit ihnen hat sie schon durchexerziert. So ungefähr alle ein bis zwei Jahre hat sie in den bald siebzehn Jahren einen Wechsel der ‹Perlen› gehabt.

Dabei ist es nur eine Geldfrage, sagen die einen. Aber Liselotte hat Geld, sie hat bezahlt, immer mehr, bis man sie nur noch übervorteilte, aber es hat ihr nichts genützt.

Es ist nur eine Frage des Familienlebens, sagten andere, die Angestellten wollen halt Familienanschluß. Liselotte hat Familienanschluß mit den Hausmädchen betrieben bis zur Selbstaufgabe, sie hat ihre eigenen Gewohnheiten umgestellt, bis die Angestellten und nicht mehr sie das ganze Familienleben dirigierten, aber genützt hat auch das nichts.

Es ist nur eine Frage des Alters, sagten dann wieder andere. Liselotte hatte es zuerst mit älteren Damen versucht. Die eine vergaß alles, verwechselte bald den Salon mit der Küche und die Küche mit dem Salon, und wenn man ihr das sagte, bekam sie hysterische Krisen.

Die andere verlor beim Reden – und was noch schlimmer war, beim Kochen – ihr Gebiß, zudem trug sie so abenteuerlich verschlissene Kleider, daß sie damit dem Staublappen Konkurrenz machte, den es allerdings wiederum im Repertoire dieser Hausdame nicht gab. Daraufhin nahm Liselotte – schon ihrem Mann zuliebe, dem sie den Anblick zähneklappernder und ‹übelhöriger› Mumien ersparen wollte – nur noch jüngere Semester. Nun trat ein bemerkenswerter Wandel ein.

Diese Jungen waren immer vergnügt, munter und aufgeschlossen, so sehr, daß sie manchmal nicht nur vergaßen, die Knöpfe des Gas- oder Wasserhahns, sondern auch diejenigen ihrer Bluse zuzumachen, so daß im Haus bald alles, das verstopfte Klo, die Milch und das verschwendete Geld nicht weniger als nackte Haut und Busen überflossen, kurz: bei einem Filmstar angestellt zu sein, verwirrte offenbar allen mehr oder weniger den Verstand.

All diese ungewöhnlichen Eigenschaften versuchte Liselotte bei jeder bis zur äußersten Erträglichkeit als ganz gewöhnliche zu entschuldigen und sogar zu beschönigen oder abzustreiten, jede ‹Neue› war für sie immer wieder die Beste, die Hervorragendste aller Zeiten.

Ohne solche Selbsttäuschung kam sie gar nicht mehr aus, bis dann ihre Geduld so strapaziert wurde, daß sie schließlich ehrlich zugeben mußte, sich wieder einmal – zum wievielten Mal? – getäuscht zu haben, wieder einmal ein Vermögen für Annoncenaufgeben, ein neues Mädchen einarbeiten, den Kindern einen neuerlichen Wechsel zumuten zu müssen.

Wenn es schon im allgemeinen schwierig ist, Hausangestellte zu finden, bei einem Filmstar ist es wahrscheinlich noch schwieriger, es sei denn, man ist so perfekt in allem wie Lilly Palmer, die ihre treue Seele über zwanzig Jahre (bis zu ihrem Tod) behielt. So etwas hat sich Liselotte immer erträumt, eine ‹Perle›, die alles macht, ohne daß man es merkt, die da ist, wenn man sie braucht, und verschwunden, wenn sie einem auf die Nerven geht, die sie liebt und betreut und alle ihre schlechten und guten Eigenschaften, ihre Stärken, aber vor allem die Schwächen kennt und darauf wenigstens ein wenig Rücksicht nimmt.

So etwas hat es früher anscheinend gegeben, Hausangestellte, die mit einer Familie zusammen alt, in ihr aufgenommen wurden und zu ihr gehörten. Nicht die Emanzipation der Frau hat damit Schluß gemacht, sondern die Sozialversicherung des Staates, des Mannes, der immer nur und immer mehr für materielle Sicherheit, aber nicht immer für Menschlichkeit sorgt, der meint, daß die finanzielle Unterstützung die Einsamkeit vieler Frauen aufwiegen könne.

Dabei hatten es die Hausangestellten damals relativ leicht, die Arbeit war weniger schwer, weniger monoton als heute in manchen männlichen Berufen. Gerade bei Liselotte, die so wenig daheim war, die ein schönes Haus und liebebedürftige Kinder hatte, bestand eine Chance der Eigenständigkeit und Selbstverwirklichung, wie man sie jetzt gar nicht mehr kennt oder nicht mehr kennen will.

Das Problem aller berufstätigen Frauen, Beruf und Privatleben, Haushalt und Kinder neben einer vollberuflichen Tätigkeit miteinander zu kombinieren und zu meistern, ist die andere Seite dieser gesellschaftspolitischen Entwicklung für die Frau – bei Liselotte wurde es zu einem fast unlösbaren Konflikt. Wenn sie es schon nicht schaffte, wie sollten es dann andere, weniger gutsituierte oder einfachere Frauen können?

Leidtragende waren bei ihr wie überall die Kinder. War es für sie schon furchtbar, sich immer wieder von den Eltern trennen zu müssen – später wechselten sich Liselotte und Helmut ab und einer war dann wenigstens zu Hause –, so kam dazu auch immer wieder eine Trennung von den Angestellten, an die sie sich eben gerade gewöhnt hatten und mit denen sie oft wochen-, ja monatelang allein blieben.

Dabei hätte eine gute Haushälterin bei Liselotte wirklich alles gehabt. Nur offenbar das nicht, was sich Frauen jeweils darunter vorstellten.

Offerten kamen immer in jeder Menge auf die Annoncen, da Liselotte im allgemeinen mit ihrem vollen Namen inserierte:

«Ich lege Dir den Text der Annonce bei und bitte Dich, sie aufzugeben, bei Publicitas in Genf oder Lausanne. Wir würden damit eine Woche Zeit gewinnen, weil ich ja erst am Samstagabend zurückkomme. Für die beiden französischen Zeitungen müßtest Du den Text noch übersetzen:

Liselotte Pulver
sucht für Mitte August kinderliebendes
Ehepaar für ihr Haus direkt am Genfer See.
Separate Wohnung und selbständige Arbeit,
Zuschriften mit Zeugnis bitte unter Chiffre . . .

liebes Corinneli, es wäre wirklich sehr nett von Dir, wenn ich zurück bin rufe ich an, also herzliche Grüße an alle und merci vielmals, Deine Schwoscht.»

Unnötig zu sagen, daß Liselotte auch kein passendes Ehepaar fand. Das eine war zu teuer, das andere hatte eine Kinderschar, das dritte verwickelte den vorherigen Arbeitgeber, Freunde von Liselotte, die es ihr warm empfohlen hatten, in einen unschönen Prozeß. Nein, heute noch schlägt Liselotte sich mit diesem Zwitterbegriff Hausangestellte herum, diesem verpöntesten und verkanntesten Frauenberuf, für den noch nie jemand auf die Barrikaden ging, obschon er kreativer ist oder sein könnte als manche geisttötende Arbeit für Geld. Ihm hat Liselotte ihre größte und und vielleicht einzige große Sorge in den Ehejahren – die zeitweilige Auflösung ihres Haushaltes in ein malerwegsches Chaos, die Verwilderung ihrer Kinder während ihrer Abwesenheit – zu «verdanken». Denn gerade das was jedermann als Erleichterung ansehen würde war das größte Handikap: ihr bekannter Name, das Fluidum des Filmstars. Gewiß, jede kam ursprünglich ins Haus, um Hausarbeit zu machen. Das versicherten sie alle mit treuherzigem Augenaufschlag, mit Inbrunst und hervorragenden Zeugnissen.

Aber offenbar spukte irgendwo im Hintergrund oder

dem erwartungsvollen Unterbewußtsein ein kleiner Teufel herum, der den Begriff Filmstar wie ein Sesam-öffne-dich für eigene Wunschträume dem inneren Blick vorgaukelte und in irgendwelchen diffusen Vorstellungen von märchenhaften Zuständen gipfelte, die in Haushalt und Privatleben eines bekannten Menschen auf Schritt und Tritt zu begegnen sind.

Vor allem enttäuscht war man offensichtlich darüber, daß es nicht jeden Tag oder zumindest jede Woche eine wüste Party gab, auf der einem von Curd Jürgens bis Alain Delon, von Brigitte Bardot bis Romy Schneider alles begegnen und über den Weg laufen würde, von dem man in der Regenbogenpresse so eifrig las – wer weiß, was da an falschen und echten Hoffnungen in diesen hübschen und weniger hübschen Köpfen so alles herumspukte.

In München hatte Liselotte einmal ein Mädchen dieses Kalibers, wie es in dem Film *All about Eve* so meisterhaft dargestellt ist: blutjung, unscheinbar, bescheiden, nicht hübsch, aber sympathisch, mit Brille, streng gescheiteltem schwarzem Haar und Berufsschürze, voll überfließender Ergebenheit.

‹Eve› kam aus einfachen Verhältnissen und hatte bittere Erfahrungen im Leben gemacht, man hatte sie bis jetzt überall nur herumgestoßen und ausgenutzt, zudem war ihre Verehrung für Liselotte grenzenlos.

Liselotte reagierte wie Bette Davis im Film und wie wohl jede reagieren würde: Sie war begeistert von soviel Tüchtigkeit, Treue und Bescheidenheit, aus der Angestellten wurde eine Vertraute, ihre ihr treu ergebene Kraft, Mädchen für alles und Freundin.

Niemand konnte so wunderschön bügeln und flicken – was Liselotte stets besonders bewunderte und schätzte –, niemand die Büstenhalter und Slips so perfekt ordnen, wie Soldaten in Reih und Glied im Schrank einreihen, Telefonanrufe beantworten, Leute abwimmeln, kochen, Text abhören, aufräumen und abräumen – das alles und noch mehr machte sie lautlos, «pfiffig, fett und tadellos» wie die fromme Helene von Wilhelm Busch und wurde dadurch für Liselotte noch sympathischer, ja unentbehrlich; die wiegte sich schon in dem wohltuenden Gedanken, dies könne vielleicht die gesuchte ‹echte Perle› ihres Lebens sein.

Aber wer den Film *All about Eve* kennt, der kann sich ungefähr vorstellen, was jetzt kam.

Wie in diesem Film arbeitete dieses bescheidene und ergebene Mädchen, das von Liselotte fürstlich beschenkt und wie eine Freundin und Vertraute behandelt wurde, nach einem festen Plan. Sie benutzte ihre Vertrauensstellung einzig und allein dazu, sich mit dem Film-Metier vertraut, sich bei Leuten, die sie durch Liselotte kennenlernte, bekannt zu machen und einzuschmeicheln, und eines Tages war es dann soweit: Sie verließ ohne zu kündigen, sang- und klanglos das Haus. Sie hatte bei einer Filmproduktion die Stelle als Scriptgirl und eine kleine Filmrolle angenommen. Im Film *All about Eve* nimmt die Geschichte eine andere Wendung: Die Ungetreue erreicht mit ihrem Ehrgeiz, mit dem sie über Leichen geht, denselben Ruhm wie ihr Vorbild Bette Davis. Die Wirklichkeit ist immer ein wenig banaler; die Angestellte von Liselotte ging nach einigen Filmrollen sang- und klanglos unter, ihr Fall ist gerade deshalb symptomatisch, ein trauriges Beispiel für falsch verstandene «Emanzipation».

Erstaunlich war, daß dieser Filmstar-Nimbus – besser sollte man sagen, dieser Filmstar-Fimmel – nicht nur jungen, sondern auch älteren und ältesten Jahrgängen den Kopf verdrehte. Irgendwie und irgendwo fingen alle Angestellten bei Liselotte an zu «spinnen», aber das durchaus nicht im alten, vorbildlichen Sinn. Wenn sie nicht vor die Kamera wollten, dann wenigstens hinter ihr eine Rolle spielen, mit selbstverfaßten Szenarios, Filmstories und eigenen Gedichten. Alles waren sie bereit zu machen, auch die niedrigste und dreckigste Arbeit im Filmstudio, nur für den Haushalt, für die Kinder hatten sie kein Interesse.

Vielleicht hätte Liselotte jemand gefunden, wenn sie bereit gewesen wäre, die Kinder ganz aus der Hand zu geben und sie – wenigstens solange sie klein waren – ganz der Obhut einer Kinderschwester, wie Schwester Rösli es war, anzuvertrauen. Sie hat mit dem Gedanken an diese Möglichkeit immer wieder gespielt – wäre Schwester Rösli jünger gewesen, es hätte sich vielleicht ganz von selbst ergeben –, ohne sich aber dafür entschließen zu können. Zuviel von ihrem Eigenleben, von der Liebe der Kinder und ihrer Erziehung hätte sie dann aufgeben müssen.

Nein, wenn sie abgearbeitet und hundemüde von der Arbeit nach Hause kam, dann wollte sie ihr Privatleben, ihren Mann und auch die Kinder für sich – ganz für sich – haben.

«Dazu sehne ich mich wahnsinnig nach dem Tell und dem Alten. Es ist unmöglich, Tell mit nach Berlin zu nehmen bei der Hitze und ihn in einem Hotelzimmer braten zu lassen . . .», tönte es in ihren Briefen von überall und immer wieder.

Vielleicht ist es ein Trost (aber auch eine Warnung) für andere Frauen, zu sehen, daß ein Filmstar auch solche und eher noch mehr Probleme und durchaus kein Leben ohne Sorgen in Saus und Braus oder ein reines Glück hat.

Die Schwierigkeit, für ein harmonisches Familienleben zu sorgen und den Kindern die nötige Geborgenheit und den ‹heimeligen› Schutzkreis zu bieten, den festen Halt, der aus der Sicherheit eines gut funktionierenden und gemütlichen Heimes kommt, die bestand auch und ganz besonders für eine Liselotte Pulver, sie ist daran manchmal fast verzweifelt, ihr Haushalt fast kaputtgegangen.

Wie oft war sie drauf und dran, das Haus zu schließen, zu verkaufen und die Kinder in ein Internat zu geben, eine Lösung, die übrigens fast alle Filmstars und Schauspieler schließlich erwägen müssen, vor allem nach Ehescheidungen.

Wie oft hat Liselotte, einfach aus Erschöpfung, den ganzen Haushalt, Kind und Kegel, wie oft hat sie ihren Beruf zum Teufel gewünscht:

«... die Schwierigkeiten sind wirklich unermeßlich, denn erstens muß ich zweimal im *Don Carlos* umbesetzt werden, dann muß jemand für mich in den Proben markieren, ferner mußte ich von Pontius zu Pilatus laufen und telefonieren, bis man mir das, was ich zugute habe und dringend für die Reise brauche, bis ich also das Geld gnädigst kriegte usw. usw., aber jetzt klappt die Geschichte, und ich werde also Montag, Dienstag, Mittwoch nach München Probeaufnahmen für einen demnächst zu drehenden Film machen...», schrieb sie schon 1950, und so ging es weiter:

«Also erstens ist dieses hier der anstrengendste Saufilm, den ich je gemacht habe, und das Drehen entwickelt sich immer mehr zu einer Qual. Buchstäblich an jedem Sonntag, den ich dringend zum Ausruhen brauche, kommen entweder Fotografen, Produzenten oder Journalisten, die mich herumhetzen. Den Sonntag vorher mußte ich den ganzen Tag fotografieren. Dann kam ein Feiertag, da kam der amerikanische Regisseur. Und nun kam wieder ein Sonntag, da meldete sich Herr Pohland. Du mußt begreifen, daß das alles eine Grenze hat und daß das nun wirklich nicht möglich war, zudem lautete das Telegramm ‹Komme Sonntag nach Madrid, ich möchte mit Ihnen Madrid ansehn›. Vom Buch war keine Rede. Natürlich will ich das Buch lesen, aber das kann man doch auch schicken ...»

«Im Moment muß ich sagen, bin ich wirklich bedient. So genug hatte ich noch nie von der Dreherei. Und dieser Film nimmt auch kein Ende, weil nichts vorbereitet ist. Am schönsten ist, daß ich seit vier Wochen Verdauungs-Geschichten habe, die mich schwächen und doppelt anstrengen ...»

«Ich halte diesen Dilettantismus hier nicht mehr aus. Außerdem lügen sie wie gedruckt, sind unverschämt, unfähig und geschmacklos. Drehen müssen wir (O. W. Fischer, Lex Barker und ich gelten als sogenannte Spitzen-Stars und Häubchen) in einer ungeheizten Baracke, wo es jedesmal, wenn die Tür aufgeht, so zieht, daß alle Pelzmäntel anhaben müssen. Ich hingegen betätige mich vorwiegend im Unterrock oder Nachthemd, also sozusagen unbekleidet. Die geheizten Hallen sind vom Fernsehen belegt. Very funny. Den nächsten Film drehe ich ganz in Madrid – eine schweizerisch-spanische Co-Produktion mit Vajda. Der ist wenigstens bemüht und läßt sich nicht von jedermann auf die Nase scheißen. Ich werde dann mal einen neuen Vorstoß machen, eventuell nach England. Und jetzt gehe ich pfusen. Mit der Verdauung steht es auch nicht zum besten. Hochachtungsvoll – Deine More.»

«Ich glaube, ich lasse mich bald pensionieren. Die Schauspielerei ist ein Sklavenberuf. Aber äbe. Die Hütte kostet mich ein Vermögen. Lasse bitte alle grüßen und die Hundeln auch. Deine müde Schwoscht.»

Mit grimmigem Humor hat Liselotte in solchen Augenblicken gesagt: «Ich bin halt emanzipiert», denn gerade das ist es, was sie zu allerletzt sein möchte.

In ihren Augen haben die Feministinnen, die sich so ganz vermännlichen lassen, Hormonstörungen. Sie ist auch bereit, das jedem und jeder, allen, die es hören oder auch nicht hören wollen, ganz energisch und unmißverständlich «unter die Nase zu reiben».

Ihrer Meinung nach haben diese Frauen mit ihrem Männerkomplex schuld am Verfall der Stellung der Frau in Haus und Familie, am Verfall der kreativen Tätigkeit ganz allgemein. Sie selber hat nie Hausarbeiten gemacht oder richtig gelernt, sie hat ja auch nie die Geborgenheit und den Schutzkreis eines richtigen, intakten Familienlebens erfahren. Wir sind modern, in avantgardistischer Freiheit und Unordnung, ohne die Liebe und zuverlässige Gegenwart beider Elternteile aufgewachsen.

Gerade da ist wohl die Schuld zu suchen, daß Liselotte es auch nicht anders oder besser schaffen konnte.

Aber es ist auch der Grund dafür, daß sie ein solches Heim, solche Geborgenheit und Liebe immer und sehnsüchtig – aber im letzten doch vergeblich – suchte. Und sie meint, wenn sie noch einmal anfangen könnte, dann würde sie alles, auf jeden Fall das Haushaltsproblem, ganz anders machen. Wie, das hat sie noch niemandem verraten, das bleibt nämlich für sie selber, aber auch für alle anderen Frauen, ein Geheimnis. Ein Geheimnis, das man heute zeitgemäßer und modischer, aber nicht leichter lösbar, ein Problem nennt.

13

In den goldenen Pionierjahren des Fernsehens, zwischen 1954 und 1960, fuhren Liselotte und ich an einem schönen Frühlingsmorgen nach Deutschland, in ihrem roten Studebaker, dem berühmten Modell des amerikanischen Designers Raoul Levy, der auch die Coca-Cola-Flasche entworfen hat, in diesem, nach Meinung der Werbung und Liselotte, «schönsten Auto, das es damals gab», von dem sie einige Jahre träumte, bevor sie es sich kurz entschlossen leistete, um den inzwischen fast zu Schrott gefahrenen schwarzen Citroën abzulösen. Diesen schenkte sie unserem Bruder, der ihn noch fuhr, bis er buchstäblich auseinanderfiel.

Den Studebaker fährt Liselotte als Zweit- und inzwischen Liebhabervehikel (Oldtimer) noch heute. Sie hat in ihm allerhand Gags, gestohlene Schilder aus Eisenbahnzügen und öffentlichen Räumlichkeiten wie ‹Bitte nicht hinauslehnen›, ‹Du sollst nicht auf den Boden spucken› etc. (sie stahl die Schilder natürlich nicht selbst, man stahl sie für sie, so wie man für sie auch andere Mutproben ablegte, etwa, verbotenerweise mit dem Auto durchs Münchner Siegestor zu fahren, um ihr zu imponieren), eine antike, heisere Autohupe und anderes eingebaut.

Der Weg führte uns nach Stuttgart, zum Süddeutschen Rundfunk, der mir eine Stelle als Fernsehredakteurin und einen ‹Schnupper-Besuch› angeboten hatte, während Liselotte mich begleitete, um gleich weiter nach München zu fahren.

Der Süddeutsche Rundfunk war zu dieser Zeit bereits berühmt für seine Fernsehabteilung, die unter dem väterlichen Schutz des Intendanten Fritz Eberhard, einem der verborgenen Helden Deutschlands, die dem Nazireich von Anfang an mißtraut und Widerstand geleistet hatten, aufgebaut wurde.

Es war eine echte Leistung, indem er als oberste Instanz dem Team Helmut Jedele, Martin Walser, Hans Gottschalk und Heinz Huber völlige Freiheit ließ, das neue Medium Fernsehen zu entdecken und zu erobern, was alsbald zu einem überwältigenden Erfolg führte.

Durch die Fernsehspiele *Unruhige Nacht* von Albrecht Goes, *Schmutzige Hände* von Sartre, *Der Richter und sein Henker* von Dürrenmatt, Dokumentarsendungen über Strafgefangene, über Zypern und Thomas Mann hatten sich Franz-Peter Wirth und Hans Gottschalk, Martin Walser, Peter Dreessen, Peter Adler und Heinz Huber, hatte sich der Sender einen Namen gemacht, der in ganz Deutschland und darüber hinaus Aufsehen erregte.

Das Stiefkind Fernsehen fing sich hier ganz energisch an zu regen und machte Pioniergeschichte, obschon dazumal noch niemand an eine große Zukunft dieses neuen Mediums glaubte, das man zum Beispiel vom Rundfunk aus im wahrsten Sinne des Wortes von oben herab betrachtete und zum Teil sogar wütend bekämpfte; denn die schöpferische Tätigkeit der Mitarbeiter fand in einer kleinen Holzbaracke statt, die im Hof des großen, grauen Rundfunkgebäudes wie eine provisorische Unterkunft für Bauarbeiter auf einer Baustelle wirkte.

Fern waren noch die Zeiten der protzigen und millionenschweren Fernsehfabriken, fern war auch noch die Zeit, in der die Sendeanstalten in Macht und Bürokratie und Kommerz erstarrten. Damals beherrschte man die Kunst, aus weniger oder mit weniger noch mehr zu machen.

Wir verliefen uns zunächst, denn natürlich suchten wir das ‹große Fernsehen› in dem stattlichen Rundfunkgebäude und nicht in diesem unscheinbaren, ‹schitteren› Provisorium.

Wir wurden zunächst freundlich und mit der neugierigen Scheu, die man exotischen Paradiesvögeln entgegenbringt, von Redaktion zu Redaktion weitergereicht und zu einem schrecklichen Kantinenessen, das an diesem Tag gerade aus Sauerkraut, Erbsenmus und Leberwurst bestand und das einige Schwaben wahrhaftig als ihr Lieblingsessen bezeichneten, eingeladen, wobei man allerdings mit uns Erbarmen hatte und uns eine Extrawurst, eben Wurst und Brot und zum Trost einen Träublesaft mit Träublekuchen servierte.

Anschließend fuhr Liselotte mich auf den Killesberg in die Schneideräume, die mich besonders interessierten, da ich aus der Filmabteilung des Schweizer Fernsehens kam.

Ein junger, schlaksiger und auffallend ‹schöner› Mann nahm sich sofort unserer an, um uns alles zu zeigen. Er hieß Michael Pfleghar und war zu der Zeit Chefcutter. Er war so eifrig um uns bemüht, daß wir ganz hingerissen waren, nicht nur von ihm, sondern auch von seinen Schneideräumen, die ebenfalls in einer Art Baracke am Ende des Killesberg-Gartengeländes und hinter den für die Fernsehstudios gemieteten städtischen Ausstellungsräumen lagen.

Als Liselotte sagte, sie habe jetzt keine Zeit mehr und müsse weiter nach München fahren, kam der schöne Michael noch ein Stück mit, um uns den Weg und Liselotte die Einfahrt auf die Autobahn zu zeigen, dann stieg er aus und winkte uns noch lange nach.

Wir konnten nicht ahnen, daß für uns alle, für Liselotte, für mich und auch für Michael Pfleghar, Stuttgart und der Süddeutsche Rundfunk eine Wende, eine wichtige Station im Leben werden würde.

Ein halbes Jahr später war ich bereits fest engagierte Redakteurin (die erste weibliche) Deutschlands, der Intendant Dr. Eberhard hatte auch hier einen wegbereitenden Instinkt und wollte in der Fernsehredaktion unbedingt schon eine Frau haben.

Nach außen hin waren zu dieser Zeit Franz-Peter Wirth, Peter Deessen, Heinz Huber, Bernhard Thieme und etwas später Gerhard Prager und Michael Pfleghar als Regisseure und Redakteure und Helmut Jedele als Direktor des Fernsehens bekannt.

Die außerordentliche Stärke aber, ja man kann sagen, die schöpferische Kraft, die kam aus dem dahintersteckenden Team von Eierköpfen, aus der Gemeinschaft, die ein geistiges Laboratorium und zugleich eine sich ewig zankende und raufende, sich anschreiende Gemeinschaft von intellektuellen und künstlerischen Begabungen war. Allen voran Martin Walser, Hans Gottschalk und Heinz Huber, sie waren ohne Zweifel verantwortlich für das hohe Niveau, wie man heute sagen würde: die Qualität des Programms.

Martin Walser war die rechte Hand des Direktors Dr. Helmut Jedele, der Walser so schätzte, daß er sich sogar in dessen Freundinnen mitverliebte. Böse Zungen behaupteten, daß Walser und Gottschalk für Jedele die Doktorarbeit geschrieben hätten, und als *Der Spiegel* über Helmut Jedele eine Titelgeschichte brachte, mußte Walser dabeisein und dem großen Direktor gewissermaßen das Händchen halten, damit die bösen *Spiegel*-Journalisten ihn intellektuell nicht überrannten.

Aber Dr. Jedele besaß seinerseits einen unfehlbaren Instinkt für die Auswahl der Mitarbeiter ebenso wie für die der Sendungen.

Er hat später die Bavaria Atelier-Gesellschaft in Geiselgasteig gegründet und hochgebracht und war zwanzig Jahre lang der oberste Direktor dieses ‹europäischen Hollywoods›; man könnte sagen, daß in Stuttgart Martin Walser der Kopf und Helmut Jedele der – auch geschäftliche – Bauch bzw. Instinkt war.

Martin Walser wäre wahrscheinlich der beste Fernseh-Intendant aller Zeiten geworden, aber das Fernsehen genügte ihm nicht, er hatte Höheres im Sinn und fühlte sich zur Literatur hingezogen. Als der Suhrkamp Verlag seinen ersten Roman herausbrachte und ihn in die Reihe der Unsterblichen aufnahm, da konnte er sich natürlich nicht mehr – sehr typisch für die kulturelle Mentalität des Nachkriegsdeutschlands – mit etwas so Profanem wie dem Fernsehen abgeben. «Als Autor des Suhrkamp Verlages kann ich doch nicht mehr fürs Fernsehen arbeiten», sagte er mir einmal, als ich ihn fragte, warum er keine Fernsehsendungen mehr mache, und heute muß man sagen, daß er die damals noch nicht existierende Entwicklung dieses Mediums zu Kommerz und Mediokrität offenbar voraussah.

Sein Dokumentarfilm über Strafgefangene hatte zu den ersten großen Erfolgen des Süddeutschen Rundfunks gehört. Doch er zog sich in seinen Elfenbeinturm, an den Bodensee, zurück, um fortan nicht mehr auf den Spuren des breiten Publikumsgeschmackes, sondern denen seiner verletzlichen, elitären Dichterseele zu wandeln. Nach seinem Abgang verließen auch die anderen ‹Großen› den Sender, einer nach dem andern, Dr. Jedele nahm Hans Gottschalk, Franz-Peter Wirth, den inzwischen als Lieblings-Kücken von Martin Walser großgewordenen Michael Pfleghar und eine Reihe von bewährten Kameraleuten, Sekretärinnen und anderen Mitarbeitern mit in seine Münchner Bavaria, was ihm die Zurückbleibenden in Stuttgart zuerst schrecklich übelnahmen, um sich dann allmählich in dem verwaisten Haus zum heute noch angenehmsten und am originellsten ausgestatteten (schon, als es noch nicht Mode war, sammelte da der Verwaltungsratspräsident Antiquitäten) Fernsehsender zu mausern, der nicht mehr unter dem Rundfunkhasen Eberhard, sondern dem Politiker Hans Bausch voller Nostalgie, aber ohne jeden unnötigen Ehrgeiz in den verlorengegangenen großen Spuren wandelte.

In diese große Zeit des Stuttgarter Fernsehsenders gehört – wie in die große Zeit des Zürcher Schauspielhauses – auch der Name Liselotte Pulver. Franz-Peter Wirth und Hans Gottschalk planten, zum Ausklang des Jahres 1956 *Jeanne oder Die Lerche* von Jean Anouilh zu senden, die Geschichte der Jeanne d'Arc, die von Gott dazu gerufen wurde, Frankreich zu retten, und auf dem Scheiterhaufen endete, in der modernen Version des Franzosen, in der die kriegerische Jeanne nicht ein kämpferisches Mannweib zu sein hat, sondern ein zartes, naives, fast kindliches Wesen, das zu seinem Schicksal kam wie die Lerche zu ihren Flügeln: also eine Rolle wie für Liselotte geschaffen.

Aber das war nicht ihre Meinung. Große Fernseh-Ära hin oder her, sie hielt von dem neuen Medium wie alle von

Film oder Theater noch nicht viel, um nicht zu sagen, gar nichts – sie hatte 1954 in Baden-Baden in einer Live-Inszenierung ihre Glanzrolle in *Unsere kleine Stadt* gespielt, mit der sie auf der Pfauenbühne in Zürich schon so erfolgreich gewesen war. Das geringe Echo erschütterte sie, es kam aber nur daher, daß es in diesem Jahr noch zuwenig Fernsehzuschauer gab. Schon wenige Zeit später hatte sich die Zahl auf eine halbe Million in Deutschland erhöht. So viele Zuschauer gab es für einen Theaterschauspieler und für die meisten Filmstars ein ganzes Leben lang nicht.

Aber das interessierte Liselotte wenig, sie hörte, was man in ihren Kreisen sagte, und da war das Medium Fernsehen einfach noch nicht existent und deshalb nicht interessant.

Sie lehnte die Rolle ab.

Franz-Peter Wirth und Hans Gottschalk kamen zu mir, um mich zu bitten, ein gutes Wort einzulegen. Ich rief Liselotte an, überredete sie in einem langen Gespräch, bis sie zusagte. Voller Genugtuung brachte ich meinen Kollegen die freudige Nachricht. Für mich ging es außer um die Rolle, die ich für Liselotte ideal fand, auch darum, vier Wochen lang mit ihr zusammen sein zu können.

Franz-Peter Wirth zeigte mir aus Dankbarkeit bei sich zu Hause, er wohnte in einem winzigen möblierten Zimmer zur Untermiete, das Modell des kühnen Bühnenbildes: ein kahles Holzgerüst. Wie hätte es auch anders sein können? Ich war restlos begeistert, denn ich dachte damals auch in diesen kahlen, verfremdeten Dimensionen, ich war von ihnen geprägt.

Drei Tage später kam von Liselotte ein Telegramm, in dem sie bedauernd absagte. Helmut Jedele, Franz-Peter Wirth und Hans Gottschalk, ja wir alle waren schockiert und brachen fast zusammen. Am übernächsten Tag sollten die Proben beginnen, alle schwankten still oder fluchend zwischen Verzweiflung und Wut. Schon besser, daß Liselotte alles, was da im ersten Moment der Enttäuschung über sie gesagt wurde, nicht hören konnte.

Ich hatte mit der Fernsehspiel-Abteilung eigentlich nichts zu tun, außer daß ich gelegentlich für Hans Gottschalk Stücke lektorierte. Aber als Schwester war ich natürlich unmittelbar beteiligt. Man ließ Hoffnung, Ratlosigkeit und Zorn an mir aus.

Dies gab mir selber Energie und Antrieb. Ich setzte mich wieder ans Telefon, redete mit all meiner Überredungskunst auf sie ein, besonders als ich merkte, daß sie wieder einmal nur aus Zweifeln und weil sie keine Lust hatte und nicht aus einem triftigen Grund abgesagt hatte. Zudem hatten ihr auch ihre Filmkollegen und Ilse Alexander abgeraten.

Als ich das heraus hatte, war mein Plan gefaßt: Liselotte mußte einfach bekehrt werden.

Ich rief zuerst einmal die bewährte Ilse an und redete so lange auf sie ein, bis sie gewonnen war. Helmut Jedele, Franz-Peter Wirth und Hans Gottschalk und sogar Martin Walser riefen Liselotte ununterbrochen an, wir bombardierten sie einfach mit Telefonaten und ließen nicht mehr locker – wem es dann schließlich gelang, das weiß ich nicht mehr, aber es war klar, daß Liselotte einer solchen Übermacht von dezidierten Verführern nicht widerstand. Am übernächsten Tag war sie da, die Proben konnten mit nur einem Tag Verspätung beginnen. Sie dauerten vier Wochen, für Liselotte also eine ebenso große wie ungewohnte Strapaze.

Ich wohnte damals in einem «Fremdenzimmer», das zu einer beliebten Bier-Gaststätte gehörte, die den vielversprechenden Namen *Champigny-Bau* trug, in einer Unterkunft, die ich selbst entdeckt hatte und auf die ich sehr stolz war, weil sie mir in dem entsetzlich frostigen und Fremden gegenüber zugeknöpften Stuttgart eine gemütliche Atmosphäre, fast ein Heim versprach: unten die stets und oft mit Fernsehmitarbeitern bis in die Nacht hinein belebte Kneipe und darüber die Fremdenzimmer, in denen auch Gäste und überarbeitete, auswärts wohnende Mitarbeiter, manchmal auch Ehemänner für einen Seitensprung übernachteten, kurz – ich fühlte mich hier zu Hause und war auf die Adresse auch richtig stolz. Und hier wollte ich auch Liselotte unterbringen.

Die Inhaber des Lokals, ein Ehepaar mit einer vierjährigen Tochter, die ihren Durst mit selbstgezapftem Bier zu löschen pflegte, sowie sämtlichen Schwägerinnen und Tanten, also einem Familienbetrieb, in den man mich längst mit eingeschlossen hatte, richteten ihr schönstes Zimmer, einen Eckraum mit sage und schreibe einem eigenen Badezimmer, in dem ein Bad einzulassen allerdings mehr als eine Stunde dauerte, mit zwei riesigen, nebeneinander gestellten Betten, die nicht nur in der Breite, sondern auch in der Höhe mit ihren geblümten Federbetten fast das ganze Zimmer einnahmen, dem Spiegelschrank mit Fenster, das von innen ebenfalls mit dem gleichen geblümten Stoff geschmückt war, einem dieser dunklen Monstren, wie sie, assortiert zu Kommode, Sesseln und Nachttisch, zu den Alpträumen deutscher Vorkriegs-Wohnkunst gehörten.

Ich fand das Zimmer damals herrlich in seinem abscheulichen, ungewohnten, verblichenen und zerschlissenen, altmodischen Protz und hätte gerne selber darin gewohnt, aber für mich war es, mit Bad und Doppelbett, natürlich in jeder Beziehung zu teuer.

Aber für meine Schwester, den Filmstar, wurde es mit viel Liebe und Mühe gerichtet und auf Hochglanz gebracht. Liselotte, damals schon an den Luxus von Erstklaßhotels gewohnt, nahm es mit einem lachenden und einem weinenden Auge zur Kenntnis.

Wie ich hatte sie durchaus einen Sinn für solch komischen Graus, der so gräßlich geschmacklos und gerade deshalb schon wieder schön, auf jeden Fall urgemütlich und voller Wärme war.

So etwas gab es in der Schweiz schon lange nicht mehr, hat es wahrscheinlich gar nie gegeben, es hatte bei all seiner Häßlichkeit einen seltsam einnehmenden Zauber und erinnerte uns an die Atmosphäre, wie wir sie uns nach der Lektüre von Großmutters *Kränzchen* und der *Gartenlaube* in deutschen Wohnstuben vorgestellt hatten.

Aber was ich heimlich befürchtete, trat ein: Liselotte hielt es dann doch nicht aus, weil ihr das Telefon und ein richtig funktionierendes Badezimmer fehlten, vor allem aber, weil ihr, wie sie sagte, durch die belebte Neckarstraße die Lastwagen geradezu durchs Zimmer polterten.

Sie zog aus und nahm mich mit, ins nicht weit entfernt gelegene feudale *Parkhotel.*

Hier bewohnte sie wieder ein Eckzimmer, ein Doppelbett mit großem Badezimmer, das an meines angrenzte, ein gemeinsames Appartement. Wir ließen die beiden Badezimmertüren offen, die die Zimmer miteinander verbanden, und verbrachten fast die ganze Zeit, die uns außer dem Schlafen und Essen noch übrig blieb, zusammen.

Liselotte arbeitete jeden Tag auf dem Killesberg im Studio an den Proben für das Fernsehstück, ich unten in den Redaktions-Baracken an einer Dokumentarsendung *Kinder ohne Eltern.*

Am Abend trafen wir uns, um zusammen zu essen und dann gemeinsam an der Rolle der *Lerche* weiterzuarbeiten. Liselotte ließ sich von mir vieles (eigentlich alles) sagen, und ich wunderte mich, daß der Regisseur sie nicht auf ihre Unarten aufmerksam machte.

Man konnte sehr schnell hören, wo ihre echten Töne in falsche, ihre Natürlichkeit in Unnatürlichkeit umschlugen.

Aber Franz-Peter Wirth hatte die Schwäche fast aller deutschen Fernseh-Realisateure, er verwendete viel mehr Mühe und Arbeit und Aufmerksamkeit auf die Form und die Gestaltung des Fernsehspiels als auf die Führung der Schauspieler; diesen ließ er weitgehende Freiheit, wenn er ihnen ihre Positionen einmal erklärt hatte. Das kam später noch viel deutlicher zutage, als er sich dem Film verschrieb und mit Liselotte und O. W. Fischer den Streifen *Helden* drehte. O. W. Fischer war großartig und Liselotte großartig überzogen und voller übertriebener, falscher Töne. Als ich Franz-Peter das einmal sagte, antwortete er, er hätte sich halt ganz O. W. Fischer gewidmet und Liselotte machen lassen, was sie wollte, und als ich wiederum mit Liselotte darüber sprach, sagte sie, es sei genau umgekehrt gewesen. O. W. Fischer habe sich von Wirth nichts sagen lassen, und er habe dafür an ihr zuviel herumkritisiert und sie nur verunsichert, statt ihr zu helfen.

Ich denke, daß gerade am Beispiel Liselottes sehr gut zu sehen ist, wo die Schwäche des deutschen Films, aber auch des Fernsehens zu suchen ist. Man verwendet ungeheuer viel Mühe und Ehrgeiz für den hohen Anspruch, für optische und formale Geniestreiche und Spielereien, die Schauspielerführung aber ist oft gleich Null und manchmal auch einfach dilettantisch.

«Diese Desorganisation bei den deutschen Filmen ist

wohl das Aufreibendste was es gibt . . .» Dem pflichte ich bei. Der Sendetermin der *Lerche* rückte mit Windeseile heran.

Ich durchlitt mit Liselotte zusammen alle Ängste und Höllenqualen einer solchen Premiere, denn es war ja eine Live-Sendung, in einem durchgespielt, ohne Pause, ohne Unterbrechung, keine Wiederholung und keine Korrektur waren möglich wie heute, wo Fernsehspiele dank der elektronischen Aufzeichnung, die man wie beim Spielfilm jederzeit beliebig unterbrechen und wiederholen kann, dagegen wie ein Kinderspiel anmuten.

Für Liselotte bedeutete diese Sendung nicht nur eine Kraft-, sondern auch eine Mutprobe. Zwei Stunden lang waren die Kameras und dahinter ein vieltausendköpfiges Publikum mit seiner grausam selbstverständlichen Erwartung, ohne das geringste Verständnis für die dahinterstehende Anstrengung nur auf das Resultat, das unterhaltende Bildschirm-Spektakel – auf Liselotte, fast ausschließlich in Großaufnahme – gerichtet. Jede Regung, jeder kleinste Fehler wurde erbarmungslos registriert. Franz-Peter Wirth hatte sich mehrere Male den berühmten Jeanne-d'Arc-Film von Dreyer mit der großartigen Falconetti angesehen und sich davon inspirieren lassen: fast alles in Großaufnahme, zeitweise und in den ergreifenden Szenen der Verurteilung Liselottes bildfüllend, manchmal nur die Schatten der Gesichter der anderen oder eine Träne hervorhebend, das war damals eine Sensation, machte Fernsehgeschichte und setzte Maßstäbe, wurde, wie alles, dann später bis zum Überdruß wiederholt und kopiert und ist heute eher eine Unart geworden. Liselotte wußte, was für eine Verantwortung, was für eine Aufgabe das bedeutete. Sie, die nie Tabletten nahm, die nicht trank und nicht rauchte und sich sogar in die Filmverträge hineinschreiben ließ, daß man sie nicht zwingen dürfe, zu ‹sündigen›, d.h. zu rauchen, sie nahm hier, bevor es losging, eine Beruhigungstablette.

Wir anderen, die wir in den kleinen Räumen oberhalb des Fernsehstudios an Monitoren verteilt als Zuschauer zusammengepfercht saßen, wir hätten Beruhigungspillen nicht weniger gebraucht, und das war auch mit ein Grund, daß die Korken zu dem württembergischen Tropfen oder Sekt nicht erst nach der Sendung, zur Feier, sondern schon vorher flogen.

Pünktlich erschien auf dem Bildschirm das Tagesschauzeichen, dessen Musik auch heute, nach dreißig Jahren, dem Komponisten noch Tantiemen einbringt, dann erschien Dagmar Bergmeister, das Wahrzeichen des Stuttgarter Senders und damals beliebteste deutsche Fernsehansagerin, am Schirm und sagte wie eine kühle Lady – sie hatte, wie man sagte, überhaupt keine Nerven, dafür um so mehr Herz – Jean Anouilhs «*Jeanne oder Die Lerche* mit Liselotte Pulver in der Titelrolle» an.

Liselotte, die Schauspieler, Franz-Peter Wirth und Hans Gottschalk, die Blut schwitzten und schließlich wir Mitarbeiter-Kollegen-Zuschauer, wir standen es schwer, wie die Geburt eines Kindes, durch.

Am Schluß war es, als ob wir alle selbst gespielt hätten. Erschöpft, glücklich, noch wie betäubt aus ihrer Rolle erwachend, stand Liselotte im Studio, als die Scheinwerfer erloschen.

Im allgemeinen ist es ungeheuer unbefriedigend, wenn eine Sendung über den Bildschirm gelaufen ist, besonders nach einer solchen Spannung im Studio, daß von dem Millionenpublikum, das zugeschaut hat, keine Reaktion kommt oder zu verspüren ist. Statt Klatschen oder Beifall bleibt es einfach totenstill.

Daran muß sich jeder Schauspieler, jeder Regisseur und Redakteur zuerst gewöhnen. Es ist im Anfang gar nicht leicht, nach einer gelaufenen Sendung und der bedrohlich wirkenden Stille einfach nach Hause zu gehen, ohne an sich, an der gebotenen Leistung zu zweifeln.

Hier aber war es anders.

Nach der *Lerche* ging ein unbeschreiblicher Jubel los. Noch nie vorher und vielleicht auch nie mehr nachher war nach einer Fernsehsendung ein solches Überwältigtsein zu verzeichnen. Die Sendung war ein Sensationserfolg und machte Fernsehgeschichte. Alle fielen einander um den Hals, beglückwünschten sich und vor allem die Schauspieler, den Regisseur und natürlich Liselotte, sie hatte eine ganz große Leistung geboten, sich selber übertroffen.

Aus ganz Deutschland regnete es Anrufe und Telegramme, für Stunden war die Telefonanlage des Süddeutschen Rundfunks blockiert. Gustaf Gründgens aus Hamburg, Theodor Heuss und alles, was Rang und Namen hatte, telegrafierte oder telefonierte, so etwas hatte man noch nie erlebt und sich in den kühnsten Fernseh-Wunschträumen nicht vorzustellen gewagt. Es war, als hätte ganz Deutschland am Fernsehschirm gesessen, es war fast ein nationales Ereignis, ein solches, das aus einem Volk eine einzige Familie macht.

Damals war es noch üblich, daß bei einer eigenen Sendung des Senders die Fernsehmitarbeiter vollzählig ins Studio kamen, um während der Sendung daumenhaltend und zusammengedrängt vor den Monitoren zu hocken und anschließend in einem nahegelegenen Lokal bei einem oder mehreren Viertele Wein nicht in erster Linie den Erfolg, sondern einfach die Arbeit, die gemeinsame Leistung zu feiern. Natürlich war das auch nach der *Lerche* so.

Vom Fernsehdirektor über die Schauspieler und Redakteure bis zu den Technikern und hintersten Kabelträgern pilgerte alles zum nahegelegenen *Holzwurm,* wo man bis in die Morgenstunden feierte. Auch Liselotte kam mit, was ein großes Wunder war. Aber der Triumph über die Angst und die Anstrengung war so groß, daß sie die Nerven noch spürte und nicht abschalten konnte und alle Prinzipien in den Wind schlug. Sogar den Sekt lehnte sie zur Feier des Tages nicht ab, was ein weiteres Wunder war und für die Anwesenden ein Kompliment bedeutete.

Irgendwann in den Morgenstunden kamen wir dann zurück ins Hotel.

Am nächsten Morgen schliefen wir aus, frühstückten noch gemeinsam, und dann mußte Liselotte ihre Koffer packen. Am gleichen Abend, es war der 31. Dezember, also in der Silvesternacht, wollte sie mit dem Schlafwagen nach Hamburg weiterfahren, um mit den Dreharbeiten für den Film *Zürcher Verlobung* mit dem Regisseur Helmut Käutner anzufangen.

Es wurde noch ein lärmiger und turbulenter Nachmittag, immer wieder kamen Anrufe, Glückwünsche, Blumen und überschwengliche Besucher.

Gegen 20 Uhr begleitete ich Liselotte an den Bahnhof, wartete, bis das Schlußlicht des Zuges im Nebel verschwunden war und kehrte ins Hotel zurück, wo ich noch eine Nacht, die, wie Liselotte sagte, «ja noch bezahlt war», verbrachte. Die Türe zum Badezimmer war abgeschlossen, ich bemerkte es schmerzlich, weil es mir den Abschied von Liselotte noch verdeutlichte, wie auch die Enge des kleinen Zimmers mit seinem nüchternen Waschbecken; ich kam mir verloren und allein vor.

Es war Silvester, und da ich gehofft hatte, Liselotte würde den Jahresausklang doch noch mit mir in Stuttgart und nicht im nüchternen Schlafwagen verbringen und die Abreise um einen Tag verschieben, hatte ich alle Einladungen ausgeschlagen, zudem war ich hundemüde.

Aber ich hatte mich an die Anwesenheit und das Zusammensein mit Liselotte wieder so gewöhnt und fühlte mich jetzt sehr einsam, fast so wie als Kind, wenn sie meine Annäherungsversuche zurückgewiesen hatte und nicht merkte, daß ich den Kontakt mit ihr einfach brauchte. Um die depressive Stimmung nach dem fröhlichen Tumult der letzten Tage loszuwerden, ging ich sogleich ins Bett, wo mich die Knallerei der Silvesternacht, bei der es in Deutschland zugeht wie bei uns in der Schweiz am 1. August, nicht schlafen ließ und ich darüber nachsann, wie nah und wie fern zugleich man einem Menschen, den man gern hat, vor allem wenn er so berühmt ist, doch sein kann.

Das positive Echo im Studio hatte nicht getäuscht. Es war fast ausgeschlossen, daß da die Kritiken nicht auch in der gleichen Weise nachzogen, obschon das längst nicht immer der Fall ist.

Aber tatsächlich: einstimmigeres und höheres Lob hat Liselotte wahrscheinlich in ihrer ganzen Karriere nie wieder erhalten.

«Der Regisseur hat sich von Dreyers unvergeßlichem Stummfilm anregen lassen und die Köpfe der Richter und Johannas viel in Großaufnahme gezeigt, oft nur mit den Schatten eines anderen Gesichts oder einer surreal wirkenden Lattenfigur des Bühnenbildes. Das großartigste Gesicht war das der Jeanne. Es gehörte Liselotte Pulver.»

«Wir haben von Liselotte Pulver schon viel Schönes gesehen. Ein so vertieftes und erschütterndes Spiel aber hätten wir ihr nicht zugetraut.»

«Sie ist mit ihrem Stupsnäschen und ihren hilflosen Augen, die so gerne immer wieder schalkhaft aufblitzen, genau das, was Anouilh mit seiner Lerche wollte, das rührende, kleine Mädchen, das, wenn es die Hände faltet, wie ein Kind vor dem Schlafengehn aussieht und das für sein Heldentum und seine Heiligkeit so wenig kann wie eine Lerche für ihren Gesang und ihren Flügelschlag, Liselottes Spiel war eine Skala des Rührendseins, des Ängstlichseins, des Mutfassens.»

«Als ‹Lerche› wurde Liselotte Pulver gleichsam neu entdeckt. Die Vereinsamung und das Ringen um die Wahrheit wurden von Liselotte Pulver schon großartig bewältigt.»

«Liselotte Pulver – ein Glücksfall – ein einmaliger Glücksfall aber war die Besetzung der Hauptrolle mit Liselotte Pulver. Sie ist von ganz anderer Wesensart als die junge Elisabeth Bergner, aber gerade darin liegt ihre bezwingende Wirkung.»

«Nach dem, was Liselotte Pulver in diesem Fernsehspiel zeigte, möchten wir sie schleunigst in anderen, in ernsten Filmrollen sehn», so und ähnlich jubelte und rauschte es durch den deutschen Blätterwald, und man hätte meinen können, daß das eine Wende, ein Durchbruch ins ernste Fach, in das sie ja schon immer wollte, eine neue Karriere bedeute. Aber nichts dergleichen geschah. Sei es, weil man ihr nichts der ‹Lerche› Ebenbürtiges bieten konnte, sei es, weil Theater- und Filmregisseure nicht darauf reagierten, oder aber auch, weil Liselotte mit ihrer Angst, etwas zu verfehlen, zu viele Verträge im voraus unterschrieben hatte und in manch ein Projekt auch falsche Hoffnungen auf ein zukünftiges Meisterwerk setzte – der Anschluß an *Jeanne oder Die Lerche* jedenfalls blieb aus.

Im Gegenteil, nach einem eher enttäuschenden *Felix*

Krull von Piroschka-Regisseur Kurt Hoffmann und einem Gastspiel bei den Salzburger Festspielen als *Emilia Galotti,* in der man sie mehr als Star denn als ‹Lerche› agieren ließ und wo sie, neben dem Publikumserfolg, schon wieder einige bitterböse Kritiken einheimsen mußte und von den Routine-Bestien Maria Becker und Will Quadflieg an die Wand gespielt wurde, leitete das Schicksal sie endgültig auf einen anderen Weg, wieder den eines großen Erfolges: *Das Wirtshaus im Spessart.*

Kurt Hoffmann gelang mit Liselotte in der Hauptrolle sein größter und originellster Wurf. Dieser Film war beinahe ein deutscher Geniestreich, Liselotte war beinahe hervorragend, zum Teil umwerfend komisch und dabei fürs Auge entzückend.

Aber da waren wieder die kleinen, falschen Töne, die Künstlichkeit und Hammerschlag-Komik, die verhinderten, daß dem Musical, aus dem später im zweiten Teil ein Grusical wurde, auch ein internationaler Erfolg beschieden war.

Ein nationaler Erfolg allerdings wurde es.

Es regnete und hagelte Gold und Preise, so ziemlich alles, was man in Deutschland für einen Film gewinnen kann, wurde gewonnen: Bundesfilmpreis, Bambi, Ernst-Lubitsch-Preis und so weiter.

Kurt Hoffmann, aber vor allem Liselotte in ihrer Hosenrolle, waren gemachte Leute. Von jetzt an war sie hoch oben, von den Produzenten, dem Erfolg und eben von noch höher, vom Schicksal zur komischen Nudel, zum Lausbuben und Kobold des deutschen Films gestempelt, ein Wink von oben, dem sie von jetzt an nicht mehr widerstand.

Daß sie lachte, immer lauter, das war einfach höhere Gewalt, das Echo hallte in allen Redaktionsstuben, in der öffentlichen Meinung und schließlich notgedrungen in Liselottes Repertoire wider, es wurde ihre Firmenmarke und schließlich ein Klischee, das man ihr anhängte und in dem sie sich nur mehr oder weniger wohl fühlte, weil es ihr Erfolg, Popularität und echte Liebe des großen Publikums und – last not least – auch schönes Geld brachte, eine Umarmung, aus der sie sich ebensowenig lösen konnte wie eine Frau sich von einem Mann, den sie liebt, lösen kann, auch wenn sie weiß, daß er eigentlich gar nicht ihr Typ ist.

Immer wieder versuchte sie, in das ernste Fach zurückzukehren, aber schon wollte man sie so nicht mehr sehn, nach *Piroschka,* nach dem *Wirtshaus im Spessart* war sie endgültig klassiert und klischiert.

Es folgte der Film *Helden* mit O. W. Fischer, *Das schöne Abenteuer* von Kurt Hoffmann, das *Spukschloß im Spessart,* alles enorme Erfolge.

Daß sie dazwischen noch in *Buddenbrooks,* in Berlin auf der Bühne die *Undine* und mit Gustaf Gründgens in *Das Glas Wasser* spielte, das wurde nur mit freundlichem Achselzucken, aber sozusagen nur noch nebenbei vermerkt. Nein, sie war jetzt für die Hosenrollen bestimmt und wählte nun selbst nicht mehr die ‹ernsten› Stoffe, sondern solche wie *Gustav Adolfs Page* aus.

Und wenn man Liselotte Pulver heißt, dann verpflichtet das erst recht, jetzt kein neues Risiko mehr einzugehen, sondern auf der Erfolgs-, also der Lachwelle weiterzuschwimmen, denn die schlechten Erfahrungen und der berufliche Erfolg geben ihr die Sicherheit, an ihr privates Glück mehr als an etwas anderes zu glauben.

Durch eine solche lustige Rolle hatte sie ihren Mann gefunden und gewonnen, ist das nicht Bestätigung genug und ein gutes Omen dazu?

Die Hosenrollen, nicht nur die in *Gustav Adolfs Page,* haben ihr Glück gebracht.

Es wäre ja gelacht, würde sie von jetzt an nicht dieser Art von Rollen treu bleiben!

14

In der eleganten Pariser Avenue Montaigne ist ein Unfall passiert. Ein dicker Jaguar mit deutschem Kennzeichen ist mit hoher Geschwindigkeit auf ein anderes Auto, das brüsk abbremsen mußte, geprallt und sieht jetzt aus wie ein einziger Schrotthaufen. Ein Kreis Neugieriger hat sich bereits um das Unglücksfahrzeug gebildet, aus dessen Trümmern jetzt – unversehrt – ein großer, imposanter Mann steigt.

In dem Moment hört man den Schrei einer Frauenstimme, die mit dem dramatischen Tremolo einer Tragödin bühnenreif «Bernie» ruft.

Der Mann schaut sich um und ruft genauso dramatisch «Maria» zurück, mit einem Unterton und einem Blick, in denen die verwirrte Frage liegt, ob er sich denn bereits im Himmel – oder der Hölle – befinde.

Dies scheint ihm ebenso wahrscheinlich oder unwahrscheinlich wie die Tatsache, daß jetzt über ihm, mit entsetztem blauen Seelenblick, nicht der Tod oder der Teufel und auch nicht die Jungfrau Maria, sondern Maria Schell höchst persönlich ihm unglückselig in die Augen schaut. Beide brauchen einen Augenblick, bis sie begriffen haben, daß dieser Zufall, sich in der Millionenstadt Paris auf diese Weise zu begegnen, nicht ein Filmszenario, sondern daß dieses Unglaubliche bare Wirklichkeit ist.

Denn er, das ist Bernhard Wicki, deutscher Schauspieler und Filmregisseur mit Schweizer Paß, der jetzt hier als Unbekannter in der Weltmetropole auf ungewohnte und peinliche Weise Aufsehen erregt.

Nachdem der Schock des Geschehens und der Überraschung ein wenig abgeklungen ist, schließt Maria den Unglücksraben sorgfältig und sorgenvoll in die Arme, hilft ihm, die Formalitäten zu erledigen, was hier im Handumdrehen geschieht.

Der elegante Polizist verschwendet nicht einen müden Blick auf das traurige Wrack und den schreckensbleichen Fahrer, sondern winkt vielmehr ungeduldig und geschickt den Stoßverkehr, der hier zu jeder Stunde herrscht und jetzt wild hupend auf sich aufmerksam macht, um den imposanten Blechhaufen herum. Dieser wird weggeschoben, die Neugierigen verziehen sich im Moment, wo kein Blut zu sehen ist, Maria Schell führt ihren unverletzten, aber doch etwas mitgenommenen Kollegen zum Arzt, und innerhalb von Minuten ist alles vergessen, wie ein böser Spuk, eine Vision.

Für Bernhard Wicki allerdings ist es ein bleibendes Andenken, allein schon durch die Kosten und den Ärger, die er später mit der Versicherungsgesellschaft hat. Aber mit schönen Autos und mit schönen Frauen hat der sensible Künstler, der «schöne, schwarzhaarige Mann, vollgepumpt mit Heldentum und Pathos bis zum Überlaufen», wie ihn ein Journalist einmal beschrieb, nicht immer Glück. Schon einmal hatte er einen seltsamen Unfall, bei dem ein attraktives Auto und eine attraktive Frau eine Rolle spielten. Es war in Hamburg, in der Zeit nach den Dreharbeiten zu dem Film *Die Zürcher Verlobung* von Helmut Käutner, in dem Liselotte, Bernhard Wicki, Paul Hubschmid und Wolfgang Lukschy die Hauptrollen spielten. Man hatte in St. Moritz gedreht.

An einem Abend wankte durch die Drehtüre des renommierten *Atlantic*-Hotels mit schmerzverzerrtem Gesicht und wirrem Haar ein Mann. Er sah so schlecht aus, daß der aufmerksame Portier ihm nachrief: «Herr Wicki, fühlen Sie sich nicht wohl?» Doch er erhielt keine Antwort, vielmehr kam jetzt eine ebenfalls nicht ganz korrekt frisierte Frau gelaufen: «Haben Sie Herrn Wicki gesehn?» fragte sie atemlos. «Ja, eben ist er da hinausgelaufen», antwortete der Portier und drehte sich beruhigt und achselzuckend ab, wie es sich für einen diskreten Vertrauensmann eines solchen Nobel-Hotels gehört, in dem die Berühmtheiten dieser Welt absteigen und dafür berühmt sind, sich nicht immer ganz so berühmt zu benehmen.

Liselotte läuft zum Parkplatz und auf einen rassigen Sportwagen zu und reißt die Tür auf.

Am Steuer sitzt, zusammengesunken, Bernhard Wicki. Seine Nase blutet, und ein paar Tropfen fallen malerisch, wie in einem spannenden Kriminalfilm, auf das helle Steuerrad.

Liselotte wird blaß. «Das wollte ich nicht, wirklich nicht», flüstert sie auch wie im Film.

Bernhard Wicki schaut sie elend und mit dem ergebenen Blick eines von dieser Erde Abschiednehmenden an. «Es macht nichts», flüstert er bühnenreif zurück, «ich sterbe. Ich sterbe vor Liebe. Vor Liebe zu dir.»

Liselotte wird es unheimlich. Das Lachen, mit dem sie sonst alles meistert, ist ihr vergangen: «Ich hole einen Arzt.»

«Das nützt mir nichts. Was ich brauche, ist Liebe. Deine Liebe, nicht einen Arzt.»

Liselotte schwankt hin und her zwischen Angst und Zweifel. Will er sie erpressen? Aber das spielt in dem Moment keine Rolle, sie ist bereit, sich für ihn zu opfern. «Wir gehn jetzt sofort zum Arzt – ich verspreche dir... dann...»

Wicki wird munter, er nimmt das blutdurchtränkte Taschentuch von der Nase.

«Was dann?»

«Lehn deinen Kopf nach hinten und sprich jetzt nicht mehr.»

Sie streichelt ihm über die zerzausten Haare, er will sie an sich reißen, doch schreit er auf vor Schmerz. Liselotte wird jetzt energisch, so nahe dem Ende kann er offenbar doch noch nicht sein. Sie steigt aus dem Auto, geht darum herum und nimmt Bernie an der Hand.

«So, und nun holen wir einen Arzt.»

Erstaunlicherweise gehorcht er ihr sofort, vielleicht ist er im Moment, wo er fürchtet, daß es damit ernst werden könnte, nicht mehr so sehr bereit zu sterben. Er stützt sich auf Liselotte, die unter dieser Last fast zusammenbricht; gemeinsam gehen sie zurück ins *Atlantic.*

«Bitte, lassen Sie für Herrn Wicki einen Arzt kommen», sagt sie, und der Portier antwortet beflissen aber unbewegt: «Ja, Frau Pulver, sofort.»

Sie ist nicht dabei, als der Arzt Wicki untersucht, und so hört sie auch nicht, was dieser zu ihm sagt. «Sie haben zwei Rippen gebrochen und ein wenig Nasenbluten, das ist nicht weiter schlimm, aber Sie müssen sich möglichst ruhig verhalten, vor allem mit dem Oberkörper. Wie haben Sie das nur gemacht, mitten in der Nacht?»

«Ich – bin die Treppe hinuntergefallen», sagt Bernhard Wicki und schaut den Arzt mit seinen Bernhardineraugen treuherzig an.

«Ach so, die Treppe hinuntergefallen, was für ein Pech!» antwortet dieser, und nichts verrät, ob er dies auch glaubt.

Denn natürlich ist der stattliche Schauspieler nicht die Treppe hinuntergefallen, sondern er hat versucht, in einem Anfall von ‹unerhörter› Liebe Liselotte zu umarmen, nicht gerade sie zu vergewaltigen, aber doch so etwas Ähnliches, sie mit aller Gewalt an sich zu reißen, zu ‹bekommen›. Denn seit einigen Tagen, und das ist für Herrn Wicki sehr lange, ist er in Liselotte unglücklich verliebt.

Liselotte hat sich gewehrt, und, so unglaublich das klingt, die zarte Person hat dabei diesem Hünen zwei Rippen gebrochen und ihm das Herz bzw. die Nase zum Überfließen, ja zum Bluten gebracht, das muß sich schon um eine ziemlich unsanfte, ja heftige Liebeserklärung gehandelt haben. Aber die gebrochenen Rippen heilen unverzüglich Wickis gebrochenes Herz.

So etwas ist dem gefühlsseligen, schönen und begabten, ein wenig zu leicht entflammbaren Schauspieler, der später durch seinen Film *Die Brücke* als Regisseur schlagartig international berühmt wird, noch nie passiert. Im allgemeinen hat er nämlich Erfolg bei den Frauen, vor allem bei seiner eigenen, der großen Schauspielerin Agnes Fink.

Er kehrt reumütig wie ein ermüdeter Jagdhund zu ihr zurück und schenkt Liselotte als Entschuldigung mit generöser Geste ein schweres, massives Goldarmband mit den eingravierten Initialen B. W., das ich später mit ihr gegen ein anderes tausche und übernehme und das mir noch ein wenig später – in Paris, zusammen mit Bernhard Wicki, der mich hier zum Essen eingeladen hatte – gestohlen wird;

eine herzliche Freundschaft zwischen ihm und Liselotte aber blieb bis auf den heutigen Tag bestehen.

Dieses ist nur eine kleine Geschichte am Rande, die zeigt, daß Liselotte lange nicht so ungeliebt war, wie sie immer meinte, auch wenn sie oft darüber sinniert, was es wohl gewesen sei, daß alle die Männer, in die sie so unglücklich verliebt war, davon abgeschreckt wurden, sich mit ihr näher einzulassen, während sie andere, die sich – wie Bernhard Wicki – scheinbar oder wirklich für sie verzehrten, gar nicht wahrnahm. In Wahrheit fehlte aber einfach die Synchronität, wie bei einem Film, bei dem der Ton nebenherläuft: Die, auf die sie es abgesehen hatte, liebten sie nicht und umgekehrt.

Da sie das aber nicht bemerkte, blieb sie inmitten des Trubels und Jubels um ihre Person ein Einsiedlermensch. Sie hatte nie richtige Freunde und schon gar nicht Freundinnen, außer während der Schulzeit, und genauso war auch unser Vater gewesen. Sein großes Glück, wie er uns immer wieder glaubhaft versicherte, wäre gewesen, allein auf einem Berg in einer einsamen Sennhütte zu wohnen.

Er besaß einen einzigen Freund aus der Schulzeit, und diese Freundschaft bestand darin, daß die beiden Männer sich jede Woche einmal in einer Berner Wirtschaft trafen, wo sie sich bei einem Glas Wein eine oder zwei Stunden schweigend gegenübersaßen oder, wenn es hochging, einen ‹Jass› (Schweizer Kartenspiel) klopften; über Persönliches wurde nicht geredet, außer wenn gerade jemand gestorben war. Man saß einfach zusammen, schweigend, sinnierend, eine Zigarre oder Pfeife paffend, hie und da ein «ja, ja, so geit's» von sich gebend, bis zu unseres Vaters Tod mehr als fünfzig Jahre lang! Onkel Frank, wie wir den Freund nannten, starb 1985.

Liselotte trifft sich auch noch hie und da mit ihrer Schulfreundin, der ‹reichen› Jacqueline, die einen noch reicheren Genfer Bankier geheiratet hat, etwas, das Liselotte ungeheuer imponierte und das sie staunend registrierte.

Sie trifft sie nicht so regelmäßig, aber ebenso verschwiegen (wenn auch nicht schweigsam) wie unser Vater seinen ehemaligen Schulfreund, sie redet mit ihr über das schöne Wetter, die schönen Kinder und das schöne Haus, über persönliche Dinge aber, z. B. über Jacquelines Scheidung (der reiche Bankier hatte eine Jüngere genommen) oder gar Probleme schweigt man sich diplomatisch aus, so wie man schon als Kind über die Dinge schwieg, die einem am meisten auf dem Herzen oder dem Magen lagen.

Liselotte hat das geerbt von unserem Vater und der Familie, aus der er stammt. Im Grunde wohnt sie auf einem hohen Berg oder noch besser: hinter den Bergen, bei den sieben Zwergen, da, wo niemand und nichts aus der harten Wirklichkeit sie jemals wirklich erreicht.

Der Wahrheit zuliebe aber muß man sagen, daß sie zu jeder Zeit eine Schar von ‹Soupiranten›, also ihr seufzend zu Füßen liegenden Verehrern hatte, Männer, die ihr ohne jeglichen Grund und ohne jegliche Chance die Treue hielten, manche jahre-, einige ihr ganzes Leben lang.

Es waren fast ausnahmslos ‹gute Partien›, reiche oder einflußreiche Persönlichkeiten, die durchaus ernsthaft um sie warben, aber Spekulieren, das war für Liselotte in Herzensdingen nicht weniger als in allen anderen undenkbar und deshalb unbekannt. Sie hat deshalb nie auch nur die Spur eines Skandals gehabt, was sie wie jemand, der immer nur an schönes Wetter, einen wolkenlosen Himmel gewöhnt ist und sich einmal ein wenig Regen oder gar ein Gewitter wünscht, manchmal bedauert.

Aber auch das nur ganz heimlich, und wenn es ihr, wie sie freimütig zugibt, «beruflich etwas genützt hätte», wie «bei vielen namhaften Kolleginnen», die sie, die Superdiskrete, natürlich nicht nennt.

15

Wenn ein Filmschauspieler einen gewissen Bekanntheits- oder Beliebtheitsgrad erreicht hat, bekommt er einen Marktwert wie irgendein anderes Industrieprodukt: wie eine gute Seife, wie Käse oder ein Parfüm. Er wird dann exportiert oder importiert, um für die Produktionsgesellschaften den Umsatz zu steigern; amerikanische, französische oder italienische Filmproduzenten rechnen damit, ihre Filme in Deutschland besser zu verkaufen, wenn sie einen beliebten deutschen Namen einsetzen und umgekehrt. Das galt damals ganz besonders für Deutschland, weil ihm seit dem Krieg eine Metropole, ein notwendiges kulturelles Zentrum, aber vor allem der künstlerische Film fehlte.

Wer in Paris, in London oder New York (früher auch in Berlin) einen großen Namen hat, auf den wartet ganz automatisch auch die restliche Welt.

Die Beispiele von deutschen Filmgrößen, die auf diese Weise den Sprung übers große Wasser gewagt haben und als weltberühmt oder Weltstar gefeiert wurden, gibt es viele. Wirklich geschafft haben es nach dem Krieg Marlene Dietrich und Romy Schneider; Marlene wurde in Hollywood allerdings bereits vor dem Krieg durch den *Blauen Engel* berühmt.

Für diejenigen, die ‹drüben› waren und sich mit ihren Erfolgen brüsten und doch nicht dort geblieben sind, könnte man abgewandt Wilhelm Busch zitieren: «Weltstar werden ist nicht schwer, Weltstar sein dagegen sehr.»

Die Bezeichnung ‹Weltstar› ist noch lange kein Qualitäts-, sondern ‹nur› ein Bekanntheitsmaßstab; er kann durch einen ausgezeichneten Film, durch einen ausgezeichneten Agenten oder einen ausgezeichneten Bekanntenkreis, die berühmte ‹Vetternwirtschaft›, erreicht, aber er muß dann auch durch ausgezeichnete Leistung immer wieder bestätigt werden.

Liselotte hat das alles schmerzlich am eigenen Leib erfahren: Sie machte eine große, internationale Karriere, ohne die letzte Stufe des Erfolges, das Ziel, das sie sich gesetzt hatte: Weltstar zu werden, zu erreichen. Dabei war sie näher dran als irgend jemand in Deutschland. Wie Tantalus, als dessen Qualen sie die ihrigen bezeichnet, hat sie dieses Auf und Ab, dieses «Ihr-den-Speck-durchs-Maul-Ziehn» im internationalen Filmgeschäft erlebt, während sie national, in Deutschland, in einem großen Film nach dem andern reussierte.

Ihr Versuch, im Ausland Fuß zu fassen, fing schon früh an, noch in Zürich, wobei sowohl ein guter Agent und eine gute Rolle ihr halfen.

Einer ihrer ausdauerndsten Verehrer – zu dieser Garde rührend-eleganter, älterer Herren gehörend, die in jeder Stadt den sogenannten Kulturbetrieb erst ausmachen –, der längst verstorbene Mäzen und Besitzer des ebenso rührend-elegant verschnörkelten alten Corso-Theaters, Paul Séquin, stellte ihr nach seinem Gastspiel den großartigen und von den sonst eher temperamentlosen Zürchern umjubelten Maurice Chevalier vor.

Dieser war auch nicht mehr ganz jung – so an die sechzig Lenze – und verliebte sich gleich ein wenig in Liselotte, die, nicht abgeneigt, auch ein wenig mit ihm flirtete, soweit das ihre Sympathie und Bewunderung, aber auch ihre Prinzipien zuließen, und dann seine Einladung, sie in Paris zu besuchen, nicht nur als Höflichkeitsfloskel, sondern wörtlich nahm.

Sie fuhr also nach Paris, besuchte Maurice Chevalier in seinem prachtvollen Landsitz in Marne-la-Coquette, wurde von ihm mit offenen Armen empfangen, zu einem Spaziergang in seinem großen Park eingeladen, um in einer entfernten Ecke unter mächtigen Bäumen seiner geliebten Mutter – wenn auch bereits verstorben und in einer Urne beigesetzt – vorgestellt zu werden. «Die einzige Frau, die ich wirklich geliebt habe», sagte Maurice zu Liselotte, um sie alsdann bei seinen noch lebenden Freunden einzuführen, diesem Künstlerkreis des ‹tout Paris›, diesem kulturellen und gesellschaftlichen Untergrund, der aus einem Netz von unzertrennlichen und einflußreichen Freundschaften besteht und bei dem als ‹amie› und ‹artiste› eingeführt und aufgenommen zu werden eine höhere Auszeichnung bedeutet als ein Adelsprädikat und für eine Karriere unerläßlich ist.

Die Türen standen ihr weit offen, sie hätte in Paris bleiben und dort Fuß fassen können, sie sprach – bedingt durch unsere Großmutter mütterlicherseits – Französisch fast ohne Akzent, und man bot ihr auch gleich eine ganze Reihe von Theater- und Filmrollen an.

Aber in Deutschland war sie zu dieser Zeit bereits ein Star, und schon gab es da wieder Verträge.

So ging sie also nach Deutschland zurück, spielte in mehreren Filmen und wurde mit *Ich denke oft an Piroschka*

Deutschlands Filmliebling Nummer eins, den man jetzt als teuren Exportartikel nach Paris verschickte. Nicht mehr als kleine, unbekannte Schauspielerin, sondern als ‹Vedette allemande›, als deutscher Star, kam sie in die Lichterstadt, um neben Robert Lamoureux in *Arsène Lupin* zu spielen.

Das waren tatsächlich zwei Fliegen auf einen Schlag, denn auf der einen Seite war sie der deutsche Exportartikel Nummer eins, auf der andern kannte man sie bereits, und sie konnte auf ihre Freunde und vor allem auf Maurice Chevalier zählen. *Arsène Lupin* wurde ein ganz großer Erfolg, und wieder standen ihr Paris und alle Möglichkeiten offen, hier in diesem einzigartigen Zentrum, mit Juliette Gréco, Brigitte Bardot und wie sie alle heißen, den Säulen des französischen und internationalen Films, groß zu werden.

Aber wieder zog etwas sie zurück, ging sie heim, vielleicht im Grunde nur zur Stippvisite, vielleicht nur, um ihr Gepäck zu holen, vielleicht aber auch, weil die Wurzeln der deutschsprachigen Heimat doch stärker waren als aller Ehrgeiz.

Auf jeden Fall kam sie lange nicht nach Paris zurück, zu lange vielleicht, als daß sie die Freunde nicht ein wenig vergrämte. Sie spielte in der Zwischenzeit in Deutschland *Die Lerche* und dann gleich den Film *Zürcher Verlobung* und anschließend in Salzburg bei den Festspielen die *Emilia Galotti.* So große Aufgaben, so große Erfolge, die wohl trotz ihrem Liebäugeln mit dem Ausland und der Weltkarriere sie hier noch fester und schon endgültig Fuß fassen ließen. Und dann kam, wie es in so einem Fall eben nicht ausbleibt: Hollywood.

Das erstemal flog Ilse Alexander mit ihr hinüber, um sie nicht ganz allein in das große Abenteuer, über den großen

Teich in die ersehnte und doch auch ein wenig gefürchtete Traumfabrik zu lassen.

Der erste Eindruck war überwältigend, Hollywood paßte wahrscheinlich ohnehin besser zu Liselottes heimlichen und unheimlichen Traumvorstellungen der Weltkarriere als Paris.

Sie wurde würdig empfangen, wie es sich für einen Star aus Germany gehört. Man quartierte sie in einem Luxus-Apartment des *Beverly Hill-Hotels* mit Schaumbad, rosa Telefon und Swimming-pool ein, reichte sie auf Parties in den märchenhaften Bungalows – in denen die Stars «den Bäumen, wenn sie froren, Nerzmäntel umlegten» – auf dem Silbertableau und mit Goldbesteck herum, eben da, wo und wie diese legendären Leute wohnten, die gewöhnliche Sterbliche nur von der Leinwand her kennen. Liselotte war von diesem ersten Eindruck wie betäubt.

Ja, das war das Hollywood, von dem sie immer geträumt hatte.

Die großen Studios waren beeindruckend, alles war überdimensional, das Filmgelände, die Überreste der Dekorationen dieser Kolossalfilmspektakel, in denen Liselotte so gerne einmal mitgespielt hätte, die Filmgrößen, denen man in der Kantine und auf dem Weg zu den Dreharbeiten wie ganz gewöhnlichen Menschen auf Schritt und Tritt begegnete – da saßen ihr beim Essen mal Cary Grant, ein anderes Mal Doris Day oder June Allison gegenüber.

Auch einer, der ‹ihr Typ› war, Jeff Chandler hieß er, ein mächtiger, bärenstarker und doch sanfter Hüne mit eisblauen Augen wie ein kühler Bergsee und angegrauten dichten Locken wie Tannenreif oder Männerreife – jedenfalls ein blendend aussehender Mann. Liselotte freundete sich mit ihm an, und es wäre wohl auch weitergegangen, eben, wenn

Liselottes Aufenthalt in Hollywood auch weitergegangen wäre. Sie lernte statt dessen, allerdings erst 1957 in Berlin, auch amerikanische Schlaksigkeit kennen, und zwar durch ihren Partner John Gavin, neben dem sie unter der Regie von Douglas Sirk in dem Film *Zeit zu leben, Zeit zu sterben* die weibliche Hauptrolle spielen sollte! John Gavin, der damals, gerade aus der Marine entlassen, als Filmneuling schon eine bemerkenswerte Show von Starallüren bot. Er ließ das ganze Studio darunter leiden, daß ihm seine Frau davongelaufen war, er kam oftmals zu spät zu den Dreharbeiten und manchmal gar nicht. Wenn er da war, dann bemühte er sich, seine Abscheu vor dem Beruf des Schauspielers damit zu dokumentieren, daß er wie ein Verrückter, allein in einer Ecke sitzend, mathematische Aufgaben löste. Warum er überhaupt Schauspieler geworden war und der Regisseur sich seine Launen gefallen ließ, ja daß man überhaupt solche Launen hatte, das blieb für Liselotte in Berlin ein hollywoodsches Rätsel.

In Hollywood selbst geschah es ihr dafür, daß eines Tages, als sie zu den Dreharbeiten für den Film *Global affair* – mit Bob Hope 1963 – ins Studio kam, der Pförtner sie nicht einlassen wollte mit den Worten, sie sei ihm unbekannt. Als sie darauf bestand, daß sie hier hineinmüsse, ließ er sich dazu herab, ins Studio zu telefonieren, ob man eine gewisse Miss Pulver oder Powder kenne, demütigend und wie eine Ohrfeige für einen bereits im wahrsten Sinne arrivierten Star. Schließlich kam man sie dann holen: nicht etwa ein Kollege oder etwa gar der Regisseur, sondern bloß ein Laufjunge.

In dem Moment begriff Liselotte plötzlich den Sinn von Starallüren. Sie meinte, mit solchen wäre sie wahrscheinlich weitergekommen. Sie hätte einfach sofort ins Hotel zurückfahren und auf diese Weise gegen eine solche Behandlung protestieren sollen. Aber im Moment fehlten ihr dafür die Reaktion und wahrscheinlich auch die Mentalität. Auch Starallüren kann man, wie das richtige Talent, nicht lernen, wobei das eine mit dem andern nichts zu tun hat.

Beim nächsten Aufenthalt war die erste Begeisterung über Hollywood bereits etwas abgekühlt.

Liselotte bemerkte jetzt, daß diese Traumfabrik eine grausame und unerbittliche Maschine war, in der jeder nur nach seinem augenblicklichen Marktwert gemessen und behandelt wurde. In Hollywood zu drehen hieß noch lange nicht, in Hollywood auch anerkannt oder gar König – ein König der Leinwand – zu sein.

Da waren zwar Cary Grant und Doris Day, Jack Lemmon, Ann Bancroft und Humphrey Bogart und wie sie alle hießen, aber sie grüßten nur flüchtig und wechselten ein paar artige Worte, von irgendeinem näheren Kontakt oder gar einem persönlichen Interesse an der deutschen Kollegin war keine Spur vorhanden.

Plötzlich spürte es Liselotte: In dieser lebendigen, pulsierenden, berühmten Stadt, in all dem Getriebe und Getue, inmitten der Gesellschaften, den berühmten Namen, dem Flitter und dem Luxus, da war man ganz entsetzlich allein, da wehte Eiseskälte, in der, wenn man sich nicht schützte, alles gefror. Wollte man dem standhalten, brauchte es mehr als eine Hauptrolle, mehr als einen Film, mehr als Fleiß und Arbeit und Pünktlichkeit, ja mehr als Erfolg und Ruhm. Da brauchte es schon einen Panzer um die Seele, eine Härte und Arroganz, die ihr fremd waren und denen sie nicht gewachsen war. Liselotte begann zu ahnen, was für menschliche Tragödien sich hier hinter den blendenden Traumfassaden abspielten, warum hier so manche bekannte und noch viel mehr unbekannte Stars und Starlets, Sterne, Sternschnuppen und Sternchen statt im siebenten Himmel des Glücks, im richtigen Himmel bzw. der Hölle oder der Nervenklinik landen.

Aber bevor Liselotte das, was sie zu ahnen begann, auch wirklich begriff, war sie schon wieder zu Hause – sie wußte jetzt, auf diese Weise, würde sie nie ganz in Hollywood bleiben. Was sie aber nicht hinderte, von der Welt- oder Hollywood-Karriere weiterhin zu träumen und die nächsten Angebote von dort fast blind zu unterschreiben.

Im ganzen war sie viermal in Amerika, ohne daß sich dabei an ihrem Eindruck oder ihrem Erfolg von ‹drüben› etwas änderte, es war «zuviel zum Sterben und zu wenig zum Leben», was man ihr dort bot, und dieses Risiko war ihr, der Erfolgsgewohnten, zu groß, trotzdem ist sie eine Art, eben eine Schweizer Art von Weltstar geblieben.

Sie ging nach Deutschland zurück und spielte das *Wirtshaus im Spessart,* das sie durch seinen triumphalen Erfolg noch ein wenig tiefer in der deutschen Erde verwurzelte, doch gleichzeitig blieb und wuchs auch die Sehnsucht, diese Grenzen zu sprengen.

Das war der Grund, sich unter die Fittiche der Pariser Agentin Olga Horstig zu begeben, die Brigitte Bardot und andere große Stars, später auch Maria Schell und Hildegard Knef und die meisten deutschen Größen betreute, eine bewährte und mit allen Finessen und Raffinessen des Metiers vertraute Dame, die überall, wo etwas Wichtiges auf dem Film- oder Theatersektor geschah, bereits ihre Finger drin hatte.

Ihr Geheimnis war das Niveau, der künstlerische Anspruch, den sie stellte und der bei ihr trotz allem immer vor dem Geschäft kam.

Liselotte befand sich also bei ihr in guter Obhut, aber die gute Olga konnte ihr nur bedingt helfen, weil sie ihr immer wieder entwischte, weil Liselotte in Deutschland zuviel Erfolg hatte und gleichzeitig zu unentschlossen war, um bei Rollenangeboten immer gleich zuzugreifen.

So jedenfalls sieht es Olga Horstig heute.

Liselottes zweiter Film in Frankreich hieß *Der Spieler* nach dem Roman von Dostojewskij und mit dem unvergleichlichen und unvergessenen Gérard Philipe als Partner, dem die Franzosen auch heute noch als einem, «den die Götter liebten und zu früh zu sich zurückriefen», nachtrauern, also eine einmalige Gelegenheit, sich zusammen mit einem ‹Nationalheiligtum›, einem ‹Monstre sacré›, wie man diese hier nennt, in die Herzen der empfänglichen Zuschauer zu spielen.

Liselotte sah das nicht ganz so. Als sie den Vertrag unterschrieben hatte, kam aus Hollywood das Angebot, in *Ben Hur* mitzuspielen, einem weiteren Monster-Weltspektakel der Filmgeschichte.

Hätte sie den *Spieler* rückgängig machen können, sie hätte es ohne Wimpernzucken getan und ging deshalb trotz Gérard Philipe und Dostojewskij gar nicht besonders enthusiastisch in Richtung Paris, statt in Richtung Amerika.

Und über dem Film lag denn auch wieder einmal ein Unstern. Der vergötterte Gérard Philipe war schon von seiner heimtückischen Krankheit gezeichnet, obschon das noch niemand, am allerwenigsten Liselotte, wußte. Sie wunderte sich nur, daß der für seinen Charme, seine bezaubernde Liebenswürdigkeit und hinreißende Leichtigkeit sonst so Berühmte bei den Dreharbeiten so seltsam wortkarg und verbissen wirkte.

Einmal fuhr sie mit ihm in einem Wagen der Filmgesellschaft zusammen von den Studios in Boulogne in die Stadt zurück. Sie saßen beide im Fond des Autos, und Gérard Philipe wollte sich eine Zigarette anzünden. Da spaltete sich das Streichholz und sprang gegen die Decke, die innerhalb von Sekunden, zusammen mit dem ganzen Wageninnern, in Flammen stand. Der Fahrer konnte das Feuer zwar sofort wieder löschen, aber für Liselotte war das ein merkwürdiges Erlebnis, das nicht einer makabren Stimmung entbehrte, es war wie ein schlimmes Vorzeichen, das sich dann auch zu bestätigen schien, als sie hörte, daß Gérard Philipe an Krebs erkrankt und, erst sechsunddreißigjährig, gestorben sei.

Der *Spieler* nach der Novelle von Dostojewskij wurde kein überragender, aber dafür ein Dauererfolg, dank dem – er wird im Fernsehen vor allem in Gérard-Philipe-Retrospektiven immer wieder gesendet – der Name Liselotte Pulver in Frankreich bekannt und ein Begriff geblieben ist.

Von der Krankheit selber merkte Liselotte, wie gesagt, während den Dreharbeiten nichts, da sie sich nur durch die Müdigkeit und ungewohnte Verschlossenheit des Schauspielers im privaten Umgang ankündigte, während sein Spiel noch wie gewohnt souverän und leicht war.

Und Liselotte sah darin die Erklärung, warum es ihr nicht gelang, gerade mit diesem bewunderten, interessanten, lustigen und humorvollen Kollegen in näheren Kontakt zu kommen.

Solche enttäuschten Erwartungen und negativen Koinzidenzen gingen sozusagen Hand in Hand mit Liselottes Glück. Sie wurde geführt von einem gnädigen und doch harten Schicksal: was sie selber anfaßte oder mit hartem Kopf durchsetzen wollte, das ging auf eine seltsam logische, unglückliche und doch glückliche Weise immer schief, gerade so, als ob das Faß nicht überlaufen sollte. Denn ein wenig Ironie und teuflischer Spuk war es schon, wie sie da immer wieder Gelegenheit hatte, mit den berühmtesten Filmschauspielern und den bedeutendsten Regisseuren zu arbeiten, und wie dann ausgerechnet diese auch mal eine schwächere Leistung zeigten, gerade dann, wenn Liselotte ihre ganze Hoffnung auf sie setzte.

Ein Beispiel dafür ist Billy Wilder, der mit so berühmten Hollywood-Klassikern wie *Sunset Boulevard, Manche mögens heiß* mit Marilyn Monroe oder *Das Apartment* mit Shirley McLaine und Jack Lemmon der würdige Nachfolger von Ernst Lubitsch auf dem Gebiet des Lustspielfilms wurde und der Liselotte für seine West-Ost-Story *Eins, Zwei, Drei* für die weibliche Hauptrolle engagierte und sie in einer Marilyn Monroe-Persiflage zur Geltung bringen wollte. Aber genau in dem Moment, in dem in Berlin die Dreharbeiten beginnen sollten, begann eine andere Regie ebenfalls ihr zweifelhaftes ‹Meisterwerk›, das Berlin nicht als Lustspiel, sondern mit bitterem Ernst in zwei Teile teilte: Die Mauer wurde gebaut. Wieder ein seltsames Zusammentreffen, ein schlechtes Omen für eine Filmstory, die auf genau diesem Thema beruhte. Was zum Lachen gedacht war, wurde jetzt – wenigstens in der Wirklichkeit – zum Weinen. Das Brandenburger Tor, das in dem Film die eigentliche Hauptrolle spielen sollte, wurde zugemauert und mußte in München in der Bavaria als Filmkulisse aus Pappkarton nachgebaut werden. (Es war so kostspielig, daß es noch heute dasteht). Allein schon dadurch war der Witz des Filmes dahin.

Der große Regisseur war denn auch ziemlich nervös über soviel Künstlerpech – alle Künstler sind abergläubisch –, die Dreharbeiten waren von Anfang an von einem Unstern verfolgt. Man merkte das an solchen Dingen wie einer kleiner Szene mit James Cagney, die fünfundvierzigmal wiederholt werden mußte; das ist selbst für den Spielfilm, in dem man schlechten Schauspielern zuliebe gerne wiederholt, zuviel.

Beim sechsundvierzigstenmal klappte sie, da lief im Hintergrund ein Statist durch das Bild. James Cagney blieb beim Fair play, verzog keine Miene, Billy Wilder schluckte den Ärger hinunter und ließ Cagney allein agieren, beim siebenundvierzigstenmal war sie endlich «im Kasten».

Doch eben wie es dann für Liselotte scheinbar gar nicht anders sein konnte: Aus dem geplanten Lustspiel wurde eher ein Trauerspiel.

Gerade diesem Film, der von dem österreichischen Hollywoodmeister zum erstenmal wieder in Europa – mit einem anspruchsvollen, politisch brisanten Stoff – gedreht wurde und der sich an eine einmalige Erfolgsserie Billy Wilders anschloß, blieb der Erfolg versagt. (Erst heute, dreißig Jahre später, feierte der Film ein mutiges Comeback in Berlin.)

Liselotte konnte einmal mehr von dem großen Regisseur, von einem großen Namen nicht profitieren, ‹Vetternwirtschaft›, das auf jeden Fall blieb ihr, als hätte man es ihr in ihre Sterne geschrieben, von jeher und immer versagt.

Einen weiteren Hollywoodfilm drehte Liselotte mit dem berühmten amerikanischen Komiker Bob Hope. Wiederum eine Chance: Bob Hope und Liselotte Pulver, so etwas konnte doch einfach nicht schiefgehen! Bob Hope war nicht nur ein großer Komiker, sondern zu dieser Zeit in Hollywood schon eine Institution. Er brauchte nicht einmal mehr etwas zu sagen, und schon lachten die Leute, allein wie er dastand und dreinschaute, das war schon umwerfend komisch. Seine Filme, in denen deshalb sein Name schon genügte, um die Zuschauer in Scharen anzuziehn, waren dementsprechend: recht anspruchslose, mit den Späßen von früher aufgewärmte Remakes.

So auch die *Global affair,* die Liselotte mit ihm spielte, ohne daß man ihr Gelegenheit bot, sich der Kunst Bob Hopes, das Publikum durch Lachen und Gags zu ergötzen, ebenbürtig zu erweisen.

Wobei noch zu sagen ist, daß solch große Humoristen – Charlie Chaplin, Buster Keaton, Laurel und Hardy, Danny Kaye und so weiter – ihre weiblichen Partnerinnen ohnehin immer nur als hübsche Staffage benutzten.

Um auch Liselotte in Amerika als komisches Talent zur Geltung zu bringen, hätte es weniger eines Bob Hope, eines berühmten Partners, als der starken Hand eines guten Regisseurs bedurft.

Aber solche Tatsachen sagte man Liselotte immer erst hinterher, statt sie vorher zumindest zu warnen. In Paris drehte Liselotte dann auch mit dem großen Jean Gabin, diesem weiteren und noch größeren Nationalmonument, dieser französischen Institution, den Film *Monsieur.*

Gabin kam meist schon mit schlechter Laune ins Studio, schimpfte und fluchte, daß es Funken sprühte, ganz einfach deshalb, weil er schon lange keine Lust mehr hatte zu drehen und viel lieber auf dem Lande, bei seinen Kühen und seinem Wein, geblieben wäre.

Er war ein hundertprozentiger Profi, der zwischen der Verlockung der guten Rollen und dem guten Geld und der Sehnsucht, sich auf seinem Gutsbesitz als Groß- und Weinbauer zur Ruhe zu setzen, hin- und hergerissen war. Er mußte sich jeden Tag zuerst ‹einfühlen›, bis er seinen Widerwillen gegen die Produzenten, seinen ‹Überdruß› an dieser ‹merde›, dieser Scheiße, dem Schauspielerberuf und der Filmerei überwunden und in Liebe zum Metier zurückverwandelt hatte.

Denn Haß ist ja nicht das Gegenteil, nur eine andere Form von Liebe; Gleichgültigkeit, das ist das Gegenteil von Liebe, was niemand besser als Gabin, vor allem gegenüber den Regisseuren, denen er die Hölle heiß- und das Leben schwermachte, und auch niemand lieber als er bewies.

Das grollte und donnerte, wenn er spielte, doch gegenüber seinen Partnerinnen, gegenüber Liselotte auf jeden Fall, zeigte er, daß sich hinter dem rauhen Kern, dem kauzigen Kerl, eine weiche, ja eine verletzliche und liebesfähige Seele befand.

Aber das französische – lateinische – Temperament, das so leicht aufbraust und ungeduldig und laut, dafür aber im letzten viel direkter als das deutsche, als die germanische Tiefgründigkeit ist, diese nervöse, lärmige und unbeherrschte Art ging und geht ihr auf die Nerven. Sie haßte Schreier, und Schreier waren sie eben bei der Arbeit fast alle, ob sie nun Christian Jacque, Claude Autant-Lara oder Jacques Becker hießen. Da half es nicht viel, wenn sie sich privat dann wieder in die bezauberndsten Kavaliere verwandelten.

Der Film *Monsieur* mit Jean Gabin war ein großer Erfolg – für Gabin – und brachte dem glücklichen Regisseur Jean-Paul Lechanois gleich einen weiteren Film mit dem gefürchteten Monstrum Gabin ein, für welchen man auch Liselotte wieder mitengagierte. Er hieß *Le Jardinier d'Argenteuil* (Der Gärtner von Argenteuil) und ging, im Jargon des Metiers ausgedrückt «völlig in die Binsen bzw. in die Hosen».

Der arme Lechanois versuchte verzweifelt, mit Liselotte noch weitere Pläne zu realisieren, aber die scheiterten daran, daß man ihm nach dem Mißerfolg keinen Kredit mehr (weder finanziellen noch künstlerischen) für seine Projekte gab. Er mußte das annehmen, was man ihm anbot, und die Schauspieler akzeptieren, die man für ihn aussuchte und ihm aufzwang.

Liselotte hingegen filmte in Frankreich neben ihren vielen Aufgaben in Deutschland munter weiter, zum Beispiel den *Gentleman de Cocody* mit Jean Marais, der an der Elfenbeinküste gedreht wurde und bei dem sie einmal mehr ihren Mut beweisen konnte.

Jean Marais war genau wie sie ein verwegener Schauspieler, der es liebte, seine weibliche Seite, die er vielleicht als Schwäche empfand, durch kühne männliche Mutproben zu überwinden.

Er war sein eigener Stuntman, das heißt, er drehte alle gefährlichen Sequenzen in den Abenteuerfilmen, in denen er spielte, selbst Fechtszenen, Sprünge von Mauern, Burgzinnen und Treppen hinunter, halsbrecherische Kletteteien.

So ließ er sich in dem Film an einem Seil an einen Hubschrauber binden und weit über dem Boden durch die Lüfte tragen, während für Liselottes Part in diesem halsbrecherischen Unterfangen ein Double genommen wurde.

Sie hatte darauf bestanden, es ebenfalls selber zu machen, aber das war der Produktionsgesellschaft zu riskant. Man gestattete ihr ein einziges Mal, in einer einzigen Einstellung für die Großaufnahme (die dann natürlich doch nicht gebraucht wurde) ihr Mütchen zu kühlen und sich selber an den Hubschrauber anbinden und hoch oben durchs Bild, dem Himmel entgegen fliegen zu lassen.

Bei ihr ging alles gut, doch einige Tage später brach sich Jean Marais bei einem Sprung aus einem Fenster vom ersten Stock auf ein fahrendes Auto hinunter – ebenfalls eine der Filmszenen – beide Handgelenke, er hatte das Auto fast verfehlt und das Gleichgewicht verloren, war dann heruntergefallen – er bestand aber darauf, mit eingegipsten Armen weiterzudrehen.

Wer ganz genau hinschaut in dem Film und es weiß, der kann erkennen, daß der kühne Jean sogar die Szene mit dem Hubschrauber mit eingegipsten Armen in der Totale noch einmal drehte, eine Heldentat des Schauspielers, den man gerne als feminin verlachte, und die Liselotte, zusammen mit seinem Benehmen eines vollendeten Gentlemans, ungeheuer imponierte.

Er verwöhnte Liselotte nach Strich und Faden und war in sie auch ein wenig verliebt, ein Beweis, daß der schöne Jean Marais, um den Jean Cocteau Höllenqualen litt, nicht nur eine feminine Seite zeigte, sondern daneben auch ein richtiger Mann ist.

Eine große Chance war für Liselotte der Film *La Religieuse* nach einem Stück Weltliteratur, dem gleichnamigen Werk von Diderot, das als Film zum Skandal wurde, weil es ein Thema behandelt, das damals noch als tabu galt: die Liebe zwischen Frauen in einem Nonnenkloster.

Der Film wurde zunächst verboten, aber dadurch zum Tagesgespräch. Für seine Publizität war, als er später freigegeben wurde, im voraus gesorgt.

Liselotte geriet in den Sog des Skandals mit hinein, ihr Name ebenfalls. Sie wurde in Frankreich ein Begriff und hätte jetzt ihre Zelte hier aufschlagen können. Aber sie erwartete ausgerechnet zu diesem Zeitpunkt ihr zweites Kind und mußte ein entscheidendes Filmangebot absagen. Sie ging nach Deutschland zurück, wo jetzt, 1968, die Filmkrise ausgebrochen war. Liselotte berührte das nicht. Sie erfüllte sich den Wunsch nach einigen großen Theaterrollen, die sie zum Teil mit ihrem Mann als Partner oder als Regisseur spielte.

Wie dem auch sei und was immer die guten und die bösen Zungen sagen, Liselotte und Helmut sind auf jeden Fall noch heute zusammen, sie haben zusammen gefilmt und Theater gespielt, zusammen größere und weniger große Erfolge errungen, sie sind beruflich und privat durch dick und dünn gegangen, und wenn man bei jemandem die Prophezeiung wagen darf, dann bei ihnen: Sie werden immer zusammenbleiben.

Für Liselotte hat sich dabei die Erkenntnis gefestigt, daß der private Erfolg für eine Frau immer Voraussetzung ist für den beruflichen, daß aber wiederum erst die Rolle im Beruf ihr diesen privaten Erfolg auch wirklich ermöglicht.

16

Es ist ein großes Begräbnis, eines, dem man nicht fernbleiben kann, auch wenn man solche Trauerfeierlichkeiten lieber meidet.

Liselotte und ich fahren vom Genfersee nach Bern. Solche Anlässe sind bei uns gottseidank so selten, daß Liselotte sich einen schwarzen Mantel ausgeborgt hat, bei einer alten Bekannten, Frau Kupper, Inhaberin der elegantesten Berner Modeboutique*, die sich eine Ehre daraus gemacht hat, Liselotte ein teures Modell auszuleihen, auch wenn diese, wie Frau Kupper sagt, nie etwas bei ihr kauft.

Wir sind schon viele Hundert oder Tausend Kilometer zusammen gefahren, stets ist Liselotte am Steuer (ich habe meinen Führerschein, auf Liselottes dringendes Anraten, erst viel später und mit wenig Enthusiasmus gemacht), zuerst in ihrem schwarzen Citroen (das erste, was Liselotte sich von ihren Theatergagen kaufte), in dem wir oft noch nach ihrer Vorstellung im Schauspielhaus in der Nacht von Zürich nach Bern schaukelten, vor allem als sie erst den «Lernfahrausweis» besaß und eigentlich gar nicht am Steuer hätte sitzen dürfen – dann in dem orangefarbenen, ele-

* existiert heute nicht mehr

ganten und formvollendeten Studebaker und schließlich dann, nach ihrer Heirat, in dem viel repräsentativeren, zuverlässigen, mir aber etwas zu konservativ und typisch «deutsch» scheinenden Mercedes (zuverlässig, kraftvoll, aber nicht raffiniert, wie der oder das «Deutsche» schlechthin), doch da waren unsere gemeinsamen Fahrten ohnehin seltener geworden.

Um so mehr genoß ich es jedesmal, wenn wir gemeinsam irgendwo hinfahren mußten und Helmut nicht dabei war, er sah uns ungern zusammen und beklagte sich öfters in Interviews, daß er einfach «nirgends mehr sei», wenn Liselotte und ich beieinander waren und erst einmal anfingen zu schwatzen; er gab offen seine Eifersucht auf mich, auf unsere schwesterliche Intimität zu, und Liselotte wäre nicht diejenige gewesen, darauf nicht Rücksicht zu nehmen. Sie sitze zwischen Stuhl und Bank, gab sie mir zu verstehen, es heiße für sie entweder Schwester oder Ehemann, und da wähle sie halt diesen, damit müsse ich mich abfinden. Dazu bekam ich von ihr auch gleich noch ein Eherezept: «Lasse Deinem Mann stets seine Freiheit, und mache ihm nie eine Szene», war ihr Grundsatz, mit einer Einschränkung allerdings: wenn er dich betrügt. «Dann ist sofort Schluß, das heißt für mich die Scheidung.»

Mich hat sie für ihr Eheglück ohne Wimpernzucken und, ohne es sich bewußt zu sein, geopfert. Da Helmut nicht mehr erlaubte, daß ich ihr einen Rat gab, bzw. meine Ratschläge geradezu systematisch boykottierte, verlor ich meinen Einfluß, meinen Kontakt und damit ein wenig von Liselotte selber, aber wie gesagt, ohne daß sie sich dessen jemals bewußt wurde oder bewußt werden wollte. Um so mehr blieben für mich gemeinsame Autofahrten Sternstunden der Gemeinsamkeit, und ich benutzte sie, um mit ihr –

wie früher – über Gott und die Welt und hauptsächlich über Liselotte selbst zu reden:

«Bei dir ist das Lachen Beruf und Firmenmarke. Wieviel hast du selber heute noch zu lachen?»

«Du Chue (du Kuh)», antwortet Liselotte (sie nennt mich seit unserer Kindheit des öfteren so, aber so liebevoll, als sei es ein Kosename), «ich lache noch immer viel und gerne. Besonders privat.»

«Lachen ist für dich der Beweis für Kraft, Weinen bedeutet Schwäche. Du brauchst das Lachen als Kraftprobe, ist es noch immer so?»

«Ja.»

«Und beruflich? Möchtest du nicht ganz gern in ein anderes, das ernste Fach umsteigen?»

«Von Umsteigen kann keine Rede sein, denn ich habe immer wieder ernste Rollen gespielt», beteuert Liselotte. «Auch im Film, oder vor allem im Film. Aber man redet von diesen komischerweise weniger, man will mich einfach lachen sehn. Man erwartet es von mir.»

«Die Leute zum Lachen zu bringen, Lustigkeit, Leicht-Sinn, also ‹leichter Sinn›, sind ja, im Gegensatz zu dem, was man annimmt, für einen Schauspieler das Schwerste, was es gibt, besonders für einen Schweizer Schauspieler. Fällt es dir vielleicht auch allmählich etwas weniger leicht?»

«Nein, denn das Lachen war für mich von jeher die Rettung ...»

Es bleibt eine Weile still im Auto, und jeder hängt seinen Gedanken nach, während die Landschaft schwermütiger wird, enger und eben, weniger leicht; der lachende Genfersee ist längst hinter Hügeln mit Weiden und Wäldern verschwunden.

Unsere ganze Familie mütterlicherseits, Tanten, Vettern

und Kusinen, Kinder und Kindeskinder, eine weit verzweigte Verwandtschaft wird an dem Begräbnis anwesend sein, alle die, zu denen wir gehören und die wir als Kinder meiden mußten, weil unser Vater sie als minderwertig ansah.

Das kam daher, daß unsere Großmutter mütterlicherseits, die Mutter unserer Mutter, eine Fremde, eine Französin, ja Pariserin war. Aber was die Sache erst schlimm und für eine angesehene Berner Familie unerträglich machte: die Pariserin war Witwe und ihr Mann, der Vater unserer Mutter, ein «Leichtfuß, ein Tunichtgut» gewesen, der nach seinem vorzeitigen Tod nichts als Schulden und sechs unmündige Kinder hinterließ; die Familie war auf die Unterstützung seitens der Verwandten, die ihre Abneigung der «Fremden» gegenüber nie verheimlicht hatten, angewiesen. Denn es schwebte dazu noch ein Geheimnis über ihrer Herkunft, sie war als Vollwaise in Paris von Millionären aufgezogen und wie eine Prinzessin ausgestattet und sogar als Erbin eingesetzt worden (was zu allerhand Gerüchten Anlaß gab, denn es war auch eine legale Erbin da). Doch hatte dann ihr Mann, unser Großvater, der ebenfalls bis zu seiner Erkrankung in Paris lebte, das ganze Geld mit Spekulationen und Erfindungen durchgebracht. Ihren gesamten Schmuck hatte die tapfere Ehefrau zuletzt noch gegeben, nachdem bereits ihr gesamtes Vermögen in seine Geschäfte geflossen und zusammengeschmolzen war, bevor er an Lungentuberkulose erkrankt und dadurch endgültig von Mitarbeitern hintergangen wurde und bankrott machte.

Für die für uns wie ein romantisches Märchen anmutende Geschichte hatte aber die sparsame und mißtrauische Familie väterlicherseits ebensowenig Sinn wie für den hocherhobenen Kopf der Pariserin, die, verloren in der deutschsprachigen Schweizer Hauptstadt mit ihrer unverständlichen Sprache – «c'est du chinois»: das ist Chinesisch, pflegte sie zu sagen und lernte davon in vierzig Jahren nicht ein einziges Wort – es dennoch verstand, trotz der bittersten Armut noch elegant und sogar extravagant daherzukommen und alle ihre sechs Kinder unter die Verwandtschaft zu verteilen, um sich ganz unzeitgemäß zu emanzipieren und ihren eigenen Lebensunterhalt als Dekorateurin selbst zu verdienen.

Das war zu jener Zeit, als die Frau ins Haus und möglichst in ein wohlangesehenes gehörte, einfach unseriös, um nicht zu sagen skandalös. Keiner dachte daran, daß man dieser fremden und «arroganten» Person, die in all den Jahren nicht ein einziges Wort deutsch, sondern nur ihr «affektiertes» Französisch sprach, vielleicht Unrecht, in jedem Fall aber weh tat, keiner und vor allem keine dachte daran, was das für eine Frau bedeutete, nach dem Verlust des geliebten Mannes, der Familie, des Geldes und damit jeglichen äußeren Halts und Ansehens und jeglicher Ehre den Kopf oben zu behalten und immer guten Mutes und ebensolcher Laune zu sein, im Gegenteil, das nahm man der «lustigen» Witwe ja gerade übel. Die Konsequenzen mußten alle unsere Verwandten mütterlicherseits denn auch bitter erfahren. Die Schwester der Mutter, die schöne Tante Elsi, die die mutigste Besucherin unseres Zuhauses war, wurde von unserem Vater nur mit schlechter Laune, Schimpfen und unflätigen Kraftausdrücken empfangen, so daß auch sie schließlich fern blieb und wir sie, wenn wir sie sehen wollten, in ihrer Wohnung aufsuchen mußten. Ich machte davon schon als ganz kleines Kind am meisten Gebrauch, packte an jedem ersten Ferientag oder auch am Wochenende meine Siebensachen in einen winzigen Koffer und schlüpfte unter ihre Fittiche wie bei einer Glucke; sie wurde meine Zuflucht, während bei uns zu Hause die Mutter selbst ihre eigenen Brüder nur in der Küche, manchmal auf der Straße vor dem Gartenzaun empfing, so groß war die Angst vor unserem Vater. Er würdigte solche Besucher nicht eines Blickes und noch viel weniger eines (Gruß-)-Wortes, sie blieben für ihn einfach Luft. Unsere Mutter war zu «feige», das heißt, sie hatte zu wenig Mut und ganz einfach keine Kraft, um sich gegen solch tyrannisches und flegelhaftes Benehmen («typisch bernisches», sagte unsere Großmutter mütterlicherseits) ihres Mannes zu wehren. Hatte man ihr nicht immer gesagt, sie müsse als Vollwaise ohne einen Rappen Geld froh sein, überhaupt einen Mann gefunden zu haben?

Alle diese Verwandten werden also heute da sein, die, die wir nicht sehen und nicht sprechen durften und die deshalb uns gegenüber eine Animosität, ein «ungemütliches Gefühl» und eine Distanz behalten haben, obschon man sich längst versöhnt hat.

Das Blatt hat sich ohnehin gewendet, Kind und Kindeskinder sind selbstbewußt und reich geworden, reicher als wir, die wir auf sie herabzusehen gelernt hatten.

Liselotte sind diese Verwandten alle noch immer nicht ganz geheuer, auch wenn die Mauer, die unser Vater zwischen ihnen und uns aufgebaut hat, längst überwunden ist. So ganz sind eben Kindheitsprägungen nicht aus der Welt zu schaffen.

Es wäre denn auch übertrieben, zu sagen, daß Liselotte sie jetzt mag, vielmehr ist die Begegnung, die Konfrontation mit ihnen ihr noch heute ein wenig unangenehm und eine anstrengende Pflicht geblieben.

Dabei besitzen gerade unsere Verwandten mütterlicherseits diese «französische» Leichtigkeit und Kontaktfreudigkeit, Wärme und einen geradezu «lateinischen» Familiensinn, die Fähigkeit und Herzlichkeit und Umgänglichkeit eben, bei denen es einem automatisch wohl wird ums Herz. Ich habe mich bei ihnen immer mehr zu Hause und auf der gleichen Wellenlinie gefühlt als daheim in der eigenen Familie und mich bei der geliebten Tante Elsi schadlos gehalten mit der von ihr ausgehenden Wärme, die bei uns fehlte und mithin auch die Besucher fernhielt. «Da hast du ihn nun, Deinen Hochschulflegel», pflegte meine Tante zu unserer geplagten Mutter zu sagen, um damit auszudrücken, daß sie einen Mann mit Herz einem mit einem akademischen Titel vorziehe. Ohne sie, ohne dieses himmlische Geruchsgemisch aus Banago (Kakao), Schmierseife und Naphtalin (für mich das herrlichste Parfum der Welt – obschon des öfteren umgezogen, riecht es bei ihr noch immer so) in ihrer bescheidenen, kleinen Dreizimmerwohnung, hätte ich das Leben vielleicht gar nicht ertragen, zumindest nicht gewußt, was tröstliche Wärme und Geborgenheit überhaupt bedeuten, unsere arme Mutter hatte zuviele Probleme und war entsprechend wenig zu Hause, um in die Eiseskälte unseres Haushaltes auch nur einen Sonnenstrahl zu bringen.

«Ds Lächle isch em scho vergange, d'Windle hange a der Stange . . .», denke ich. Wie sehr dieses bekannte Volkslied doch auf unsere Mutter – und alle Mütter ihrer Generation paßt!

Liselotte will aber davon sowenig hören wie schon als Kind von einem Familien- bzw. Tante Elsi-Ersatz.

Sie orientierte sich ganz nach dem Vater und wurde entsprechend durch ihn geprägt: «arme» Verwandte betrachtet sie mehr oder weniger als eine Plage, ein absolut nicht notwendiges Übel, dem man am besten aus dem Weg geht. Begräbnisse besuchen wir alle ungern, sie waren ohnehin nicht häufig. Die Berner sind eine zähe Rasse, und sie erreichen meist ein biblisches Alter, wenn sie es nicht vorziehen, schon in jungen Jahren vorzeitig darauf zu verzichten und freiwillig aus dem Leben zu scheiden. Während ich so meinen Gedanken nachhänge, wie einer melancholischen Begleitmusik zu der uns immer näher kommenden, schattigen, heimatlichen Landschaft, konzentriert sich Liselotte auf die Landstraße, als wäre diese ein sie herausforderndes, anspruchsvolles Zuschauerpublikum.

«Hast du eigentlich Angst vor dem Alter?» frage ich sie.

«Das ist die Frage, die man mir am meisten stellt und die ich am blödesten finde», antwortet sie mit dieser Ungeduld, die zeigt, daß auch sie wehmütige, ja unangenehme Gedanken nicht ganz abwehren kann.

«Wenn du wolltest, könntest du längst aufhören und auf deinen Lorbeeren ausruhen. Trotzdem läufst du noch immer einem Phantom nach.»

«Es ist kein Phantom, sondern harte Wirklichkeit. Privat bin ich restlos zufrieden, aber vom Finanziellen her leider nicht. Da muß ich an die Zukunft denken. Zudem habe ich mir berufliche Ziele gesteckt.»

«Und sie auch erreicht.»

«Nein. Den Oscar zum Beispiel habe ich nicht erreicht.»

«Ist das noch immer dein höchstes Ziel?»

«Ich glaube, jeder Schauspieler – jeder Filmschauspieler der ehrlich ist, hat das Ziel, einen ‹Oscar› zu bekommen.»

«Gibt es für dich eine Erklärung, warum du den Oscar nicht – oder noch nicht – bekommen hast? Du spieltest doch auch in vielen internationalen Streifen?»

«Das hängt auch von den Filmen ab. Ich habe während

zwanzig Jahren bei jedem Film, den ich angefangen habe, gemeint, ‹dieser ist es jetzt, das Meisterwerk, der wird jetzt ganz groß, er wird Spitze›. Und dann hatte ich eben fast immer das Pech, daß einer der ganz großen Regisseure gerade mit mir einen nicht mehr so großen Film drehte. Es war fast wie ein Fluch. Meine Anstrengung, mein Einsatz waren oft in keinem Verhältnis zu den mittelmäßigen Resultaten. Es ist einfach ... einfach ein Fluch oder ein unglücklicher Zufall oder ich weiß nicht was, daß dann genau diese Filme, die heiteren eben und die lustigen, in denen ich lachen mußte, die erfolgreichsten wurden. Und dadurch wurde ich ja auch in diese Position gedrängt.»

«Dieses Klischee der ewig fröhlichen, lachenden ...»

«Diese Position wollte ich natürlich nicht verlieren, das ist doch klar. Ich setze nie alles auf eine Karte, das liegt mir nicht. In der Begründung des Kritikerpreises 1959 hieß es, daß ich mich immer wieder in Gefahr gebracht hätte, riskante Rollen zu spielen. Aber das Risiko hört bei mir auf, wenn ich dabei meine Existenz aufs Spiel setzen muß. Das kann ich mir, mit meinem Haus und meiner Familie, nicht leisten. Wenn ich also wählen müßte zwischen einer schweren und anspruchsvollen Bühnenrolle und einem großen Hollywoodfilm, dann würde ich wahrscheinlich den Film wählen. Das hat nichts mit künstlerischen Erwägungen zu tun. Denn wie oft wünschte ich mir, zu sagen, ‹macht doch euren Dreck alleine›, und mich umzudrehen und zu gehn. Aber das kann wohl nur jemand, der auch den ‹Oscar› zurückgeben würde».

Während wir sanft wie in einem Wohnzimmersessel dahingleiten, bringt mich Liselotte auf mein Lieblingsgleis, das ihr jedoch fast so verhaßt ist wie die Richtung, die sie, der Not gehorchend, mit dem Auto jetzt einschlägt:

«Ist der Erfolg, ein solch geradezu überwältigender Publikumserfolg nicht auch eine Gefahr, ich meine, er wird zu einer Gewohnheit – einer Droge –, auf die man nach sovielen Jahren dann gar nicht mehr verzichten kann?» – «Du Chue (du Kuh)», sagt sie wie immer liebevoll-zurechtweisend, «wenn man Schauspieler wird, will man Erfolg haben. Wer das nicht zugibt, der lügt. Denn ohne Erfolg kann man doch diesen Beruf gar nicht ausüben – auch andere Berufe nicht, denk ich.»

«Aber der ‹Bambi›, ist das nicht etwas eher Oberflächliches, ich meine, eine rein kommerzielle Auszeichnung?»

«Es ist ein Preis für Popularität, und Popularität ist etwas sehr Schönes, denn man kann sie nicht manipulieren oder erzwingen. Und alle, die wirklich populär sind, ich meine, das soll einer erst mal nachmachen. Hinter Ruhm und großem Publikumserfolg muß doch wahrscheinlich etwas stecken.»

«Zumindest ein guter Manager (Agent).»

«Agenten schauen nicht auf die guten Rollen, sondern auf die hohen Gagen. Und ein Schauspieler, der nicht gefragt ist, hat auch keinen Agenten. Ich habe die Erfahrung gemacht, daß ein Agent selten etwas durchboxen kann, was nicht auch ohne ihn auf einen zukäme.»

«Du spielst jetzt wieder Theater. Was ist dir wichtiger, Theater oder Film?»

«Es macht mir einfach Spaß zu filmen, das muß ich ehrlich sagen. Es sind nicht nur das Finanzielle, der Ruhm, der Erfolg und so weiter, die mich faszinieren. Nein, es gibt einem eine richtige Befriedigung, wenn man einen Film fertiggedreht hat, ihn anschauen kann und denken: um Gotteswillen, diese Anstrengung! diese Schwierigkeiten! Das habe ich alles ertragen und mitgemacht! Ob er nun gut ist oder schlecht, aber das habe ich gemacht, das ist mein Werk, das habe ich hinter mir, und ich habe dafür wirklich geschuftet wie ein Tier. Beim Theater ist die Leistung mit der Vorstellung zusammen vorbei, verpufft in der Luft, man kann sie nicht wiederholt anschauen, nicht dabei verweilen. Im Moment, wo man es geschafft hat, ist es auch schon vorbei.»

«Aber dafür ist der unmittelbare Kontakt mit dem Zuschauer da, der spontane Beifall.»

«Oder die Kritiker.»

«Bist du – ich meine, sind Schauspieler – und insbesondere die Filmschauspieler – nicht etwas zu empfindlich, was die Kritiker anbelangt?»

«Es wird aber auch ein Maßstab an Filmschauspieler angelegt, der an Theaterschauspieler nie angelegt wird.»

«Man erwartet wohl auch mehr von den magischen Namen und Sternen am Filmhimmel und ist vielleicht dann etwas enttäuscht, daß diese auch nur Menschen sind?»

«Es werden sicher viele von diesen Filmschauspielern, die Lust hätten, zum Theater zu gehen, davon abgehalten, weil sie eine wahnsinnige Angst vor der Presse haben. Und es vergeht ihnen einfach die Lust, sich in die Höhle des Löwen zu begeben, sich seiner Zerreißlust auszusetzen – aber da bin ich anders, da gehe ich einfach trotzdem. Gerade die Kraftprobe, mich mit ihnen zu messen, reizt mich ja. Aber es bleibt doch eine Tatsache: es ist und bleibt für einen Filmschauspieler viel schwerer, Theater zu spielen, als für einen, der zehn oder zwanzig Jahre an einer Bühne engagiert ist. Das hat mit Talent nichts zu tun, sondern mit der Technik, der Übung und Routine. Es ist gar nicht mehr möglich, beim Film die kleinen Teile in einem Ganzen durchzuspielen, und es gibt die Mikrophonangst, die bekommt man nur beim Film. Als ich angefangen habe beim Theater, da habe ich überhaupt nicht daran gedacht, ich könnte mich versprechen. Dann, nachdem ich beim Film war, habe ich überhaupt nichts anderes mehr gedacht nach einer Theaterpremiere als: wieviele Versprecher hatte ich? Das war meine erste Sorge.»

«Du hast eben gar nicht unbedingt eine Schauspieler-, ich meine, eine sogenannte Künstlernatur.»

«Nein, ich bin eher bürgerlich und ein Pedant. Schon aus ökonomischen Gründen. Ich habe einfach keine Zeit, eine Sauordnung zu haben. Da finde ich ja überhaupt nichts mehr. Zudem macht es mir Freude, ja es gefällt mir einfach, Ordnung zu haben, aufzuräumen und so. Das ist etwas, was ich wahnsinnig gern mache, es befriedigt mich richtig, zum Beispiel einen unordentlichen Tisch oder ein unaufgeräumtes Zimmer schön sauber und alles wieder ordentlich zu machen . . .»

«Auch deine Sprechübungen machst du wie ein Pedant –»

«Sie mache ich ausgesprochen ungern. Ich zwinge mich dazu.»

«Du zwingst dich erbarmungslos und ohne Pardon. Wie als Kind schon, mit den Weihnachtsgeschenken, die du schon im August anfingst und gar nicht etwa gerne . . .»

«Das kann man nicht so sagen: Weihnachtsgeschenke waren meine Pflicht. Und die Pflicht wurde zur Gewohnheit. Du weißt, ich hatte immer einen Sorgen-Zettel.»

«Es fällt einem schwer, zu glauben, daß du mit deinem berühmt frohen Gemüt schon so früh Sorgen hattest.»

«Hätte ich die nicht, würde ich jedes Maß verlieren.»

«Auf jeden Fall hast du nie einen Skandal gehabt, aber du hättest wohl auch nie einen riskiert, sagen wir mal, eine gute Rolle auf Kosten deines guten Rufes –»

«Du Kuh, das hat doch damit nichts zu tun! Das sind einfach dann auch wieder Prinzipien, das paßt genau zu meiner Pedanterie, wie du sagst. Ich habe nun einmal Prinzipien, und über die gehe ich nicht hinweg. Meine Überzeugung ist: das ist nicht meine Sache, ich würde mich nie vor der Kamera ausziehen und auch nicht hinter ihr. Allerdings soll man in meinem Beruf nie nie sagen . . . die Zeiten haben sich geändert.»

«Aber du liebst bei dem allem doch sehr Publicity – je größer der Rummel um deine Person, desto besser –»

«Das war einmal. Heute gehe ich dem Rummel aus dem Weg und besuche kaum Veranstaltungen. Natürlich lese ich noch die Zeitungsausschnitte über mich und sammle die Titelblätter. Ob man noch über mich redet, das ist schließlich ein Gradmesser. Klappern gehört zum Handwerk, wenn ich auch ungern klappere. Jedes Bestattungsinstitut macht heute Publicity für sich . . .»

Die kleine Burgerspitalkapelle ist bis auf den letzten Platz besetzt. Die kulturelle Elite Berns ist vollzählig anwesend, um einem ihrer Mitglieder das letzte Geleit zu geben, dazu unsere gesamte Familie mütterlicherseits. Die Trauerfeier ist schön und lang, es werden von verschiedenen Honoratioren Reden gehalten, denn es gilt, einem vorbildlichen, einem voll ausgeschöpften und bis zur Neige ausgekosteten Leben einen würdigen Nachruf nachzuschicken.

Es ist der Maler Viktor Surbek, der in seinem neunzigsten Lebensjahr gestorben ist, betrauert in erster Linie von seiner gleichaltrigen Witwe, der bekannten und damals noch immer rüstigen und vitalen Malerin Marguerite Surbek-Frey*, betrauert aber auch von den zahlreichen Verwandten.

---

* 1980 verstorben

Wir gehörten auch dazu, denn die Mutter von Viktor Surbek war die Schwester unseres Großvaters mütterlicherseits, diesem begabten «Tunichtgut», der die Pariserin, unsere Großmutter, geheiratet hatte.

Seine Schwester war das pure Gegenteil ihrer französischen Schwägerin (aber auch ihres Bruders), sie hatte den angesehenen Dr. Surbek, Direktor des Inselspitals, geehelicht, eine Berner Notabel, Freund von weltberühmten Göttern in Weiß und selbst so einer, und sie war eine dieser Stützen der Gesellschaft, die durch einen vorbildlichen Lebenswandel, eine strenge Moral, durch Wohltätigkeit und kulturelle Interessen, vor allem natürlich durch ersichtlichen Wohlstand der Stadt zur Zierde gereichte und zu den «besseren Kreisen» gehörte.

Dennoch durfte der zweite Sohn, nachdem der erste in die Fußstapfen des Vaters getreten und Arzt geworden war, die «brotlose» Laufbahn eines Künstlers einschlagen und Maler werden.

Er war schon über zwanzig und bereits verlobt, als seine gestrenge Mama seine Kusine, also unsere Mutter, nach deren Vaters Tod in Pflege nahm und in der «Insel» aufzog. Trotz des Altersunterschiedes betrachtete er die junge Germaine fast wie eine Schwester, und Viktor Surbek stand uns aus diesem Grunde sehr nahe.

Er und seine Frau waren schon in unserer Kindheit berühmt und gehörten zu diesen «oberen Tausend» Berns, die in kulturellen und auch in gesellschaftlichen Belangen den Ton angaben, die unter anderem die heute so vielgelobte Altstadt vor dem Abbruch retteten, als der Denkmalschutz noch lange nicht ins Volksbewußtsein eingedrungen war. Sie waren es denn auch, die Liselotte halfen, die Tore zum Schauspielerberuf zu öffnen.

Deshalb ist sie jetzt da, bei der Begräbnisfeier. Wie immer, wenn jemand ihr Nahestehender stirbt, ist sie tief betroffen.

Liselotte hat den humorvollen, bis zuletzt tätigen und immer zu einem Spaß aufgelegten Onkel Viktor gern gemocht, sie bewunderte ihn als Maler und Künstler, und er wiederum war ein großer Verehrer ihrer Kunst geworden.

Ihretwegen flog er nach München und Berlin, um ihren Theaterpremieren beizuwohnen; als «Undine» (mit K. M. Brandauer als Partner) hat er sie sogar mit Zeichnungen und Lithographien verewigt.

Es ist schwer zu fassen, daß so jemand plötzlich nicht mehr da ist, doch ist das hohe Alter, das er bei voller geistiger und körperlicher Rüstigkeit erreicht hat, auch wiederum ein Trost.

Wie selten jemand konnte er das Leben voll ausleben und auskosten. Kinderlos, in harmonischer Ehe mit seiner malenden Gattin eng verbunden, seit über fünfzig Jahren als Künstler geehrt und gefeiert, ohne finanzielle und andere langweilige Alterssorgen, hat seine Lebensflamme bis zum allerletzten Schluß hell gebrannt.

Das sagen alle, die nachher die schmerzgebeugte, aber sich tapfer aufrecht haltende Witwe trösten.

Man trifft sich noch, wie das so Brauch ist, zu einem «währschaften Zvieri», bei dem es an nichts mangelt für das leibliche Wohl, damit man einander über die seelische Qual ein wenig hinwegtrösten und in das ja weitergehende Leben zurückfinden kann.

Liselotte kommt auch mit, ein wenig widerwillig wie immer, wenn es um Familienzusammenkünfte geht. Aber da sieht man, daß sie sich einfach einen Schutzwall gebaut hat, der, einmal durchbrochen, wie der aufgegangene Vorhang im Theater unvermutet ein ganz anderes Dekor, den Blick in eine andere Welt, sprich, eine andere Liselotte, freigibt:

Einmal im Kreis der sie bewundernden und neugierig betrachtenden und befragenden Verwandten häuslich niedergelassen, fühlt sie sich nämlich, wie sie es – schon wieder fast ein wenig übermütig – ausdrückt, «sauwohl». Bald muß sie sich schon daran erinnern, daß das hier ja ein trauriger Anlaß ist, ehe sich ihr ganz unvermutet ein zu lauter Lacher, ein herzlich-burschikoses Prost entwischt.

So ist sie und – die sind ja auch alle viel netter als ich meinte, denkt sie, und das denkt sie nicht zum erstenmal, sondern jedesmal, wenn sie aus irgend einem Grunde es nicht vermeiden kann, mit diesen Verwandten zusammenzutreffen. Sie findet sie allesamt sympathisch und nett und nimmt sich vor, in Zukunft jetzt alle ein wenig häufiger zu sehen, «besuch mich doch mal», sagt sie zu jedem – und jeder nimmt es ernst und strahlt. Liselotte setzt sich jetzt noch zu Tante Marguerite, die es übrigens gar nicht gern hat, daß man Tante zu ihr sagt. «Es macht zu alt», findet die Neunzigjährige mit einem Augenzwinkern, «und zudem bin ich ja gar nicht eure Tante, höchstens Kusine zweiten Grades, also nennt mich bitte Marguerite.»

Sie wirkt nicht so traurig, wie man befürchtet hat. Man sieht an ihr keine Träne. Nur die mageren Wangen, die ein klein wenig unsicheren, zitternden Hände verraten, daß sie sich und wie sehr sie sich hier zusammennimmt. Zudem ist der Gedanke für sie noch zu neu, sie hat ihren Lebensgefährten in den letzten Wochen bis zur Erschöpfung gepflegt, um ihn nicht der kalten Krankenhausatmosphäre zu überlassen – sein Tod bedeutet im ersten Augenblick Erlösung, auch für sie.

Die Lücke, die Trauer, die der geliebte Mann nach fast

siebzig Jahren glücklicher Ehe nun hinterläßt, die wird sie erst später bemerken und auch da mit Mut und zähem Willen verdrängen, sich wohl bewußt, was für eine Gnade ihr Leben im Vergleich mit anderen Schicksalen war.

Liselotte ist tief beeindruckt, von dieser Haltung vielleicht noch fast mehr als von dem Tod.

Mit Begeisterung sieht sie, daß sie sogar lachen darf, daß man da nicht Gefühle heucheln muß, die man ohnehin nicht gern zur Schau stellt. Dann schaut sie aber plötzlich erschrocken auf die Uhr, es ist spät geworden. Wir müssen noch 150 Kilometer fahren, sie möchte vor Einbruch der Dunkelheit zurück sein.

Jeder versteht das. Man umarmt sich unter Tränen, jetzt erst, im Moment des Abschieds, wird allen auch der andere, endgültige Abschied besonders und schmerzlich bewußt.

Liselotte setzt sich ans Steuer ihres weißen Mercedes, der, erstklassig gepflegt und auf Hochglanz getrimmt, treu dasteht und wartet wie ein stummer Diener, der seine Herrin liebt, und wir fahren Richtung Westen, in den nahenden Abend, die aufkommende Dämmerung hinein.

Wir müssen durch die Landschaft unserer Kindheit, der verhaßten Sonntagsspaziergänge fahren: die Enge und unübersehbare, leichte Schwermut des Mittellandes mit seiner spezifischen Sprache, die uns so vertraut und doch immer auch ein wenig unangenehm ist, eine Faszination der Angst und der Reminiszenzen an die durchaus nicht unbeschwerte Kindheit umfängt wie Schatten, die einen gegen den eigenen Willen heftig umarmen. Liselotte spürt das wie ich, aber sie haßt es, darüber zu sprechen oder auch nur an sie zu denken, an diese Erinnerungen, die Unangenehmes, Fesseln und heimliche Furcht enthalten, sie haßt das alles und gibt Gas.

Nur schnell weg von hier, nur dem, was da unerwartet und unheimlich aufkommt wie die hereinbrechende Nacht, entfliehen, aber es ist fast unumgänglich, daß man jetzt an den Tod denkt.

«Ich kann es mir noch gar nicht vorstellen», sagt sie.

«Nein, ich mir auch nicht», ist meine automatische Antwort.

«Den Tod kann man sich nicht vorstellen. Deshalb will ich auch keinen Toten sehen. Das ist nicht Feigheit, das ist Selbstschutz. Ich will nicht den Toten in Erinnerung behalten, sondern den Lebenden. Ich werde den Toten sonst nicht mehr los.»

Sie braucht mir nichts zu sagen. Ich fühle da ganz wie sie. Manche Leute, vor allem ältere, sind da anders, besehen sich die Verstorbenen wie süchtig, als empfänden sie dabei eine Lust.

«Tante Elsi geht die Toten immer ansehen, rührt sie noch einmal an.»

«Onkel Viktor hat sie im Sarg gestreichelt, sie fand ihn schön.»

«Hör mir auf», sagt Liselotte fast brüsk und fährt noch etwas schneller, als könnte sie diesem Gedanken damit entfliehen.

Mit eleganter Straßenlage und sanftem Motorenschnurren gleitet der starke Wagen über die leere Straße dahin. Je weiter die Landschaft der Kindheit hinter uns bleibt und sich die Weite des Genferseegebietes vor uns öffnet, desto mehr verlieren wir das ungute Gefühl einer drückenden Enge, einer leisen Trauer, desto mehr werden wir wieder wir selbst und frei.

Wir sind da beide gleich, «fast wie Zwillinge», wie Liselotte sagt, es müssen dieselben wehmütigen Erinnerungen und Ängste, dieselben Sehnsüchte nach der unwiderbringlichen Kindheit sein.

«Ich komme immer gern nach Bern, aber irgendwie fühle ich mich da nicht mehr wohl, zieht es mich mit Gewalt wieder fort.»

Wir fahren von Lausanne den Berg hinunter, vor uns öffnet sich großartig und in den letzten Strahlen der untergehenden Sonne lächelnd die spiegelglatte Fläche des Sees, darum herum die sanften Hügel zitternd im hellen Dunst vom Horizont. Freundlich noch im untergehenden, himmelblauen, ersterbenden Tag, hell und klar: die geistige (Wahl-)Heimat.

Vergessen sind alsbald die Erinnerungen, die hereinbrechende Nacht mit ihren kalten Schatten, die uns hier nichts mehr anhaben können, uns auch nicht mehr einholen, vergessen ist fast auch schon die Trauerfeier und alles, was hinter uns liegt.

«Ich freue mich richtig, jetzt nach Hause zu kommen», sagt Liselotte, und ich weiß, daß dieser Satz alles, was sie sonst nie ausspricht und zu niemandem sagt, enthält.

17
Ds Lächle isch em scho vergange ...*

«Wenn ich meine Tochter nicht gehabt hätte, hätte ich nicht gewußt, was das Leben ist», pflegte unsere Mutter zu sagen, und es ist erschütternd, zu konstatieren, wie dieses zwar eher harmlose, aber recht pessimistische Volkslied die ganze Binsenwahrheit über das Los der Frau in der doch so schönen Schweiz enthält: Ehe und Mutterschaft bedeuten eine Last und keinesfalls Glück. So hatte jede Generation ihr(e) Sorgenkind(er), unsere Großmutter, unsere Mutter und jetzt auch meine Schwester, und was dabei vielleicht noch erschütternder ist: auch unsere moderne und scheinbar so fortschrittliche Zeit hat daran nichts geändert und auch nicht der Versuch, anders zu leben, es besser, eben «anders» zu machen als die Vorfahren, dem, was scheinbar schuld daran war, der Enge einer «normalen» Ehe und Bürgerwelt, aber auch den Erinnerungen daran und den schlechten Erfahrungen, kurz, den Gespenstern aus der Vergangenheit zu entfliehen. Im übrigen: das Sorgenkind unserer Mutter war ich, nicht meine Schwester, vielleicht kann ich deshalb die Sorgen der anderen so gut – mit Leib und Seele – verstehen.

---

* Volkslied: Das Lächeln ist ihm schon vergangen ... (Fortsetzung: die Windeln hängen an der Stange)

Wieder einmal fahren Liselotte und ich von Bern in die Westschweiz – vom Schatten (der Heimatstadt) ins Licht (der Wahlheimat) zurück. Auf eine geradezu unheimliche Weise ist das, was man sonst vielleicht gerne als übertriebene Wortsymbolik angesehen hätte, wahr geworden, ist Liselotte von dem eingeholt worden, vor dem sie immer floh. Es war der schwerste und härteste, ungewöhnlichste Gang ihres Lebens: sie hatte Rendezvous mit dem Tod. Liselotte hat nie ein Hehl daraus gemacht, daß sie den Tod, aber auch Tote fürchtete, es ablehnte, mit ihm oder ihnen, auch nur dem Gedanken daran, konfrontiert zu werden. Es war ihre Art, zum Leben ja zu sagen. Das Leben, an das sie sich klammert wie das Baby an seine Mutter, weil es (sie) Wärme, Geborgenheit und eben, *Leben* bedeutet, dem man, um es zu bewältigen, nur die lachende Seite abzutrotzen hat. Der große Feind, das Gegenteil davon, das ist der Tod, der Kälte, Ohnmacht, Alleinsein und Angst bedeutet, all das eben, was Liselotte als Schwäche bezeichnet und bekämpft.

«Ich habe noch nie einen Toten gesehen», sagte sie zu mir am Telefon, «könntest Du sie für mich identifizieren gehen?» Es war ihre erste, spontane Reaktion, das Zeichen ihrer absoluten Fassungslosigkeit: war das nun die Wirklichkeit oder nur eine neue Rolle in einem (schlechten) Film? Denn dort «hinten», in der Heimatstadt, die sie in jedem Sinn, geografisch und als Kindheitstrauma, hinter sich glaubte, liegt jetzt ihre einundzwanzigjährige Tochter im Gerichtsmedizinischen Institut, sie ist tot.

Es ist ein sonniger Tag. Liselotte sitzt nicht am Steuer, sondern neben mir im Fond des Wagens, den mein Lebensgefährte Paul für sie lenkt. Es wäre für sie, die ausgezeichnete und leidenschaftliche Fahrerin, ausgeschlossen, heute den schweren Wagen selbst zu steuern, wir, ihre Familie, hätten es ihr auch gar nicht erlaubt, zu Schreckliches hat sie mitgemacht.

Mein Kopf fällt vornüber, immer wieder nicke ich ein. Am Abend, nach dem Telefon mit der Polizei und mit meiner Schwester, mußte ich ein Beruhigungsmittel nehmen, ich hätte sonst die Nachricht nicht verkraften, die Nacht nicht überstehen können, die Wirkung des Medikamentes kommt erst jetzt.

Die Luft flimmert im grellen Sonnenlicht, ich muß blinzeln, um Liselotte anzusehen oder die erlösenden Tränen zu unterdrücken, ich will alles vermeiden, was sie irritiert.

Es ist eine ganz unwirkliche Fahrt. Das Auto rast fast lautlos durch die Landschaft, die sich immer großartiger, einladender vor uns auftut und doch, für einmal, nicht zu trösten vermag, es gibt Situationen, in denen sind Schönheit und strahlender Sonnenschein wie ein zusätzlicher Schmerz.

Immer wieder versuche ich mich aufzuraffen, um mit Liselotte zu sprechen, denn sie sitzt da und schaut wie erstarrt vor sich hin, sie ist keiner Träne fähig, ihr Gesicht ist kreideweiß, ihre schmalen Hände sind im Schoß gefaltet, hinter den getönten Gläsern ihrer Brille wirken die weit aufgerissenen Augen fragend und unnatürlich groß, bewegungslos, ausdruckslos wie bei einem toten Fisch – ohne Zweifel hat sie noch immer nicht begriffen, was eigentlich passiert ist, sie tut mir unendlich leid. Wir kommen von diesem entsetzlichen Erlebnis zurück, das man sonst nur aus Kriminalfilmen kennt: wir mußten von Amts wegen, zusammen mit einem Polizeibeamten, eine Tote identifizieren, die schon seit bald zehn Tagen unerkannt in der Gerichtsmedizin in einem Gefrierfach lag – gibt es eine schrecklichere Art für eine Mutter, als ihre seit Tagen vermißte Tochter so wiederzufinden?

Liselotte hat, nach einem zweiten Anlauf, dann doch noch und auf eigenen Wunsch den schweren Gang gewagt, nachdem Paul zuerst eindeutig ihre Tochter erkannt hatte; sie ging aufrecht und ohne sich stützen zu lassen, wie im Traum, währenddem es die amtliche Vorschrift so will, daß der Beamte sie und ihre Reaktion genau und indiskret beobachtet, um sicher zu sein, daß sie sich nicht irrt.

Liselottes erste, direkte Konfrontation mit dem Tod.

Mir kann es jetzt nur darum gehen, daß sie nicht zusammenbricht, daß ich das, was auch immer in ihrem Kopf jetzt vorgeht und sie quält, errate und ihr helfe, es zu bewältigen, damit fertig zu werden. Wenn sie es auch nicht zeigt, sie braucht jetzt meinen Zuspruch und meinen Trost. Denn sie ist ja keine gewöhnliche, keine unbekannte Person. Gerade in diesem Moment wird es ihr mit Grauen und panikartiger Angst bewußt: all das, was einmal ihre Freude und ihr Spaß, ja ihr unbändiger Ehrgeiz war, nämlich berühmt und bekannt, ein Publikumsliebling und populär zu werden, das wird hier für sie eine fürchterliche Bedrohung, eine schier untragbare Last.

«Man muß unbedingt vermeiden, daß die Journalisten es erfahren», preßt sie denn auch mehrere Male fast unhörbar hervor.

Ich weiß, daß dieser Wunsch, oder vielmehr diese Hoffnung von ihr eine Illusion ist. Ihre Tochter starb ja unter dermaßen dramatischen und tragischen Umständen, daß es schon so wirkt, als hätte sich ihr Leben tatsächlich durch eine höhere Regie in eine sensationelle Filmstory umgewandelt, wobei es wohl keinem Drehbuchschreiber eingefallen wäre, ein dermaßen unglaubliches Szenario zu erfinden. Liselottes Tochter lag zehn Tage unerkannt im Gerichtsmedizinischen Institut, obwohl sie von uns allen vermißt war, sie wurde schließlich öffentlich gesucht, ihr Bild als «Unbekannte von der Münsterplattform» in Zeitungen veröffentlicht und vom Fernsehen ausgestrahlt, es hätte nicht viel gefehlt, sie wäre als «Fremdarbeiterin» oder «Jugoslawin» anonym begraben und nie mehr identifiziert worden. Das Leben schreibt eben doch immer die haarsträubendsten Geschichten.

«Denk jetzt nicht an die Journalisten, sondern an Deine Tochter», sage ich, «sie muß ein würdiges und ein schönes Begräbnis bekommen, alles andere ist weniger wichtig.» Ich sehe, daß Liselottes Gesicht sich ein wenig entkrampft. Längst hat sie ja gelernt, daß Würde auch Bürde bedeutet, und ihre Flucht vor schlechten Erinnerungen ist in erster Linie auch die Angst vor ihrer Prägung. Wir haben gelernt, ja es ist uns eingehämmert worden, daß man über die unschönen Seiten des Lebens, den Minuspunkten in der Buchhaltung der Leistungs- und Konsumgesellschaft nur ja nicht spricht, sie sozusagen mit geschlossenen Augen unter den Tisch wischt.

Ich weiß ganz genau, daß das Liselotte jetzt, im Augenblick ihres größten Schmerzes, aber eben auch ihrer größten «Niederlage», wurmt, doch ist es verrückt: fast wie ein Trost, weil es sie vor der Trauer um ihre Tochter ablenkt.

Sie schaut mich zuerst verständnislos, hilflos fast wie ein kleines Kind an, dann kommt es über ihr Gesicht wie ein erlösendes Leuchten: «Ein schönes Begräbnis, ja, nur das Schönste kann für sie gut genug sein.»

Ich würde Liselotte jetzt gerne in den Arm nehmen und ihr über den Kopf streichen oder sie einfach streicheln, während sie sich an meiner Schulter ausweint.

Aber sie zeigt diese verdammte Haltung, wie wir sie gelernt haben und die jede sichtbare Gefühlsregung und Zärtlichkeit als verachtungswürdige Schwäche ausschließt.

Ihre Tochter hat fast das ganze Jahr vor ihrem Tod bei mir und meiner Familie gelebt, und sie zeigte dieselbe Ablehnung und Angst vor körperlicher Berührung, obschon sie gerade bei uns Wärme und Geborgenheit suchte.

Ohne Zweifel ist darin ein Teil, wenn nicht überhaupt der ganze Grund zu suchen, warum sie nicht weiterleben wollte und freiwillig in den Tod sprang.

Dabei war ihre Tochter Liselottes ganzer Stolz und ihre größte Hoffnung. Sie konnte sie stundenlang und mit großen Kinderaugen anschauen: «Ich kann es gar nicht fassen, wie schön sie ist und daß ich so etwas zustande brachte», pflegte sie mit für sie völlig ungewohntem Ernst zu sagen. Und da für sie Schönheit seit ihrer Kindheit das höchste Ziel auf Erden und die automatische Gleichsetzung mit Glück bedeutete, dachte sie, bei ihrer Tochter komme dieses ganz von selber. Alle Schwierigkeiten wurden ihr so im vornherein, aber auch durch den äußerlichen Rahmen, den Liselotte ihr bieten konnte und der so gar nicht mehr demjenigen – voller Mängel und Entbehrungen, aber auch Sehnsüchten und Träumen – ihrer eigenen Kindheit entsprach, ausgeräumt, mit anderen Worten: Liselotte tat für ihre Tochter alles oder sogar noch mehr, als sie konnte. Und doch hat das dieser offensichtlich nicht genügt.

«Ich habe für sie doch alles getan», sagt Liselotte, als hätte sie meine Gedanken erraten.

Mein Kopf fällt wieder vornüber, ich nicke ein, während Liselotte plötzlich fieberhaft auf mich einredet. Oder bilde ich mir das nur ein? Ist es ein weiterer (böser) Traum?

«Sie geriet schon sehr früh in eine Drogenclique, begann

mit Haschisch und probierte dann dies und jenes, auch Kokain. Das muß ihr etwas in ihrem Hirn zerstört haben. Unsere Bemühungen um sie waren vielleicht zu intensiv, sie zog aus. Wir richteten ihr in Lausanne eine kleine Wohnung ein und gaben ihr Taschengeld, während sie sich in einem privaten Gymnasium auf ihr Examen vorbereitete. Sie bestand die Matur im zweiten Anlauf. Wir glaubten, nun habe sie ihr Gleichgewicht wiedergefunden, und ließen sie mit Tell nach Spanien in die Ferien fahren. Nach ihrer Rückkehr versuchten wir sie für ein Musik-, Handels- oder Sprachstudium zu interessieren – ohne Erfolg. Ich meldete sie in einer Mannequin- und Modeschule an, sie hätte bei Karli im Hotel Bachmair eine Lehre anfangen können. Aber als Helmut sie um acht Uhr morgens wecken wollte, um mit ihr zu seinem Freund nach Rottach-Egern zu fahren, war sie verschwunden. Ohne ein Wort des Abschieds. Helmut ist darüber ganz krank geworden. Wir ließen sie suchen und fanden sie in Spanien. Sie kam dann selbst, mit dem Zug, zurück, völlig abgebrannt und halb verhungert. Ab da war sie völlig verändert. Es ist ihr dort was zugestoßen. Sie demolierte ihr neu eingerichtetes Zimmer, den von mir speziell für sie ausgesuchten, teuren Spiegel, sie fuhr nachts außer Hause und besprayte Häuser und Wände.

Dann schlug sie nachts auch einmal die Haustüre ein, als ich sie, um sie eines Besseren zu belehren, aussperrte.

Ich schrecke aus meinem Halbschlaf hoch. «Aber da wohnte sie doch schon längst bei mir» sage ich.

Liselotte schaut mich mit ihren durch die Brille unnatürlich vergrößerten Augen verständnislos an.

«Alles andere ist gelogen», preßt sie hervor, «es muß eine politische Verbrecherbande dahinterstecken.»

Ich weiß, daß Liselotte die Schwierigkeiten und Probleme ihrer Tochter ausschließlich äußeren, schlechten Einflüssen zuschreibt. Wie so viele bürgerlich und konservativ erzogene und denkende Menschen sieht sie in der rebellierenden Jugend, den Drogensüchtigen und «Ausflippenden» nichts anderes als «linke», also politische Kräfte und kriminelle Banden, die schuld daran sind, daß die Welt nicht mehr wie früher gut und schön, eben «heil» ist.

Wir haben darüber in den letzten Monaten oft und heftigst diskutiert, sind uns nicht selten richtig in die Haare geraten. Denn mir ging es darum, ihre Tochter zu verteidigen, das heißt, sie zu verstehen.

Heute aber ist das anders, Liselottes Tochter ist tot, über sie nachzudenken, ihr ein würdiges Andenken zu vermitteln, das wird eine andere Arbeit, nämlich «Trauerarbeit», ein anderes Buch sein.

Heute kann es für mich nur darum gehen, meiner Schwester zu helfen, sie zu beschützen, so wie ich es schon als Kind getan habe. Es scheint mir, als sei sie für diese Welt noch immer nicht gemacht und von einer Zerbrechlichkeit und Fragilität, die Angst macht.

«Ich kann es einfach nicht fassen», sagt sie, «ich glaube nicht, daß die Tote, die ich gesehen habe, meine Tochter ist. Ich glaube es einfach nicht.»

Mir geht ein Schauer des Mitgefühls über den Rücken, wie sie und was sie da sagt. Ich habe vor dem Fürchterlichen, was ihr passiert ist, trotz meiner Zweifel an den Ursachen, ganz einfach Respekt. Wie sie mich anschaut, mit ihren tränenlosen, groß aufgerissenen, verständnislosen Augen, dem zur bleichen Maske erstarrten Gesicht, da kommt sie mir selbst wie ein Opfer dieser Gesellschaft vor, die sie nie erwachsen werden ließ, sie ist nicht eine Mutter, sie ist ja selbst noch ein Kind, durchfährt es mich, aber sind nicht die

Schauspieler ganz allgemein große Kinder, die sich einfach weigern, in die harte Wirklichkeit unserer kaputten Welt einzutreten?

Wieder lockt es mich, Liselotte in den Arm zu nehmen, sie zu streicheln, ihr eine Geste der Zärtlichkeit und Sympathie zukommen zu lassen. Mit einer lächerlichen Scheu (die uns eben anerzogen wurde) berühre ich ihre Hand. Sie ist eiskalt, und sie zieht sie sofort zurück, die gleiche Bewegung, die sie machte, als ich sie unmittelbar nach der Identifizierung ihrer Tochter umarmen wollte, auch da wies sie meine Annäherung brüsk ab, körperliche Zärtlichkeiten zwischen Schwestern gibt es für sie eben nicht.

Die Fahrt geht jetzt ohnehin zu Ende, wir bringen Liselotte noch fast bis nach Hause, sie kehrt in ihr reizendes Schneckenhaus, zu ihrem eben genesenden Mann zurück. Sie hat ihn die letzten zehn Monate hingebungsvoll und pausenlos betreut, sie ist mit ihm monatelang ins Krankenhaus gezogen. Ohne Zweifel ist er, ihr «Helmütchen», ihre ganz große, aber einzig gebliebene, echte Bezugsperson, sie hat sich die ganze Zeit seiner schweren Erkrankung, einem Schlaganfall mit vielen Komplikationen, nur um ihn gekümmert; zweifelsohne ist ihre Tochter dabei zu kurz gekommen.

Ich wage nicht daran zu rühren, daß dies aber nicht der Grund für den Auszug ihrer Tochter von zu Hause war. «Wir dürfen niemandem etwas davon sagen, vor allem keinem Journalisten, wenigstens bis zur Beerdigung, das versprichst Du mir», sind ihre Abschiedsworte.

Dann geht sie dahin, von niemandem erkannt, die Berühmte, Fröhliche und Vielgeliebte, sie wirkt noch immer unverändert schlank, als hätte sie die ewige Jugend für sich gepachtet, doch unendlich – allein.

«Hast Du jetzt endlich begriffen, warum ich mich meiner Schwester gegenüber so und nicht anders benehme?» frage ich Paul, meinen Lebenspartner, wie wir im Auto wieder allein sind. Denn er hat von mir Liselotte gegenüber immer wieder mehr Härte, mehr Offenheit und Ehrlichkeit verlangt. «Ihr Schweizer habt im Umgang miteinander ein eigenartiges Verhalten, Ihr sagt einander lauter Artigkeiten und Freundlichkeiten ins Gesicht, nur nicht die ehrliche Wahrheit, dafür seid Ihr zu feige oder zu ‹wohlerzogen›, die kommt aber dann umso härter und böser hintendurch», hat er, der Kölner/Berliner/Schlesier mir in zwanzig Jahren Gemeinsamkeit immer wieder gepredigt und mir mit seiner offenen und ungenierten Art meine anerzogene Scheu und Angst vor den Menschen genommen, die den Schweizern eben offenbar so oft die Sprache verschlägt.

Doch heute gibt er mir sofort recht. Er hat ja schließlich – tief betroffen – Liselotte zu dem schweren Gang der Identifikation begleitet. Sie ist ganz einfach zu schwach, zu hilf- und wehrlos und vielleicht zu unreif, um die brutale Härte der realen Welt zu ertragen, aber da kann sie nicht einmal etwas dafür.

Diese Nacht kann ich wieder nicht schlafen. Aber ich nehme kein erlösendes Medikament. Ich will, ich muß an meine tote Nichte denken, fast zwanghaft stürzen die Gedanken und Fragen auf mich ein, noch ist sie in dem kleinen Haus, in dem sie mit uns gelebt hat, auf eine merkwürdige – gar nicht unheimliche – Weise lebendig und präsent. Es ist mir in diesen letzten Monaten, in denen sie bei uns war, des öftern passiert, daß ich in der Nacht aufwachte und mich der Gedanke an dieses zwanzigjährige Mädchen (sie feierte ihren 21. Geburtstag bei uns), zu dem die Bezeichnung «junge Frau» noch so wenig paßte! – das fast Wand an

Wand neben uns schlief, mit tiefer Rührung überfiel, mit einer Befriedigung und einer Dankbarkeit, als hätte ich ein verletztes und einsames Tier von der Straße aufgelesen und aus den Fängen einer gefährlichen, feindlichen Umwelt befreit. Von Anfang an wußte ich, daß ihre Verletzungen und Wunden aber vielleicht zu tief waren, als daß sie wirklich hätte überleben können.

Jetzt ist sie nicht mehr da.

Immer wieder läuft es in mir drin ab, das Geschehen, die Vorstellung an die letzten anderthalb Tage, der Versuch, mir vor meinem inneren Auge ein Bild davon zu machen, wie die Todesstunde, die letzten Minuten, Sekunden davor, wie das war.

So etwas nicht mitansehen zu müssen ist eine Gnade, nur sie erlaubt es, sich davon eine Vorstellung zu machen, in dieser Art eines Selbstmordes nicht ein schreckliches, blutiges Unglück, sondern die Erlösung zu sehen.

Sie sei über die Mauer der Münsterplattform gesprungen, hieß es im offiziellen Polizeibericht, «mit Anlauf» anscheinend, hatten anonyme Beobachter gesehen.

Mir scheint es von Anfang an die plausibelste Erklärung, genauso hatte sie vorher ihren freiwilligen Tod beschrieben, niemand hatte es geglaubt:

«Man nimmt ein wenig Hasch, um in den Zustand einer angenehmen Betäubung zu kommen, dann nimmt man einen Anlauf und springt.»

Eine Frau, die unten an der 40 m hohen Mauer wohnt, hatte sie kommen sehen:

«Sie kam mit offenen Armen», sagt sie, und ich glaube auch das, denn in ihren Augen flog sie tatsächlich der körperlichen Erlösung, dem Himmel entgegen; trotzdem ist es qualvoll schwer, auch nur den Gedanken daran zu ertragen.

Wieder rollt der Film in meinem Kopf von Anfang an vor mir ab:

Meine Nichte war mit mir für einige Tage nach Bern zu meiner Tante gekommen. Wir wollten dann zusammen weiter nach Deutschland fahren, wo ich beruflich zu tun hatte und wir auch durch ihre Eltern gemeinsame Freunde hatten. Uns, auch meiner Tante, die sie von einem vorhergehenden Aufenthalt bei ihr besser, auch mit ihren Problemen kannte, schien meine Nichte fröhlicher und hübscher als je zuvor. «Sie ist ungewöhnlich liebreizend und charmant, vielleicht ist sie jetzt endgültig über dem Berg», sagten wir am Sonntagabend, den sie mit uns vor dem Fernseher verbrachte, bevor sie Gute Nacht sagte und – vorzeitig – ins Bett ging.

Doch schon am nächsten Tag wechselte ihre Stimmung, sie wurde plötzlich schlechter Laune und wortkarg. Sie saß am Tisch und starrte vor sich hin, während ich, wie bei meiner Tante so Brauch, ein spätes Frühstück einnahm. «Willst du nicht auch etwas essen?» wurde meine Nichte immer wieder gefragt, «sie hat heute noch gar nichts zu sich genommen», sagte meine Tante vorwurfsvoll, «das ist doch nicht gesund, so ein ganz leerer Magen.»

Sie schüttelte nur den Kopf. Ich benutzte die Gelegenheit, als ich mit ihr allein war, sie eher scherzhaft zu fragen: »Nun, hast du dein Hasch bekommen?»

Sie hatte mir am Tage vorher gesagt, sie würde sich vielleicht eine kleine Dosis besorgen, das bringe sie in bessere Stimmung. Nichts Ungewöhnliches, hatte mir ein beratender Arzt versichert, sie hat so etwas in der letzten Zeit des öfteren getan und ist absolut nicht drogenabhängig.

«Ja, ich habe es bekommen«, war ihre Antwort, mit einem eher mürrischen, unglücklichen Gesicht.

«Und? Hat es dir geholfen?»

«Nein, eben nicht», antwortete sie.

«Und was willst du jetzt tun?»

«Ich möchte hier bleiben, in Bern, und nicht mit dir nach Deutschland kommen, das heißt, wenn du und Tante Elsi es erlauben.»

Wie immer war ich gerührt, daß sie mich für etwas um Erlaubnis fragte. Immerhin war sie eine junge Dame von 21 Jahren, die nicht selten und gerne über «die Alten» schimpfte und erbarmungslos herzog, ich hatte absolut kein Recht, ihr etwas vorzuschreiben oder zu verbieten und mir angewöhnt, ihr nur Empfehlungen zu geben, nicht einmal, ihr Ratschläge zu erteilen, denn das haßte sie, sie nannte es «faire la morale».

«Natürlich erlaube ich es dir», antwortete ich, «du bist ja hier gut aufgehoben, Tante Elsi verwöhnt dich und bringt dir sogar das Frühstück ans Bett, wie du es doch so gern hast. Du kannst es dir noch immer überlegen, wir fahren ja erst morgen, du tust genau das was du willst.» Es waren meine letzten Worte mit ihr.

Am Abend kam sie nicht wie vereinbart um 19 Uhr nach Hause zum Nachtessen. Meine Tante machte sich bald schon Sorgen, sie seufzte: «Ach, diese Jugend hat einfach keinen Anstand mehr. Wenn sie wenigstens anrufen würde . . .»

Ich tröstete sie vermittelnd: «Sie wird bestimmt bald kommen, mach dir keine Sorgen bitte.»

Am nächsten Morgen war sie immer noch nicht da. Ich meldete es sofort meiner Schwester. Sie beschwor mich, mir keine Sorgen zu machen, mich nicht aufzuregen. Sie sei doch schon öfters auf diese Weise weggewesen und würde bestimmt in den nächsten Tagen anrufen.

«Diesmal ist es anders», sagte ich leise. Aber ich wollte mir selbst und vor allem Liselotte die Hoffnung nicht nehmen, an die ich mich mit dieser Hartnäckigkeit klammerte, die das sichere Anzeichen ist für eine böse Vorahnung. Doch fuhr ich dann doch ein wenig beruhigt nach Deutschland; «es dauert immer ziemlich genau drei Tage, dann meldet sie sich wieder», hatte meine Schwester mir noch gesagt. Durch die Reise geriet ich in Zeitnot und kam nicht dazu, die Tageszeitung zu lesen, etwas, das ich sonst nie versäume. In dieser aber stand genau an diesem Tag eine Suchanzeige mit dem Foto einer toten, jungen Frau, deren Identität man festzustellen suchte.

Niemand von uns sah sie.

Im Gegenteil, das Rätsel und die unheimliche Stille dauerten an. Jeden Tag telefonierte ich aus Deutschland mit meiner Schwester. Ich beschwor sie, bei der Polizei eine Vermißtenanzeige aufzugeben. Sie tröstete mich erneut, das habe sie bereits getan, aber nur in der Westschweiz, ihrem Wohnort. Nichts. Liselotte war nach wie vor überzeugt, ihre Tochter werde sich in den nächsten Tagen melden. Doch wie immer bei ihr, sprangen meine Unruhe und Sorge auf sie über. Sie fuhr am Montag nach Bern und ging dort zur Kriminalpolizei. Dort tröstete man sie: «So viele junge Menschen reißen heute von zu Hause aus, und die Eltern machen sich unnötige Sorgen. Sie müssen daran denken, daß Ihre Tochter erwachsen und volljährig und für sich selber verantwortlich ist.»

«Zudem meinte ich, sie sei im Drogenmilieu», sagte mir meine Schwester und führte damit auch die Polizei auf die falsche Fährte, aber es war eben für sie ein Trost, der Strohhalm einer Hoffnung, jedenfalls ist nur so diese dramatische und öffentliche Suche nach einer durchaus nicht «Unbekannten» zu erklären. Am Donnerstag – ich war bereits seit Sonntag zurück aus Deutschland – fuhr ich selbst noch einmal nach Bern, um zur Polizei zu gehen. Längst waren meine heimlichen Befürchtungen zur unheimlichen Angst geworden: diese Stille, dieses Grabesschweigen meiner Nichte war einfach nicht normal. In der Zwischenzeit hatte ich in ihren Siebensachen auch ihre Identitätskarte und die Bankkarte gefunden, dazu ein Gedicht des verstorbenen, für «schizophren» erklärten Malers Adolf Wölfli.

Dabei war es mir kalt über den Rücken gelaufen.

In dieser Situation mußte man es als Abschiedsbotschaft auffassen.

Ich beschrieb meine Nichte dem Polizisten noch einmal, so, wie sie zuletzt war. Wahrscheinlicher als im Drogenmilieu schien mir, daß sie mutterseelen allein sei.

Ein Mädchen, das sich nicht von Fremden ansprechen, nicht verführen oder anrühren läßt, zugleich aber auch stark, selbstbewußt und verwöhnt, dazu aber auch wieder sehr kindlich, anlehnungsbedürftig, sensibel und intelligent ist. Ich fuhr anschließend wieder von Bern in die Westschweiz, nach Hause, nicht ohne zum x-ten Mal auf dem Berner Bären- und Bundesplatz eine Runde zu drehen und nach meiner Nichte Ausschau zu halten. Es war ein sonniger Tag und warm.

Welche Freude, welche Hoffnung, welcher Trost, sie vielleicht hier sitzend, eine ihrer selbstgedrehten Zigaretten rauchend, zu finden. Doch unter den vielen sonnenhungrigen, spielenden und schwatzenden Menschen war kein schwarzer, kurzgeschnittener Haarschopf mit Stirnband, kein grellblau kariertes Sporthemd zu sehen. Ich kam gegen 20.30 Uhr zu Hause an, und es war keine Viertelstunde verflossen, da klingelte das Telefon. Es war der

Polizeiwachtmeister vom Nachmittag. Er habe über die Sache nachgedacht, kindlich, hätte ich gesagt, habe die Gesuchte gewirkt, das hätte die Mutter ihm verschwiegen. Doch bei ihm sei da der Groschen gefallen.

«Wir haben da jemand solches bei uns», sagte er.

«Wo?»

«Hier bei uns. Könnte es sein, daß sie ein schwarzes Stirnband trägt? schwarze, kurze, krause Haare hat? ein farbiges Hemd trägt und ungefähr 1 Meter siebzig groß ist?»

Für einige Sekunden hegte ich Hoffnung.

«Wo ist sie?»

«Hier in Bern, im Gerichtsmedizinischen».

Die Hoffnung zerfällt in Grauen.

«Tot?»

«Ja.»

«Wie?»

«Von der Münsterplattform gesprungen. Können Sie morgen kommen, um sie zu identifizieren?»

Ich kann das Telefongespräch nicht mehr vergessen, auch nicht die Gefühle, die mir dabei immer wieder hochkommen. Es war Wut, Trauer, Entsetzen, aber keinen Moment blieb auch nur die leiseste Hoffnung, es könnte sich nicht um die Tochter von Liselotte, sondern um einen Irrtum, also um jemand anderes, eine «Fremdarbeiterin oder Jugoslawin», wie die Polizei meinte, handeln.

Ich weiß auch heute noch nicht, was bei mir größer war, die Trauer, meine eigene Betroffenheit oder die Empörung darüber, daß dieses Mädchen, diese junge Frau in ihrer namenlosen Vereinsamung auch noch im Tod und zehn Tage nach ihm allein und unbeachtet bleiben mußte, bis die Polizei den tragischen Zusammenhang zwischen der unbekannten Toten und der bekannten Mutter erraten konnte.

Es mußte – ausgerechnet bei Liselottes Scheu, etwas Privates von sich in der Öffentlichkeit zu sehen – noch eine Suche in Fernsehen, Radio und den einschlägigen Tageszeitungen sowie all den umliegenden Krankenhäusern gemacht werden, mit dem Bild, das eine um Jahre gealterte, ernste und fast unkenntliche Frau zeigt.

Meine Nichte war nicht ein Mädchen wie jedes andere.

Das hätte das Milieu, aus dem sie stammte, das «Traumhaus», ja die Traumwelt von Liselotte, in der sie aufwuchs, gar nicht erlaubt.

Aber es gibt heute eben auch eine «Verwahrlosung im Komfort», die tödliche Einsamkeit in modernen Luxusheimen von erfolgreichen Eltern, in denen der Mangel an familiärem Zusammensein, an Zuwendung, Geborgenheit, Wärme und Liebe die Kinder frühreif – früh reif, d. h. labil und reizsüchtig macht.

Man müßte die Wirkung all der musikalischen, optischen und «sinnlichen» Reizmittel untersuchen, die pausenlos schon auf Kleinkinder einwirken, aber auch, was für ungestillte Sehnsüchte und irreale Lebenserwartungen bei vielen jungen Menschen ausgelöst werden, warum sie wie die Tochter von Liselotte von der «Wahnsinnsmusik» eines David Bowie geradezu berauscht und verhext werden können.

Hier müßte man die Sucht, vor allem ihre Ursprünge, als erstes erkennen – nicht nur die Sucht nach harten Drogen, sondern allgemein eine Sehn-sucht wie bei meiner Nichte nach einer besseren Welt und menschlicheren Gesellschaft.

Wir Frauen tragen bei diesem schrecklichen Problem eine gewaltige Mitverantwortung. Wenn wir im Zeichen der Gleichberechtigung nicht als höchstes Ziel das seelische Wohl und psychische Gleichgewicht unserer Kinder vor

Augen haben, wirkt unsere Befreiung und Emanzipation wie Selbstaufgabe, wie eine moderne Form von Unterdrükkung (diesmal der endgültigen?!) der Frau.

Die Tochter von Liselotte war nicht drogensüchtig und schon gar nicht drogenabhängig. Dafür gibt es Beweise. Aber sie war süchtig nach David Bowie – einem Mann – einem sogenannten Idol, das aus nichts anderem als einem Namen und einer «himmlischen» Stimme bestand, die sie scheinbar in ein paradiesisches und irreales Leben – in eine andere Welt lockte.

Am nächsten Tag ruft mich Liselotte an. Sie wirkt gefaßt und fast fröhlich.

Wie es mir gehe? Ich solle mir keine Sorgen machen und mir ja nicht etwa einreden, ich hätte irgendeine Schuld. Ihre Tochter sei nun einmal ein schwieriges, ein Sorgenkind gewesen, und sie wisse, ich hätte alles getan für sie, sie danke mir noch einmal dafür.

Am Freitag sei die Beerdigung, sie habe – gottseidank – die Journalisten überlistet.

Dann hängte sie auf, und ich war froh, sie einigermaßen gefaßt und bei guter Gesundheit zu wissen.

Eine Stunde später ging dann das los, was Liselotte seither die «Hexenjagd» der Journalisten nennt.

Sie, aber auch ich und unsere Tante in Bern, wurden pausenlos von Zeitungen bedrängt, mir wurden Angebote für Exklusivberichte und Fortsetzungsgeschichten für schwindelerregende Honorare gemacht.

Eine berüchtigte deutsche Klatschzeitung versuchte mich mit der Versicherung, «in vierzehn Tagen ist ohnehin alles vergessen und kein Mensch redet mehr davon», zu ködern.

Trotzdem teile ich Liselottes Angst vor der Presse und deren angeblichen «Greuelgeschichten» über sie – überhaupt ganz allgemein die sogenannte Schweigepflicht betreffend die Privatsphäre der Schauspieler nicht.

Denn sie tun ja alles, um in die Zeitung zu kommen, um «öffentliche Personen», d.h. berühmt, bekannt, in Zeitschriften besprochen zu werden, und ihre Berufssphäre bildet mit ihrer persönlichen, wie eine berühmte Kollegin von Liselotte sagte, ein Ganzes.

Kein Privatleben einer öffentlichen Person kann so ungewöhnlich und «skandalös» sein, als daß das Publikum, das schließlich an solchen Leitfiguren Maß nimmt und sich mit ihnen identifiziert, nicht ein Recht hätte, davon – auch von den Schattenseiten, den Ängsten, der Verletzlichkeit, der Zeitnot und Ruhelosigkeit und – selbst des Unglücks etwas zu vernehmen. Das ist menschlich, und ohne solche Menschlichkeit, ohne die Kenntnisse von Hintergründen geht ja gerade die Menschlichkeit, gehen vielleicht junge Menschen voller Ideale zugrunde, blüht an deren Stelle das Heile-Welt-Klischee mit seiner verlogenen und veralteten Moral, also der wüste Kommerz. Das ist alles nur eine Frage der Einstellung.

Liselotte hat das am Begräbnis ihrer Tochter zähneknirschend eingesehen. Sie hat akzeptiert, daß Journalisten und Fotografen kommen, nur sollen sie Distanz und Anstand bewahren und nicht bis in die Kirche, wo die Abdankung stattfindet, vordringen. Dafür hat sie vorsorglich einige Geheimpolizisten bestellt. Diese haben es kaum nötig, einzuschreiten, bei objektiver Betrachtung muß man feststellen, daß selbst diese «Apapparazzi», wie man sie in Italien nennt, hier Betroffenheit zeigen und vor Liselottes und Helmuts Trauer den Hut ziehen beziehungsweise in angemessener Distanz halt machen.

Es ist eine schlichte Feier mit nur wenigen Gästen, die

kleine Kirche ist höchstens zu einem Drittel gefüllt. Aber so hat es Liselotte gewünscht.

Der Sarg ist eingebettet in ein wundervolles, kunstvolles Blumenarrangement mit vielen roten Rosen – den Blumen der Liebe. Einige prächtige Kränze mit goldbedruckten Schleifen zeigen, wie sehr man mit der Verstorbenen, aber vor allem ihren Hinterbliebenen, mit der berühmten Mutter mitfühlt.

Einige kleine Schönheitsfehler werden von niemandem, am wenigsten von den schmerzgebeugten Eltern beachtet, aber sie zeigen, daß es für die Gesellschaft noch immer ziemlich schwierig ist, mit Selbstmördern umzugehen. Auch Liselotte kann sich später diesem unheilvollen Einfluß nicht entziehen, sie kündigt allen, die ihr Schweigen nicht respektieren wollen und es ihr nicht gleich tun, den Krieg an.

Aber ich weiß, und alle andern sollten es auch wissen, daß das nur eine der vielen Formen und Ausdrucksweisen von Fassungslosigkeit und unendlichem Schmerz ist.

«Wenn es nicht so makaber wäre, wäre es zum Lachen», sagte einer der Geladenen nach der Beerdigung zu Liselotte. Es war eine ungeheure Geschmacklosigkeit, doch der, der sie aussprach, ein angesehener, erfolgreicher Bürgersmann.

Er hatte es nur gut gemeint.

Liselotte sah in an, es war einer ihrer wenigen Verwandten, den sie bewundert und respektiert: ob sie seine Worte verstanden hatte, war ihr nicht anzusehen, aber sie war ihm dafür – für den (für sie) richtigen Ton am falschen Platz oder den falschen Ton am richtigen Platz? – dankbar. So, als würde hinter dem heiligen Ernst der harten Wirklichkeit auch jetzt und immer wieder doch noch ein lustiger, versöhnlicher Kobold hervorschauen.

Bildteil

1 Liselotte als Baby mit der Mutter ....
2 ... und mit Bruder Emanuel.
3 Ein wenig Ambiance aus dem 19. Jahrhundert: Die Grossmutter, eine «alte» Frau von 53 Jahren.
4 Hochzeitsbild der Eltern ...
5 ... und Liselottes Mutter Germaine am Lyceum-Fest ...
6 ... und als Mitglied der Schweizer Maisänger in Berner Tracht (im Bild oben).
7/8 Liselotte im Kreise ihrer Geschwister Emanuel und Corinne (auf beiden Bildern rechts) ...
9 ... und so, wie das Publikum sie noch heute kennt: immer freundlich und aufgestellt.
10 Das «Ferienparadies» der Grossmutter am Genfersee.
11 Liselotte und Papa auf einer Bergtour.
12 Die Geschwister Pulver zur Zeit, als Liselotte (2. von links) Schauspiel-Elevin bei Paul Kalbek war, zusammen mit einem kleinen Nachbarsjungen am Malerweg in Bern ...
13 ... und einige Jahre später mit Corinne's Foxterrier «Beny» (nach dem Jazzmusiker Benny Goodman).
14 Liselotte (mitte) mit Schwester Corinne, Max Gisiger und Hazy Osterwald an einer Party ...
15 ... mit Corinne und dem legendären Radrennfahrer Hugo Koblet an den Pferderennen auf dem zugefrorenen St. Moritzer-See (1950 oder 1951) ...
16 ... mit Corinne und Onkel Max, dem berühmten Grafologen und Psychologen Dr. Max Pulver – dem Vetter von Vater Eugen Pulver – am Ball der Universität Zürich (1950) ...
17 ... und krank im Bett, während der Theaterzeit in Zürich.
18 Liselotte Pulver als Euphorion in «Faust II» (1949 in Zürich) ...
19 ... in «Fritz und Friederike» ...
20 ... und in «Eine kleine Stadt» in Baden-Baden ...
21 ... in «Buddenbrooks» ...
22 ... und mit Corinne anlässlich der Dreharbeiten für «Jeanne oder die Lerche» von Jean Anouilh (1956).

23/24 Glanzrollen: «Das Wirtshaus im Spessart» ...
25 ... und «Ich denke oft an Piroschka».
26 Traumhochzeit mit Helmut Schmid ...
27 ... und die beiden Kinder dieser Ehe: Charlotte-Melisande und Marc-Tell, aufgenommen 1978.
28 Hoch zu Ross: Liselotte auf «Saturn».
29/30 Autogrammkarten von Liselotte Pulver
31/32 und Helmut Schmid.
33 Mit Ehemann Helmut Schmid und dem Lustspiel «Lauf doch nicht immer weg» erfolgreich unterwegs.
34 Mit Corinne und Helmut bei den Drehaufnahmen zu «Die Glücklichen» (1967) ...
35 ... und am 25. Hochzeitstag am Genfersee, mit der bewährten «Schwester Rösli» (1986).
36 Im Rampenlicht: Erinnerungsfotos mit Curd Jürgens ...
37 ... Rock Hudson ...
38 ... Jean Marais (in «Gentleman de Cocody») ...
39 ... und Bundeskanzler Conrad Adenauer.
40 Tochter Melisande, bei Tante Corinne und mit Liselottes Hund, einem Basset-Bastard (Ende 1988): Melisande selbst hatte sich das prachtvolle Haar geschnitten und trug stets ein Stoff- oder selbstgestricktes Band um den Kopf.
41 Am 6. Juni 1989 wählte Melisande den Freitod. Die «Glückspost» vom 29. Juni 1989 brachte ein Titelbild aus glücklicheren Tagen: Melisande mit Mutter Lilo Pulver.
42 Wohl der schwerste Tag im Leben von Liselotte Pulver: Eine letzte Blume für Tochter Melisande ...
43 ... und Abschiednehmen am Grab (Liselotte Pulver, Paul Motzko, Lebensgefährte von Corinne, Ehemann Helmut Schmid, Mutter Germaine Pulver, Schwester Corinne Pulver, v.l.n.r.).

Fotonachweis: Jürg Mosimann/BLICK, «Glückspost», Bernhard-Theater/Eynar Grabowsky, Paul Motzko, Corinne Pulver und zahlreiche Privatarchive.

1

4

6

7

8

9

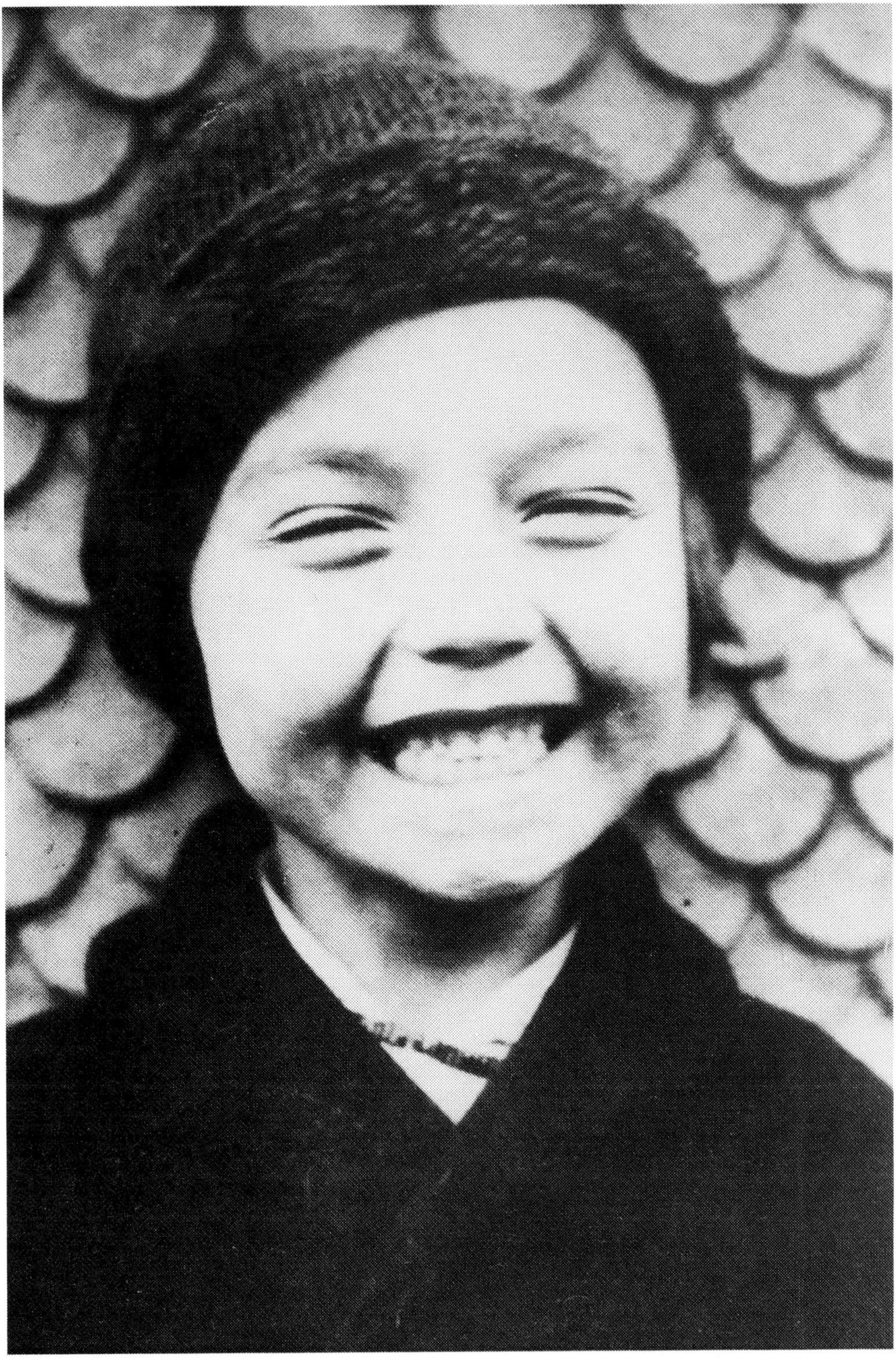

10

11

12

1

14

15

16

17

8

19

20

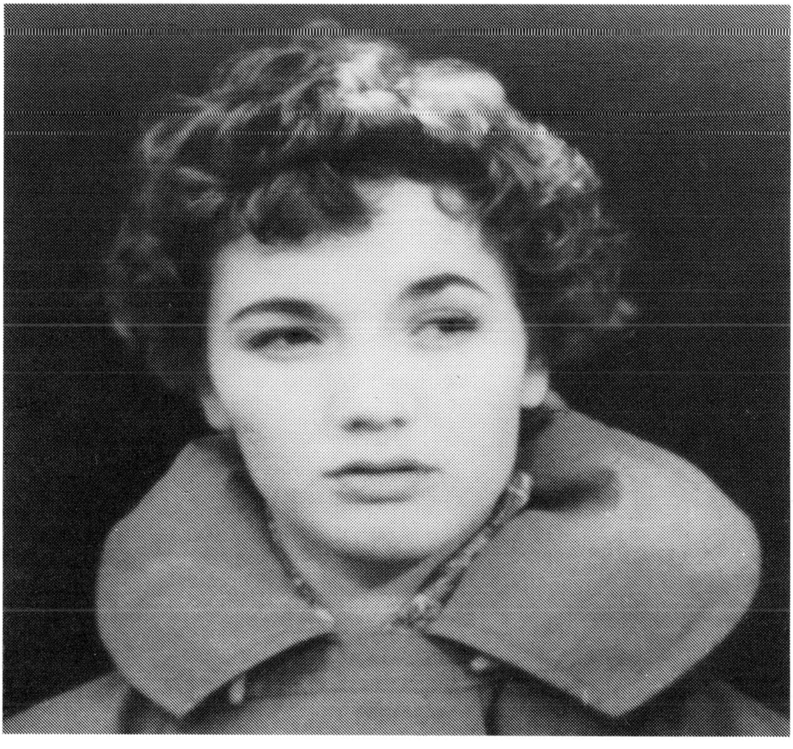

21

22

24

27

28

29

3

31

3

34

35

36

37

3

3

Nr. 26 29. Juni 1989 Fr. 2.60
Glücks Post
ktuelle
er Zeitschrift
Ferien-Extra
Freuden für Ewigjunge
ne
rtner
n Tanz!
oder
in?
Unsägliches Leid
für Lilo Pulver:
Tochter Melisande
sprang in den Tod!
Sensationell!
Grand Prix
der Folklore
esengewinne
unserem Spiel- und Rätselheft
Nella und Maja tippen
auf einen Schweizer Sieg!